14

13

11

12

17

16

15

18

21

19

20

22

24

23

25

10 13

12

11

14

16 17

15

18

22

19

20

21

23

25

24

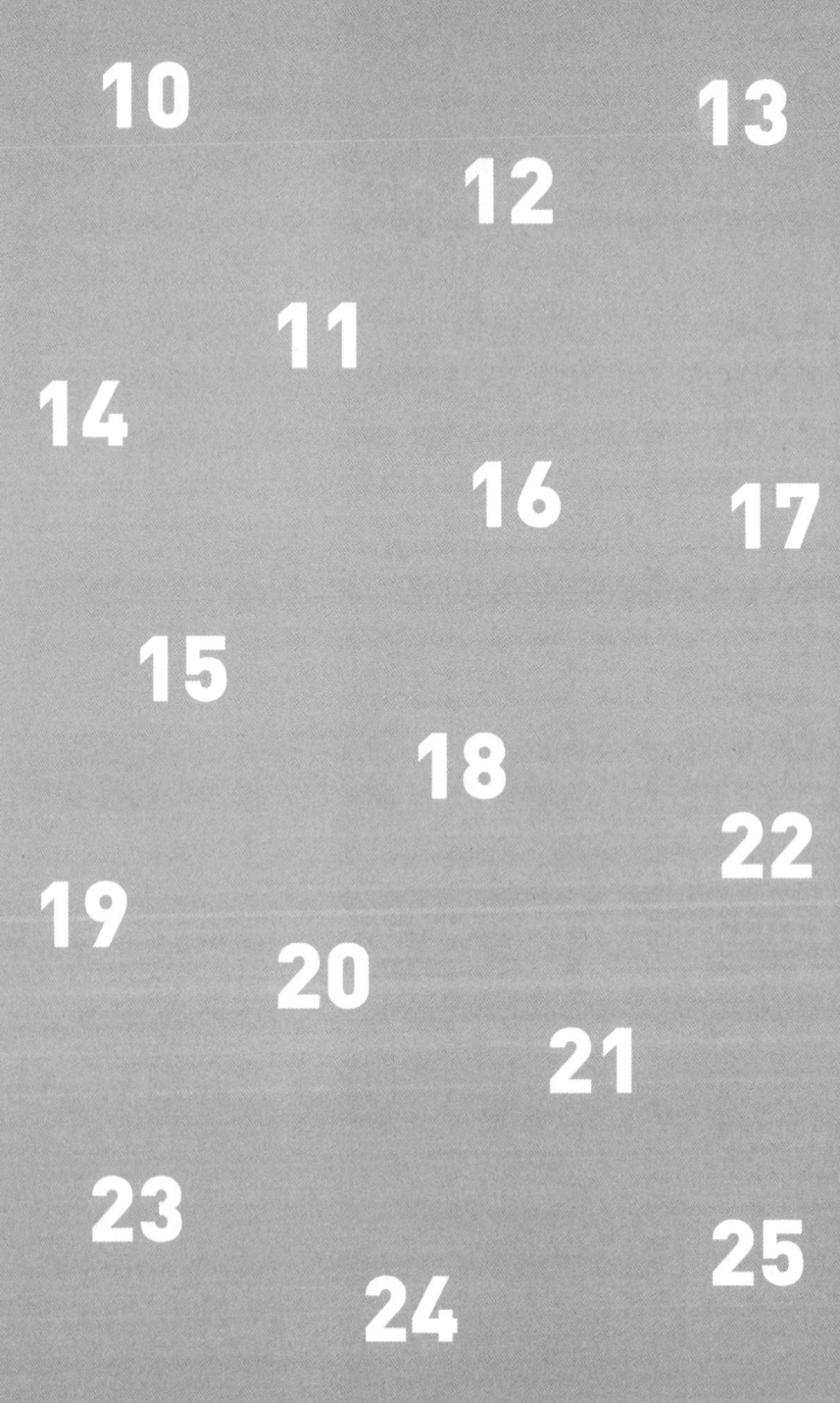

10到25
激勵年輕人的科學

引領下一代的革新方法，同時讓自己更輕鬆

10 To 25 : A Groundbreaking Approach to Leading the Next Generation-And Making Your Own Life Easier

David Yeager
大衛・葉格—著
盧相如—譯

推薦序

給出青少年回饋前，請先加上幾句話

陳志恆

在某一次對家長的演講中，有人提到：「一代不如一代。」現場學員頻頻點頭。我邀大家認眞思考：「眞的一代不如一代嗎？」

如果是眞的，那麼我們的生活品質應該是倒退與下降的。顯然，比起五十、一百年前，也就是我們的童年或父母、祖父母的年代，現代人過著更便利的生活，享受著更先進並人性化的科技成果。

人類文明會不斷進步，肯定不是「一代不如一代」，而是「一代超越一代」。

然而，不管是家長、老師、教練或企業士管等成年人，卻常會有種「年輕人越來越不堪一擊」的感覺。不只現在，自古以來，成年人常嫌棄年輕人遠不如上一代強，甚至覺得年輕人很難教。

問題就出在世代差異：當我們長大後，忘了自己也曾年輕過。我們很少認眞思考，在十到二十五歲這段人生最迷惘、身心變動最爲劇烈的時期，年輕世代內心的渴望與需求到底爲何？

我服務的對象有很多是學校老師，他們告訴我，越來越不知道如何規勸或糾正孩子的問題行爲。即使只是給予友善且基於事實的建議，孩子都不願意接受；甚至會板起臉孔或露出一副委屈到不行的樣子。

這正是《10到25：激勵年輕人的科學》一書中，作者談到的「導師困境」。身爲青少年的指導者，你想提醒或要求孩子改善言行或知識技能，明白、直接或者有些嚴厲的回饋，會讓青少年感到被冒犯；但態度委婉或不直接說清楚，又得忍受青少年差勁的表現。

究竟該怎麼表達，才能讓青少年聽得進去，並願意採取行動？

本書作者大衛．葉格透過長期且嚴謹的科學研究，得出重要的結論：成人若能同時給予「高期待」與「高支持」的回饋或建議，最能讓青少年接受，同時激勵年輕人的積極性與主動性。

他發現，十到二十五歲的年輕人，有著強烈的「地位」與「尊重」的需求——他們希望在人際關係中取得一席之地，也強烈渴求被視爲重要與有價值的人。

如果你是一位高中老師，當你因為學生常遲交作業，而找他來談話時，孩子首先會敏感地意識到你們之間的權力差距，設法與你爭奪關係中的「地位」。

當你攤開孩子這學期的作業繳交紀錄，要求他改善時，青少年感受到自己正處在下風。他的心理地位受到威脅，因而心生對抗。

積極對抗是不斷反駁你的糾正，與你爭辯，並表現出高傲無禮的態度；消極對抗則是表面答應，但實際上依然故我，甚至直接擺爛。

如果你的口氣輕蔑，說出比較多負面評價時，青少年會覺得顏面盡失，放大內心的無能感，覺得自己一無是處、毫無價值。他們不相信自己做得到，當然就不會設法改變。

大衛．葉格告訴我們：「地位和尊重對年輕人來說，就像食物和睡眠對嬰兒一樣，是核心需求；當這些需求得到滿足，可以激發更好的積極性和行為。」

所以，如果你能讓孩子知道，你對他寄予厚望，同時小心保護他的自尊，避免讓他感受到心理威脅，也就是透過「高期望」與「高支持」並行的方式給予回饋，就能有效激勵青少年做出改變。

下次，當你要給青少年一些建議時，不妨在建議前加上一句話：「我想和你討論這個問題，是因為我相信你做得到，而且可以表現得更好。」這句話本身，同時滿足了青少年「地位」與「尊重」的兩大心理需求。接著再中肯明確地說出你想給予青少年的回饋，孩子不但更能接受，還更可能付諸行動。

《10到25：激勵年輕人的科學》一書中提到一個長期以來，我們對青少年發展的觀點，亦即「無能模型」。無能模型假設青少年的大腦發展尚未成熟，缺乏自我控制與理性決策的能力，因此大人要幫助青少年思考得更清晰。作者反駁這種說法，認爲無能模型與事實有所出入。孩子不是沒能力想得更清楚，而做出魯莽、草率或有風險的決定，而是對於「地位」及「尊重」有更高的渴求，因此妨礙了他們的理性抉擇。

這也是爲什麼，數十年來在校園中不斷進行的反毒、反菸、安全性行爲等宣導，最終成效不彰。因爲這些宣導口號或標語，都暗示青少年是毫無判斷能力的無能之人，與青少年渴望獲得地位與尊重，完全背道而馳。

以吸菸爲例，書裡提到許多成人是從青少年就開始吸菸，顯然吸菸對青少年具有某種意義。就好像成年禮一般，吸菸讓青少年感受到自己已經長大，足以獨當一面，可以掌握自己的身體及生與死。

這讓我想到，現今青少年人手一部智慧型手機，也多半擁有社群媒體帳號，上了國中之後，沒有手機的孩子是極少數。儘管大人深知大量接觸手機或社群媒體，對青少年大腦發展及心理健康有種種負面影響，孩子也知道自己容易失控或上癮，但仍擋不住青少年對於擁有個人手機的強烈渴望，爲什麼？

也許，擁有一部自己的手機，也是長大、獨立與成熟的象徵。

那麼，對於培養孩子健康上網及善用數位工具的習慣，我們是否也能借鏡書裡提到的案例及激勵策略呢？或許值得一試。

我推薦任何青少年的家長或老師，一起閱讀這本書；你若需要帶領或指導職場新鮮人，這本書也會使你茅塞頓開、獲益良多。

年輕人不是難溝通，是我們還沒找到通往他們內心世界的路徑，而這本書就是能為你指路的地圖。

（本文作者爲諮商心理師、暢銷作家，曾爲中學輔導教師，現任臺灣ＮＬＰ學會副理事長）

推薦序

和年輕世代最有效的溝通策略：打造腦中教練

李佳達

你是否曾經需要面對青少年的種種「離奇」行為？或者做爲家長、教師，總在爲如何激勵他們而傷透腦筋？那麼，讓我爲你介紹一本改變思維的必讀之作——《10到25：激勵年輕人的科學》。這本書由發展心理學家大衛．葉格所著，他被譽爲當代「最棒的發展心理學家」。他的研究結合神經科學與心理學，爲我們剖析青少年大腦的祕密，揭示如何用「高標準×高支持」來激發他們的潛能。

當腦中教練遇上女孩戰爭

我是雙胞胎女兒的爸爸，女兒們爲了各種事情打鬧吵架都是平凡的日常，這個時候，如果你敢用所謂的三明治稱讚法：先誇一頓，接著給出你的建議（批評），再補上一句讚美。看似無害，但通常結果就像加熱悶燒鍋，反而讓兩個人「爆」得更慘。

但這本書讓我學到了一種新方法：不再當爭吵的裁判，而是轉型爲一位「腦中教練」。

書中提到一位名叫羅瑞娜的媽媽，她面對兩個女兒的爭吵時，不再直接介入，而是問她們：「女孩們，我會問妳們什麼？」這問題一抛出，屋內瞬間安靜。小女孩們嘆氣後回答：「妳會問我們爭吵的目的，以及能否找到方法讓我們倆都滿意……因爲妳愛我們，希望我們長大後能夠獨立。」接下來，羅瑞娜只需簡單確認：「那麼，妳們可以自己解決這個問題嗎？」她們喊著「可以！」然後氣沖沖地去討論，但矛盾最終也因此化解。

從前，她需要花四十五分鐘安撫，現在只需十五秒便解決。對我來說，這就像打開了思維新大門——提問，而非命令，正是這「腦中教練」的核心。

NBA教練的奇蹟：從平庸到卓越

另一個讓我印象深刻的故事是聖安東尼奧馬刺隊的投籃教練奇普．恩格蘭。

奇普被譽為「投籃醫生」，他曾在馬刺效力十七年，提高了數十位的球員的投籃命中率，還幫馬刺贏了兩次總冠軍，他的獨門絕技不在於大刀闊斧地改造，而是專注於微調，協助球員建立起自己的「腦中教練」。例如，他指導名人堂球員東尼．派克時，並不是直接指責他投籃技術差，而是從信任開始，他對派克說：「無論順境、逆境還是各種情況，我都會支持你。就算一開始效果不理想，我也不會拋棄你。」

這一承諾，十年如一日，派克的投籃逐漸進步，最終躋身名人堂。奇普對球員寄予厚望，認真對待他們，也會在整個過程中支持他們。這就是為什麼他的球員們足夠信任他，願意鼓起勇氣去做出改變。

雷納德的蛻變：細節中的魔力

另一位知名球星科懷．雷納德剛加入球隊時，由於投籃姿勢略顯笨拙，教練團中大多數人都認為他應該打掉重練。然而奇普認為，只需「小幅調整」便可。他指出雷納德肩膀過於用力，建議改變出手點。「試著用手腕，而非整個肩膀發力。」這句話聽來簡單，卻成為他投籃準確度提升的關鍵。雷納德在奇普的精心指導下，不斷打破自我極限。

教練的智慧：挑戰與支持的完美平衡

奇普的哲學是挑戰與支持並存。他不僅要球員追求卓越，更會尊重他們的自主性。他經常說：「這是你的劇本，我只是幫你修改。」如此一來，每位球員都感覺自己是進步的主人，而非被逼迫改變。

甚至在夏季訓練營中，奇普會讓年輕球員自主管理訓練。在短短兩週內，他們便能自主進行訓練，並學會自我回饋。這不僅讓球員技術提升，更培養出持續進步的能力。

讓「腦中教練」成為一種思考習慣

從羅瑞娜處理孩子的爭吵，到奇普帶領球員超越極限，這些故事都指向一個核心：建立「腦中教練」。這不僅是對應年輕人的一種有效的溝通方法，更是透過引導，讓年輕人建立自己的思考習慣的過程，才會是真正讓他們在挑戰中成長，在支持中進步的動力。

（本文作者爲世界觀學院創辦人、思考習慣訓練首席講師）

CONTENTS

CONTENTS

CONTENTS

CONTENTS

CONTENTS

CONTENTS

CONTENTS

CONTENTS

附錄　實踐與應用篇

CONTENTS

CONTENTS

CONTENTS

前言
如何充分發掘年輕人的潛力

無論你走到哪裡，似乎都會聽到年長者帶著悲觀和絕望的口吻描述當今的X世代、千禧世代和嬰兒潮一代的年輕人。在我擔任發展科學家十八年，和身為家長的十三年裡，我在孩子們比賽的露天看臺、大公司董事會會議室裡，以及我所任教學校的飲水機旁，都聽過這樣的話：「年輕人對什麼都不在乎。」「他們說著不同於一般人所說的語言。」「他們覺得自己有權這麼做。」「他們太過敏感。」試想這樣的景象，如果年長者與十歲到二十五歲年輕人的互動方式能夠讓下一代感受到啓發、熱情，並準備好做出貢獻，會不會更好一點？而不是讓他們成天無所事事、憤怒、擔心或不知所措。

如此一來，管理者的工作將變得更加輕鬆，因為他們的年輕員工將更積極進取、自立自強；父母會更高興，因為他們不必擔心孩子變成難搞的青少年；教育工作者會感到更有成就感、更少倦怠，因為他們可以幫助壓力過大或無所事事的新世代年輕人。我們所有人都能充滿信心地彌合代際之間的鴻溝，而不會引發彼此間的口水戰。

我在傑出管理者、父母、教育者和教練之中看到了這個美好世界。我研究他們的行爲和說話方式，並根據假設、實驗、數據和結果，理解它們爲什麼有效。我寫這本書是因爲想分享我所學到的祕密、爲那些想要在與十到二十五歲年輕人互動時，親身體驗這個更美好世界的人而寫，並展示如何停止與下一代的衝突，且激勵他們。

這本書的想法來自大約十年前，我所做的一項簡單觀察：許多受人喜愛，且能促進青少年健康和福祉的計畫，效果都十分有限——這點令人感到吃驚。例如，一九八〇年代中期，美國聯邦政府發起「勇敢說不」的運動，鼓勵年輕人向香菸、毒品或酒精說不。這項運動不僅未能遏止青少年濫用藥物，而且經由研究發現，它甚至增加了吸菸和其他藥物對青少年的吸引力。

之後，政府還嘗試了一項名爲「抵制藥物濫用教育」的計畫：穿著制服的員警會走訪教室，傳達濫用非法物質的零容忍政策；官員們爲學生們上課、分發免費贈品，如螢光筆、腰包、保險桿貼紙和T恤等，當時全美國有百分之七十五的學區都在實施該計畫，不過一樣起不了太大作用，甚至還有研究發現，該計畫使學生對毒品產生更大的好奇心，也因此增加了使用毒品的比例。

也就是說，專家們吹捧的計畫很少產生效益。不過有趣的是，相同或類似的計畫對年幼孩子卻有效。於是我開始思考一個問題：爲什麼我們積極影響年輕人步入正軌的能力，在青春期到來的那一刻突然消失了？我了解到，**幾乎沒有一位管理者、父母、教育工作者或是教練，知道如何在眞正重要的時刻，對年輕人說正確的話**，他們宛如一道謎題。而且不幸的是，多數年輕人得到的建議對他們來說並沒有幫助，甚至因此感到絕望、挫折、憤怒，並讓年輕人更不願意傾聽。這樣的循環在世界各地一再重複著，讓年輕人和成年人疲於應付。在此舉兩個故事來說明。

導師困境

一天，我和一位老朋友亞歷克斯·史威尼醫師在舊金山喝咖啡。他是一位外科醫師，身材高大、英俊，自高中和大學擔任四分衛以來，別人向來對他言聽計從。從美國一所頂尖醫學院畢業後，他獲得了享有盛譽的獎學金。他目前在一所頂尖醫學院擔任教授，專攻耳鼻喉醫學。

亞歷克斯花了很多時間研究人工耳蝸，幫助人們恢復聽力。但他有一個問題，需要聽聽我的建議。

亞歷克斯當時負責監督二十歲出頭的醫科學生和住院醫師，當他們搞砸某件事情時，他會給他們清楚又直接的回饋，例如他們需要進行不同的評估或尋求他人意見。但這些住院醫師似乎沒有因此改正錯誤——他們不斷犯相同的錯誤，就好像他的話被當成耳邊風。亞歷克斯不明白爲什麼會如此。

「這眞是令人沮喪。」他告訴我。他花了一整天時間幫助他的病人，卻無法讓他的指導學生聽進他說的話。

另外還有則故事。在撰寫這本書時，我花了近一年的時間，追蹤了一位新進直屬主管和他二十三歲的下屬。他們在一家著名的大型時尚配件公司工作，身處時尚界，年輕人的重要性不容小覷，因爲他們比資深從業者更了解流行趨勢。從現實的角度上來說，管理者的成功取決於年輕員工是否有勇氣提供誠實的意見，但這名下屬並沒有這麼做。她的經理讀了每一本管理類書籍、追蹤每一位商學院教授的ＩＧ、收聽每個Podcast節目、關心下屬的職業生涯，但這些傳統做法都無法發揮作用。一天，在與高層管理者的會議上，這位直屬主管向這位年輕員工拋出一個簡單的問題，想徵求她的意見，但她回答得很糟糕，高層管理者因此留下了不佳的印象。當他們進行事後分析時，主管告訴她錯失了一個分享自己的想法、爲自己爭取升遷的機會。該名下屬淚灑現場，主管則感到非常沮喪。想不到，這位年輕員工竟覺得自己受到了不公平的批評和刁難，認爲主管不相信她，並在高層面前讓她難堪，讓他不會因爲她的失敗而受到指責，雙方因此有了一道鴻溝。主管試圖提升她的職業生涯，她卻覺得自己在公開場合受到羞辱，私下也得不到支持。一個月後，她提出了辭呈。

「讚美三明治」真能奏效嗎？

亞歷克斯和這位主管陷入了所謂的「導師困境」，指的是我們很難辦到批評他人的同時，還能夠激勵對方，因為批評容易摧毀他人的信心。這是一個兩難的困境，領導者感覺自己在兩個糟糕的選擇之間左右為難，他們要不就是忍受糟糕的表現（而且態度還得友善），要不就是要求高績效（但同時顯得冷酷），可是這兩種選擇都不理想。很多時候，即使年輕人和年長者都帶著希望彼此成長的心態在互動，但結果往往都讓彼此感到沮喪或被冒犯。

「導師困境」最早是由史丹佛大學社會心理學家傑佛瑞．科恩提出。科恩在研究大學教授對本科生的論文寫作或是報告給予嚴格的批評時，觀察到一個令人費解的趨勢：學生們的論文初稿上寫滿了教授的評論，但二稿上卻幾乎沒有任何修改。科恩發現，教授們感到沮喪和洩氣，認為（就像亞歷克斯看待他的醫科學生一樣）：「我花了這麼多時間給予回饋，卻總是在浪費時間。他們從未修正任何需要修改的部分，我這麼做又有什麼意義？」

球隊教練也面臨同樣的困境——球員沒有根據回饋而修正動作；律師事務所合夥人在修改初級律師的法律文書時，也遭遇這個問題；產品設計師在批評實習設計師的作品時亦是如此；每位家長在孩子無視他們的要求時，也都經歷了這種情況。不論是哪一種狀況，領導者都在過於友善和過於嚴厲之間左右為難，而且無論如何選擇，事情都不會如他們所願發展。

那麼，我們該如何解決導師困境？許多人推崇「讚美三明治」的做法，方法是將批評夾在溫和的讚美之間，例如：「我喜歡你的熱情（正面），儘管你的工作表現低於標準，且需要改進（負面），但幸好你有良好的態度（正面）。」不難看出為什麼人們喜歡這種方法：夾在負面回饋意見的兩個讚美所提供的正面作用是負面意見的兩倍。得到正面回饋多於負面，何樂而不為？

問題在於，年輕人不喜歡讚美三明治的做法。原因是他們無從得知老闆、教練、父母或老師是否真心讚美。科學告訴我們，當年輕人受到權威人物的批評時，他們會問自己一個更深刻、更關乎生存的問題：**「這位掌握我生活的人是否認為我無能？」**在他們聽到批評的實質內容——關於如何更能實現目標的有用建議之前，他們必須有安全感。雖然讚美三明治試圖創造這種安全感，但問題是，那些讚美都是些不重要且與個人或職業成功無關的事情，並不能解決年輕人主要的恐懼。相反的，更證實了他們的恐懼：領導者認為他們無能，對他們實際的工作能力沒有說任何好話，更糟糕的是，還以為單憑空洞的讚美，就可以達到安撫年輕人的效果。

儘管「讚美三明治」的常見做法無法奏效，但它們依然普遍存在，這表明我們需要一種系統化的科學方法來激勵年輕人。

明智回饋

二〇一四年，我與科恩及其他人發表了一項科學實驗，並提出一個簡單又可以有效解決導師困境的方法，稱之為**「明智回饋」（Wise-Feedback）**。我們讓導師在提出批評回饋的同時，附上一段明確而清楚的說明，解釋他們提出這些回饋的原因。所謂的明智回饋之所以明智，是因為考慮了年輕人的困境：他們不希望被要求達到不可能的標準，同時也不希望受他人輕視。

我們在中學生的某堂社會課進行了一項實驗，測試明智回饋的做法是否有效。這些七年級生在課堂上被要求撰寫一篇關於他們個人英雄事蹟的五段作文初稿。接下來，研究團隊會要求老師附上手寫的批評和建議——有的學生拿到治療組評語，有的則是對照組（儘管老師撰寫了評語，但不知道哪位學生得到了哪則評語，也不知道這個研究的目的）。

其中一半學生拿到治療組評語，上面寫著：**「我之所以提供你這些評語，是因為我對你有很高的期望，而且我知道你能達到這些標準。」**另一半學生則得到了模稜兩可的對照組評語：**「我之所以對你提出這些評語，是為了對你的作文提供建議。」**該評語並沒有明確傳達回饋的原因。

老師們將作文放在密封文件夾中交還給學生，這樣他們就看不到誰收到哪則評語。之後，學生們有一週的時間來修改作文，或者選擇不修改。

圖1　明智回饋對七年級學生是否修改作文的影響

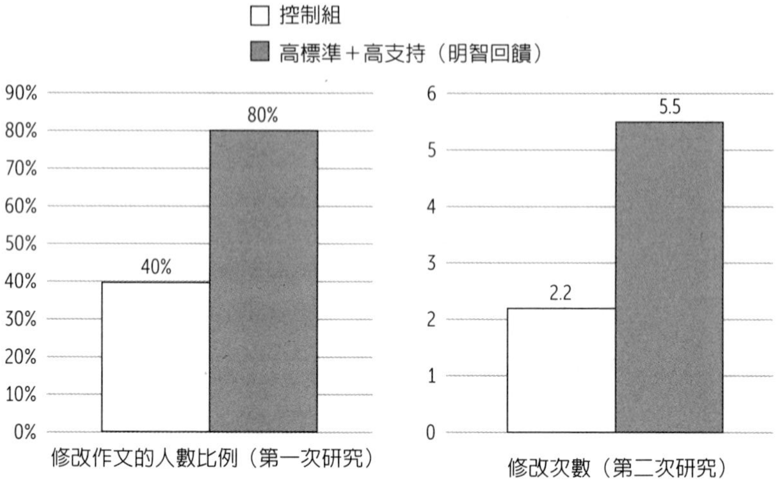

我們希望明智回饋能激勵治療組學生在修改過程中更加努力，而他們的反應的確令我們吃驚。收到明智回饋評語的學生，修改作文的可能性是對照組的兩倍：對照組中有百分之四十的學生修改了作文，而治療組則有百分之八十的學生進行修改。次年，我們在同一位教師的班級中，針對新學生進行了這項研究，要求學生主動修改他們的作文。我們想知道明智回饋是否能讓學生督促自己做得更好。結果再次證明了這個方法的有效性：相比對照組的二．二次，接受明智回饋的學生，修改了五．五次——次數增加了兩倍之多！

更重要的是，明智回饋帶來了更公平的結果。所有學生都能從中受益，而且那些屬於少數群體的學生（在本例中爲黑人學生）受益最多。明智的回饋大幅減少了學生在修改意願方面上的種族差異。

這裡得出的結論是，當你以高標準要求年輕人，並明確表示相信他們能夠達到目標時，等於是尊重他們、認眞看待他們。此時，年輕人會奮起迎接挑戰，因爲尊重會帶來激勵。此外，你提升了所有學生的水準，並看到了更大的公平性。

我將在這本書分享許多如同明智回饋的例子。科學證明它們對許多人有正面的影響，正如我將要展示的，這些方式在跨越性別、種族或族裔、國家和宗教團體都能發揮作用，原因很簡單，這些實踐觸及了年輕人努力在成人世界中占有一席之地的核心意義。

幾年前，當我與亞歷克斯．史威尼醫師分享明智回饋研究時，他才意識到醫科實習生爲何不願意聽他說話：因爲他們感到害怕。他們認爲他的批評回饋表明「亞歷克斯醫師認爲他們不是好醫生」，而不是爲了讓他們成爲更優秀的醫生。

亞歷克斯因此改變了他的做法。他開始向住院醫師解釋，他提供批評回饋是因爲他認爲他們可以因此進步，而且他十分認眞看待他們。就像實驗中的中學生一樣，這些年輕醫科生也做出了改變，他們更願意根據回饋，提升自己的醫療技能，並且更樂意得到批評。如今，亞歷克斯在他的醫學院管理一個頂尖的外科部門，他以取得出色的醫療成果，以及擁有正向文化培養醫生和留住最優秀員工而聞名。

十到二十五歲的大腦

對待十歲孩子的最佳方式，看似與對待二十五歲的年輕人不同。十歲的孩子通常還沒有發展出任何青春期的外在性徵；二十五歲時，他們很可能已經在部隊服役數年。但是光憑外表並不可信。事實上，在十歲到二十五歲的年齡之間，存在著隱藏的神經生物學和動機的相似之處。

十歲左右相當於青春期的開始，是生物學上的成年期初期。這段期間開始了荷爾蒙、大腦、身體和社交生活的一系列變化，這些變化的目的是爲了培養能夠爲群體生存做出貢獻的成年人。神經科學家證明了這種連鎖效應會一直持續到二十幾歲。二十四、五歲大腦的結締組織仍會受到周遭環境的影響，然而，這並非意味大腦還未成熟，它只是仍在適應、尚未定型。當你意識到當前全球經濟越來越重視技術培訓，導致朝向穩定的職業過渡期比以往任何一代人還要更晚時，就不難理解。

年輕人的大腦持續不斷適應環境，因爲這有利於他們（和社會）的生存。這意味著十至二十五歲年輕人的大腦和動機的共同點，比多數人意識到的還要多。這是個好消息，因爲我們可以從各種情況來學習普遍原則，在實施這些原則時，使我們與下一代的互動變得更好、讓生活變得更輕鬆。

對十歲的孩子來說，至少在他們二十五歲之前，持續影響他們動機的最重要改變會是什麼？是**地位和尊重感**。神經科學家表明，青春期時，大腦會尋求適應社會地位和尊重感，甚至早在身體其他部位出現性徵之前，大腦就開始渴望社會的獎勵。青春期開始（特別是性腺開始發育）使我們進入生殖成熟期，並調節睪酮和雌二醇等荷爾蒙，對大腦追求獎勵的區域（例如富含多巴胺受體、稱為伏隔核的區域）有著強大的影響，這讓我們的大腦渴望諸如自豪、欽佩和尊重等經歷，並使大腦厭惡痛苦的經驗，例如羞辱或羞恥感。從青春期開始，直到在社會扮演成人的角色，我們都渴望獲得更深刻、更有意義的尊重體驗，或者用人類文化學家的話來說——**贏得聲望**。

給予年輕人地位和尊重

每當年輕人與在社會上有影響力的人（管理者、父母、教育工作者或教練）互動時，就會突顯地位和尊重的重要。因為年輕人對地位的差異很敏感，他們會仔細琢磨我們字裡行間所說的每句話，解讀話語中隱藏的含義，以確定我們是否尊重他們。這造成了成年人在說話時想要傳達的意思，與年輕人從我們的話語中所聽到的內容之間存在著差異，這說明了明智回饋研究和亞歷克斯在醫院的經歷所發生的情況相同。年輕人收到出於善意的批評回饋，卻誤把話語解讀成「我不夠好」「你看不起我」，導致善意在他們耳裡成了另外一回事，也因此經常發生爭執，加劇代際之間的鴻溝，成爲常見的衝突形式之一。

二〇一〇年代中期，我與共同研究者羅恩．達爾和卡洛．德韋克首度提出了地位和尊重的理論，這與社會觀點認爲青春期標誌著「難以溝通」的普遍看法相矛盾。

我們提出的理論是，假設青少年只是有一系列未被滿足的需求。畢竟，我們不會因爲嬰兒的哭鬧和煩躁不安，就定義嬰兒期是一個糟糕的年齡，相反的，我們了解他們必須在睡眠和食物層面得到滿足，才能成長和茁壯。因此，我們會弄清楚嬰兒是否餓了或是睏了，然後餵食或讓他們小睡。地位和尊重之於年輕人來說，就像食物和睡眠之於嬰兒，是一種核心需求，當這些需求得到滿足，就可以激發出更好的積極性和行爲。

滿足年輕人的發展需求，可以杜絕他們做出讓成年人惱怒的糟糕行爲。如果我們重視這些需求，那麼做爲支持年輕人的父母、老師、管理者或教練，就能花更多時間爲他們取得的成就感到自豪，確保孩子有能力成爲社會的一員，減少抓狂的時刻。

給予年輕人地位和尊重，是明智回饋研究解決導師困境的方法。但是單憑這些還不夠。我想知道的是：領導者如何從一次性的提示，轉變爲以高標準和高支持爲特徵的整體關係，甚至是整體文化？

一旦步出實驗室，進入現實生活，我開始看到明智回饋策略如何對年輕人的生活產生實際的影響。其中一個意想不到的例子是指導美國的職業籃球選手。

奇普・恩格蘭的故事

ＮＢＡ業餘第一輪選秀中，當一名十九歲新秀球員脫穎而出時，通常會感到自信和自豪，更別提價值數百萬美元的簽約金。不久後，投籃教練會告訴新秀如何改變投籃方式，然而這正是他們最初能雀屏中選的原因，因此自信心難免遭受打擊，引發一連串自我懷疑，例如：「球隊是否認為我表現得不夠好？」又或者「我的投籃方式遭到糾正，所以投籃技巧將變得更糟——會不會導致我坐冷板凳，或被球隊除名？」這些問題將帶來重大影響，從飽受羞辱到破產都有可能。因此，ＮＢＡ教練面臨了一個導師困境。如果他們批評球員的投籃，可能會導致對方採取防守態度、拒絕改變；如果他們不批評，球員將無法發揮自己的潛力，導致球員和教練最後同遭解僱。

然而，令人好奇的是，有位職籃教練居然能為這個導師困境提供令人滿意的解決方案。出色教練給人的刻板印象往往是大聲咆哮、口沫橫飛，有的還會扔椅子，他們以嚴苛的高標準壓垮球員的意志，只為了讓他們更加服從。畢竟，ＮＢＡ是個充滿競爭的環境，職業教練沒有時間容忍球員做出愚蠢的行為。

其中名聲最響亮、被譽為「最令人膽戰心驚」和「駭人」的ＮＢＡ教練是傳奇人物格雷格・波波維奇，他同時也是聖安東尼奧馬刺隊的總教練。但你知道嗎，和外界賦予的刻板印象完全不同，波波維奇的教練團隊給予球員很大的支持，球員和教練們就像一個家庭，雖然有爭吵，但從不懷疑彼此的愛。在馬刺主宰NBA、贏得兩次冠軍的十五年間，波波維奇的助理教練之一，也深受明智回饋的影響，他的名字是奇普．恩格蘭。

「他只專注在微小的細節。」

球員和記者們形容奇普．恩格蘭是一個「天才」「精湛大師」「導師」與「投籃醫生」，是名家喻戶曉的傳奇人物。

奇普是杜克大學教練麥克．沙舍夫斯基率領的第一支分區冠軍球隊的隊長，在結束國際職業籃球生涯後，奇普透過舉辦一個廣受歡迎且要求甚高的青少年投籃訓練營，進入了教練這一行。一九九〇年末、二〇〇〇年初，在口耳相傳下，使他有機會與NBA球星格蘭特．希爾、史蒂夫．科爾和尚恩．巴提耶等人合作。輾轉在幾支NBA球隊工作兩年後，奇普被聖安東尼奧馬刺隊聘為全職投籃教練。在馬刺隊效力的十七年裡，奇普提高了數十名球員的投籃命中率，其中包括NBA傳奇人物東尼．派克和科懷．雷納德，並幫助他們贏得了兩次NBA總冠軍。

在派克與奇普合作之前，波波維奇過去經常認為派克是位失誤連連的球員。如今，在奇普多年的指導之下，派克已成為名人堂一員。「他是最棒的，」格蘭特．希爾談到奇普時說道。「這就是為什麼最佳球隊總希望能夠聘任他為教練。」如今，奇普為奧克拉荷馬的雷霆隊工作，經過兩年，在他的帶領之下，雷霆隊三分球命中率提高了百分之二十，勝場總數翻了一倍之多，奇普個人創造了點球成金的策略。當球隊經理招募到跳投水準一般、遭到低估的球員時，只需接受奇普指導一年左右，往往能成爲全明星或是球隊交易的資產。無論奇普走到哪裡，團隊的成功都會跟著來。

奇普只是一味關注投籃者的缺陷？或是試圖拆解每一位球員的投籃動作，並重建他們的投籃方式？還是他是個只談公事、難以親近的人？都不是。以下是一位罰球命中率從百分之六十躍升至百分之八十的雷霆球員對他的描述：

「奇普的方式令人費解，他的所作所爲就像名巫師。我並不是說他採用的方式不正統，但他和我以前遇到的其他教練不同，那些教練會說：『用這樣的方式投籃。』但他不會試圖改變我的投籃動作，或要求我做出巨大的改變。他只專注在微小的細節，並要求我做出改變。」

一九九〇年代末，史蒂夫·科爾是麥可·喬丹所在的公牛隊中，一位身經百戰的神射手，但他的投籃命中率卻不斷下滑。奇普幫助他意識到自己在投球時是以中指出力，而不是食指——這會導致球的軌跡不穩定，讓他在投籃時充滿變數。很快的，科爾又恢復了他神準的三分球實力。

當奇普透過調整投籃者的出手點，將科懷．雷納德變成超級巨星時，奇普說：「我覺得他的投籃不需要被徹底改造，只要稍加調整，就能成為一名非常出色的射手。」雷納德被球隊選中時，沒人認為他只需要稍加調整——他們覺得他需要全新的投籃方式（或者乾脆坐冷板凳），可是奇普的看法不同。儘管他要求嚴格（迫使雷納德停止從肩部過肩投籃），但他很小心地從心理上支持、尊重雷納德，而雷納德如今已是未來名人堂成員。

「他讓我相信自己。」

前NBA和NCAA（華盛頓特區籃球錦標賽）冠軍、杜克大學籃球運動員尚恩．巴提耶向我解釋了做為奇普的指導對象，並接受他給予明智回饋的感受。有一年夏天，巴提耶在杜克大學的青少年籃球訓練營接受訓練，奇普來到了鎮上，他主動提出替巴提耶安排一次訓練。

訓練結束時，奇普說：「你的投籃還不錯，是個出色的射手。」讓巴提耶留下深刻的印象，因為當時NBA的選秀專家們都在質疑巴提耶的投籃能力能否在NBA賽中發揮。儘管奇普看到了巴提耶的潛力，但他認為只要稍微調整，巴提耶就能變得更好，也因此，他們瞬間建立起緊密的連繫。「他讓我相信自己能成為NBA全明星級別的投手。這給了我改進投籃的信心。」

但要怎麼辦到？奇普不是用那種先表揚再批評，最後再加以表揚的方式來吹捧巴提耶，他靠的是**「高標準」**。他設計的訓練課程會逐步增加挑戰難度，同時要求巴提耶無論在擺脫阻擋、接球還是運球投籃時，都需要保持完全相同的姿勢。奇普的主要目標是去除那些不必要的動作，這些動作使得巴提耶每次投籃的結果難以預測。他毫不留情地改變一些小細節，比如食指在籃球上的位置，或者拇指張開的程度，以及在整個投籃過程中如何控球。他堅持不懈地要求巴提耶在越來越困難的類似比賽情境中，練習新的投籃技巧。

整個過程裡，奇普給予極大的支持。當巴提耶投出一顆奇普認爲不太理想的球時，他不會大喊：「停下來，你在幹什麼？要這樣投！」相反的，他會問：「你感覺如何？」奇普尊重球員的自主性，希望他們自行思考，因爲上場比賽的是球員，不是他。奇普經常對球員說：「嘿，這是你的劇本，不是我的。劇本由你來寫，我只是幫你看看要怎麼修改。」

有時，改變投籃方式是一個充滿壓力、非線性且令人沮喪的過程，可是奇普不讓球員們放棄，他向球員保證會支持他們。

當奇普剛開始和馬刺隊的東尼．派克合作時，他說：「無論順境、逆境還是各種情況，我都會支持你。就算一開始效果不理想，我也不會拋棄你。」他在接下來的十年裡不斷對派克的投籃技巧給予批評，而且派克的投籃水準的確因此提高。奇普認眞對待球員並寄予厚望，但也會在整個過程支持他們。這就是爲什麼球員們非常信任他，也願意鼓起勇氣做出改變。

最終，巴提耶改進了自己的投籃技術，並在ＮＢＡ擁有了長達十年的職業生涯。在二〇一三年NBA總決賽決定性的第七戰當中，他表現出色，命中了六個三分球，最後馬刺隊在與邁阿密熱火隊的對陣中，奪得了NBA冠軍。「他不僅是一名投籃教練，」巴提耶告訴我，「他是籃球心理學家。」

擁有自己的「大腦教練」

見過奇普後，我不得不表示同意。「導師困境引起了我的共鳴，」奇普告訴我。「做為一名教練，我不斷努力讓年輕球員接受回饋，而不覺得受到威脅。」奇普解釋，「從根本上來說，這是關乎挑戰和安全之間的平衡。」挑戰（更高的標準），幫助球員在自己的弱點中成長，而安全（支持）則幫助他們相信自己不會因為走出舒適圈而受到情感或身體上的傷害。

奇普對待年輕球員採取了相同的方法——**高標準、高支持**。這揭示了與十到二十五歲年輕人之間最佳溝通策略的相似之處。在他的青少年夏季籃球訓練營中，奇普不僅期望孩子們完成訓練，還期望他們主導訓練。奇普的青少年訓練營來到第二週時，球員們已經自主完成了訓練，而不是教練促使。他們遵守訓練營對精確度和及時性的標準，提供了關鍵的回饋，並相互對彼此負責。奇普這樣做是因為他想給他們的不僅僅是投籃技巧，更希望他們擁有自己的「大腦教練」，可以在離開訓練營後繼續進步。

奇普向我展示，即使在時間受到嚴峻限制的高壓情況之下，與明智回饋相結合的實踐也可以發揮作用。當然，奇普花了一些時間教導球員如何做好自我管理，所以訓練營進行到第二週時，對奇普和他的同事來說，一切要容易得多。事實上，在撰寫這本書時，我多次看到專家管理者、教育工作者和家長的身邊往往有一群獨立、有彈性、積極主動的年輕人，並不需要不斷調整方向來完成任務，長遠來看，這節省了成年人的時間（和挫折感）。領導者運用激勵的方式，獲取幫助他人的滿足感，使生活變得更輕鬆、充實，這的確是個雙贏的策略。

皮特和李奧娜的故事

二〇一九年七月。大約有一百五十人聚集在德州拉夫金市皮特・薩姆納斯的舊辦公大樓，並爲他舉行追悼會，皮特的家人和朋友們講述著他的善良和幽默；他的員工們談論他如何創造就業機會與提攜後輩。然而，八十年前，皮特的貢獻差點無法實現。

一九三九年十一月的某日，皮特把所有家當塞進車裡，準備開車返回德州康羅小鎮的家中。當時，他是休士頓萊斯大學主修機械工程的十六歲學生，而那天早上，他決定退學。

就在三個月前，皮特滿懷信心，自豪地開車前去萊斯大學上學。他自信滿滿，甚至有些自負，畢竟，他曾是康羅高中的橄欖球運動員和優等生，平均成績爲九十四・六分（滿分一百分），全班排名第三。但萊斯大學不是康羅高中，當皮特收到成績單時，感到震驚不已：六個科目中，有五科不及格。他開始懷疑自己是否能繼續完成學業。憤怒、沮喪，加上排山倒海而來的壓力伴隨著焦慮，皮特覺得除了放棄夢想，別無選擇。

決定退學的那天，當皮特開車返家時，他想著該如何向母親李奧娜解釋自己退學的決定，而她又會做何反應。

李奧娜是一位堅定但充滿愛心的女性，帶領家人度過了大蕭條時期，她那熱情而嚴格的態度使她成爲休斯頓獨立學區最受愛戴的教師。但幾年前，李奧娜在一家石棉廠工作後，患上慢性呼吸系統疾病，使得她的健康和體力每況愈下。皮特心想，如果他向母親解釋自己根本不適合讀大學，也許她會贊同他的做法。

皮特在星期五深夜返回家中，隔天令他吃驚的是，「母親儘管疾病纏身，」皮特晚年在一次口述訪談中說，「星期六一早，她還是拿出力氣來教訓我一頓。」

李奧娜大聲斥責他，告訴他這與聰明與否無關。她沒有忽視他的恐懼，但也不接受他的藉口，並要求他堅持下去，因爲他有潛力，但同時她也會和他一起合作尋求支持。母親擔心他無法兼顧日常生活，所以安排他在休斯頓與一位傑出的醫師同住。

這位醫師娶了她的一位摯友爲妻，她會確保皮特走在正軌上，並提供他食宿。夜幕降臨前，皮特又坐上車，開車返回萊斯大學。

那個決定性的日子標誌著皮特人生軌跡的轉捩點。皮特回到萊斯大學，全身心投入學習。

在那裡，他遇到了妻子歐帕爾，雙方結縭七十五年，並育有兒女。一九四三年畢業後，皮特被派往二戰的太平洋戰區。年僅二十一歲的他利用自己的工程學位，領導提尼安島上B－29轟炸機機隊的維修工作，這對盟軍的勝利占有至關重要的影響。如果李奧娜當初答應讓他退學，他不可能做到這些。

對周遭的人寄予厚望，同時也給予支持

戰後，皮特的小型工程公司爲拉夫金周邊的家庭和公司帶來了嶄新的契機。

德州潮濕悶熱的空氣令人難以忍受，一天下來，人們經常渾身大汗淋漓。爲了入睡，人們只得打開窗戶，指望能吹來一陣微風，但敞開的窗戶卻招來大批蚊子，這就是當時德州人每天會面臨的兩難。當皮特公司的工程師替一般家庭或公司安裝空調時，簡直是救世主降臨。皮特替德州的居民帶來了舒適的生活，同時也感到自豪。而他之所以能做到這一切，是因爲李奧娜及時、嚴格但充滿愛的指導，讓他走上成爲工程師的道路。

皮特最大的貢獻應該在於爲員工所做的一切。皮特的雜務工廷克是一位沒有任何技能的少年，但最後卻成了公司股東；另一名員工吉米雖然患有憂鬱症，可是皮特對他很有耐心，從未覺得他不可靠而解僱。當吉米的精神狀態稍加好轉時，皮特對他委以重任，吉米相當感謝皮特改變了他的人生。

皮特在十七歲高中畢業後，僱請珍妮絲擔任他的祕書，他賦予她責任和學習的機會長達四十年。追悼會上，珍妮絲表示，因爲皮特，她給了孩子自己從未得到的東西：大學教育。其中一名孩子現在是醫師，另一名孩子則做了律師。「因爲皮特爲我做的一切，讓我的孩子們能爲衆多人們做出貢獻。」她對我說。多年來，皮特對待員工就像李奧娜對待他那樣：**對周遭的人寄予厚望，同時也給予支持**。他改變了他人的生活，就像李奧娜改變皮特的一生。

皮特和李奧娜的故事所代表的意義，遠不只是一位大學輟學生的決定。它展現了成年人在年輕人面臨任何重大的人生岔路時，能夠爲他們或是他們所在的社區做些什麼，從而引導他們走向更美好的未來。

皮特的故事深深感動了我。除了故事本身，還因爲皮特正是我的外祖父，李奧娜則是我的曾外祖母。李奧娜於一九四一年去世，雖然從未見過她，但她的精神卻長存我心。李奧娜介紹皮特與祖母歐帕爾結識，他倆生下了我的母親，她有著與曾祖母相似的性情，對我產生了深遠的影響。

成長過程中，我一直沉浸在這些故事裡，但從未眞正有所體會。我們總是笑談李奧娜對老皮特多麼嚴厲、關注她如何嚴格地執行高期望，卻淡化了支持的這個部分。直到最近，我才意識到我們漠視李奧娜的行爲背後眞正的意義，深刻反映了我們的文化。

打破與年輕人不良互動的迴圈

社會普遍傾向認爲，與年輕人互動的方式只有兩種極端，要麼嚴厲或是溫和、刻薄或友善、專制或縱容，我們沒有意識到可以剛柔並濟，同時帶有高標準和高支持，就如同明智回饋。正因爲沒有意識到這一點，所以常常只模仿李奧娜所做的一半——要麼把兒子趕出家門，要麼爲他提供免費住宿。

因爲我們只做對了一半，所以與年輕人溝通不良、阻礙他們發揮潛力。這是一個令人憤怒的迴圈。

如果我們能打破這個迴圈會怎麼樣？

待在皮特辦公室那天，與珍妮絲一番交談後，我展開了個人學習之旅，決心找到像李奧娜和皮特這樣的人，研究他們的祕訣。我要在工作場所、家庭、學校和科學期刊中搜尋並且探究：最優秀的管理者、父母和教育者如何充分發掘年輕人的潛力、推動他們成爲最好的自己，而又不打擊他們的信心？我寫這本書的目的就是爲了分享我的所學。

請注意，我和你們一樣也在這趟學習之旅當中。在我的研究室裡，我管理著年輕人；我是四個孩子的家長，最大的孩子剛剛進入青春期；我指導棒球和籃球隊；我教過中學生，現在在大學任教，我嘗試了這本書提到的所有做法。雖然不能說做得完美無缺，但可以保證，當我做對的時候，一切都是值得的。

同處在這趟旅程之中，誰都想要獲取關於如何與年輕人有效互動的實用知識。因此，我在每一章結尾寫下問題和建議，告訴大家如何將這些想法付諸實踐，並按順序附在書末。

在此，我誠摯歡迎所有人持續學習關於如何激勵和影響年輕人，一起分享這個精采、棘手且鼓舞人心的世界。

第一部
了解十到二十五歲的孩子

第一章

錯誤認知

北卡羅來納州溫斯頓塞勒姆有一間專門為接受臨終關懷的患者所保留的病房，但在二〇一三年九月八日，它被用作臨時的影片拍攝工作室：美國疾病管制與預防中心前來錄製一位名叫泰莉．霍爾女士的臨終建言。

二〇〇〇年，泰莉發現臉頰內側有一個小潰瘍。報告顯示這是一個腫瘤，進一步檢查後，顯示癌症已經從她的口腔擴散到喉嚨。在接下來的十三年，泰莉接受了放射治療、化療和切除部分下巴和喉部的手術，使她需要依賴電子假聲喉嚨說話。她用著沙啞、充滿喘息的合成聲音，向疾病預防控制中心和全世界分享她最後的教訓。

泰莉因菸癮而罹患癌症。她和百分之九十的成年吸菸者一樣，在十八歲之前染上菸癮。「我十三歲時，第一次抽菸，十七歲時，我才真正開始成為一名經常吸菸的人。」她說。

一九六四年，美國衛生局局長辦公室發布了一份名為《吸菸與健康》的報告，裡頭告訴全世界，吸菸是全球癌症和癌症相關死亡的主要原因。對於菸草公司來說，這是一場致命的打擊，但他們最後卻贏得了這場戰爭——他們投資了數百萬美元讓吸菸看起來很酷，其中有粗獷牛仔萬寶路男，手上總是拿著香菸，征服荒野；還有駱駝老喬，一個優雅、圓滑的人物，過著被美女和煙霧包圍的上流生活。當政府說吸菸有害的時候，菸草公司的行銷策略卻有助於公司的營運，它向青少年表明，吸菸是一種叛逆和贏得同齡人欽佩的方式。

一九七七年，泰莉還是福布希高中的三年級學生，也是一名受歡迎的啦啦隊長，經常受邀參加派對。因爲她的朋友有抽菸的習慣，爲了打入他們的圈子，所以她也跟著開始吸菸。「這是一件很酷的事情，」她告訴疾病預防控制中心。很快，她就每天吸兩包菸，幾十年來一直如此，直到她的喉部被手術切除。在臨終前，她說：「我現在擔心的是，無法看到孫子們畢業或結婚。」她感嘆道：「這個刺耳的合成聲音是我孫子唯一知道的聲音。我懷念能夠爲他唱搖籃曲的日子。」但泰莉也充滿了目標，希望未來能有所不同。她祈禱，希望疾病預防控制中心或其他傾聽的人，能夠想出更好的方法來防止年輕人落入像她一樣的結局。

反菸草計畫

一九九八年，在針對菸草業做出具有里程碑意義的法律裁定後，菸草公司迫於聯邦政府的壓力，在電視、報紙和雜誌、廣告看板和廣播中推出反吸菸廣告。那些想出促進青少年吸菸的行銷方式，而賺進數百萬美元的廣告公司，遭指控做出違背良心的事。之後，他們喊出一個口號：「思考，但不抽菸。」另一則標語是：「如果你是青少年，當心菸草讓人瘋狂。」每個人都預期青少年看到這些廣告的次數越多，吸菸的可能性就越小。然而，一項研究調查這項反吸菸活動的成效時，他們發現那兩則標語竟讓年輕人更加認同吸菸是一件很酷的叛逆行徑，對菸草公司的好感度大增、更加相信他們會照顧吸菸者的健康。反吸菸運動反而使青少年更想嘗試吸菸。公共衛生專家感到困惑，而菸草公司則繼續賺進大把鈔票。

反菸草計畫並不是唯一的失敗。你是否知道，與未接受減肥計畫的人相比，減肥計畫對年輕人最常見的影響反而是體重增加？你是否知道針對國中後期和高中生的反霸凌計畫往往會增加霸凌行爲？我們希望針對這些年齡層來防止自殺或校園暴力等極端事件，但最常見的計畫要麼適得其反，要麼證明毫無用處。

我們的社會無法理解影響年輕人的問題。多數青年服務計畫的慘敗表明，需要更深入審視我們對於年輕人的基本思維模式的理解。

無法定期服用藥物的一群人

史蒂芬·亞歷山大博士在美國史丹佛大學排名第一的青少年腎臟移植中心，擔任兒科學教授已有數十年，某次，他跟我講述了他的腎病診所面臨的一連串棘手挑戰。

如同所有參與腎臟移植的醫療專業人員，亞歷山大博士是替人帶來幸福和自由的使者。人類的腎臟會過濾體內透過尿液排出的毒素，當腎臟失去功能時，便需要使用透析機來過濾毒素，患者每週必須忍受三次時長半小時的痛苦洗腎治療，在透析的前一天，因為體腔內充滿了廢液，身體會浮腫且呼吸急促；透析當天，得忍受數加侖廢液被排出體外的痛苦。當亞歷山大的醫療院所為病患進行腎臟移植時，病人終於能夠從透析機的枷鎖中解脫，過上正常的生活。

一九七六年亞歷山大博士開始從事腎臟病學研究時，移植手術還很新穎。兒童和青少年很少能成功保留移植的腎臟。當時，只有不到百分之三十的兒童能存活三年或更長時間，然而現在，三年後的存活率接近百分之九十五。醫療行業已投入數十億資金開發新的技術和藥物，建立了龐大的基礎設施，以保持器官有足夠長時間的活性，使其能夠移植給接受移植的患者，並培養出世界級的外科醫師。其中，最重要的發現是免疫抑制劑，它可以阻止免疫系統對來自他人身體的新腎臟的攻擊，從一個人身上取出器官，並移植到有需要的兒童體內，如今已成為一項成功率極高的手術。

然而，亞歷山大醫師每年都有數十名患者在不應該發生的情況下，失去了移植的腎臟。原因很簡單，卻很難解決：醫師無法讓十到二十五歲的患者定期服用免疫抑制劑。

針對美國一項移植研究表明，十歲以下兒童的腎臟排斥機率幾乎為零，因為他們的父母會照顧他們並協助服用藥物。然而獲得更多自由和自主權的十歲到十七歲年輕人，腎臟排斥的機率卻逐漸上升，比率一直保持在高位，直到二十五歲之後，腎臟排斥的比例才開始急遽下降。因此，十到二十五歲正是問題發生的所在。

無法解決不遵從醫囑的問題

我從史丹佛大學兒科腎臟病診所的護理師那裡聽到這樣的故事。她打電話給血液檢查顯示有問題的患者父母，告訴他們：「你兒子的血液檢查顯示他血液中的藥物含量為零，而且出現了排斥的症狀。你們確定他有按時吃藥嗎？」通常，她會聽到父母親口詢問兒子：「你有吃藥，對吧？」接下來護理師會聽到來自孩子的響亮回答：「我當然有吃藥，媽媽！」護理師平靜地向家長解釋，從生物學角度來說，如果病人有服藥，血液中不可能沒有藥物殘留的痕跡。除非他患有罕見疾病，會在藥效發揮之前，就把藥物完全代謝掉了。無論哪種情況，患者都需要立即前往醫院進行進一步檢查。長時間的停頓後，護理師聽到母親回說：「好吧，他告訴我他沒有吃藥。他會開始按時吃藥。感謝您的致電。」

父母理所當然會關心孩子，但腎臟卻是六親不認的器官。如果沒有免疫抑制劑，身體會在一天之內排斥移植的腎臟。「腎臟移植是無情的考驗。你絕對每天要服用免疫抑制藥物。」亞歷山大這麼向我解釋。否則幾天後，移植的腎臟就會受到身體排斥，年輕人最後仍得靠洗腎過活，難逃終生洗腎的命運。

這不僅僅是亞歷山大博士的問題。事實上，在所有接受腎臟、肝臟、心臟、幹細胞移植的青少年和年輕人中，有百分之三十五至四十五沒有按處方服藥。儘管技術和藥物治療有了進步，但隨著時間過去，服藥問題並沒有得到改善。一位著名的醫師回顧近年兒科腎臟移植的整個歷史，得出一個令人沮喪的結論：「與四十年前相比，我們似乎沒有解決不遵從醫囑的問題。它仍然是移植成功與否的關鍵，且往往造成無法挽回的傷害。」當我們談到改變十歲到二十五歲年輕人這個關鍵時期的行爲時，醫學還沒有成果。這是怎麼回事？

傾聽和服從

「思考，但不抽菸」和「菸草讓人瘋狂」的反吸菸運動無法達到預期的效果，的確值得我們深思。兩項反吸菸運動都在告訴年輕人該怎麼做（即「不要吸菸」），這就像是一道命令。這或許跟青少年在神經生物學層面上的感受不相吻合。同樣的情形發生在器官移植的衛教宣導，包括一再重複的醫囑，醫師、護理師和藥劑師與年輕患者及其父母進行一次的單獨對話。權威人士描述不服用免疫抑制劑的後果，並讓年輕人向他們重複所有內容，宛如在測驗他們的理解力——他們只要年輕人做到傾聽和服從。

「我們沒有接受過如何與青少年交談的教育，」一位經驗豐富的醫師告訴我。「醫師接受的訓練是爲了傳達科學訊息，而不是關注什麼原因阻止人類採取必要的行動。」因此，醫囑往往給人帶來某種威脅，例如「如果你不這樣做，那麼我不得不增加藥物劑量。」一位接受移植者在一場向醫師和護理師發表的談話中說道：「醫師對我嘗試了很多威脅策略，但全都沒用。」他接連失去了第一個腎臟，然後是第二個。

將談話內容限制在一定範圍，是對年輕人的不尊重，因爲它沒有認眞討論藥物將如何影響患者。「我討厭這些藥，所以沒有認眞服用藥物。」一位移植接受者說，另一位患者告訴我：「人們沒有意識到每天要服藥兩次有多難。」

免疫抑制劑產生的副作用包括：腹瀉、體重增加、麻木感和呼吸帶有異味。「其中一種藥物的副作用讓我變得毛茸茸，」一位病人告訴我。「我看起來像狼人，還長出一字眉。」另一個人則告訴我：「我覺得自己像個胖子，很難和女友發生親密關係。醫師還會囑咐我要做到滴酒不沾。」想想這些副作用如何與青少年的社交生活相衝突：腎臟科醫師要你毫無異議地接受新生活——你變成一個體重超標、毛茸茸的年輕人，有消化問題、四肢麻木、口臭，不能參加派對，也不好意思裸上身游泳。不吃藥可以免去副作用，儘管時間短暫，但可以讓年輕患者暫時忘記副作用帶來身體上的不適，使他們可以正常參與社交生活。

我們需要了解年輕人的需求

因此，藥物本身成爲對社會生存的潛在威脅。有些年輕人看上去像是對你的話言聽計從、點頭附和，其實他們只是假裝在聽，這就是爲什麼一套標準的衛教醫囑無法說服年輕人調整日常習慣和常規，以便他們認眞對待藥物治療。

這也是爲什麼過去四十年花費數十億美元，將兒科器官移植奇蹟變成常規外科手術之後，服藥問題仍未解決的原因。這項未解決的科學難題與腎臟或免疫系統無關，但與駕馭青少年行爲改變的複雜世界密切相關。

史丹佛大學的小兒心臟移植醫師大衛．羅森塔爾博士告訴我，他與青少年打交道的經歷讓他覺得自己和病人生活在不同的世界。「我無法想像他們在想什麼。」同樣的，史蒂芬．亞歷山大博士警告：「我們需要了解年輕人的需求，並給予他們所需——否則就得準備承擔後果。」

飽受質疑

「思考，但不抽菸」或多數對病患的傳統衛教方法皆來自神經生物學無能（neurobiologicalincompetence）模型，使我們激勵和影響年輕人的嘗試遭遇失敗的結果。根據這個模型，年輕人是一個有缺陷的思考者，無法理解自己的行爲對未來造成的後果。因此，比年輕人更有洞察力的成年人需要反覆告訴年輕人該如何思考、該怎麼做。然而，年輕人會認爲「思考，但不抽菸」這樣的標語，是來自比他們更睿智、更聰明、更負責任，像是公共衛生專家這類成年人的命令，而他們的話似乎暗指年輕人無法思考。

過去二十年，一場針對青少年的科學革命正在醞釀，並對神經生物學無能模型展開反擊。這場革命認爲，青少年的問題不是出於管理，而是**欠缺培養資源**。這項新的科學共識在兩份主要的報告中得到了闡述，其中一篇由美國國家科學、工程和醫學院於二〇一九年發布，題爲《青春期的承諾》，與此同時，加州大學洛杉磯分校青少年發展中心，以及框架工作研究所也發布了另一份更容易理解的摘要，這些報告綜合了超過二十五位頂尖神經科學家、荷爾蒙專家、心理學家、人類學家等人的見解。

加州大學洛杉磯分校的報告解釋了爲什麼令我們擔憂或煩惱的年輕人的許多行爲，並非源於十至二十五歲的人天生無能，相反的，一切源於這個階段的人都在試圖學習，如何在他們生存的世界裡取得社交成功，換句話說，年輕人希望透過做出有意義的貢獻，從同儕和指導者那裡獲得地位和尊重。這表明，如果我們能夠理解他們的觀點以及眞正的需求，那麼驅使他們做出諸如吸菸、不健康的飲食習慣或霸凌等問題行爲的驅動力，能轉而引導成爲組織、家庭、學校和社會做出重要的貢獻。

年輕人的內在動力

加州大學柏克萊分校的醫師、神經科學研究人員和青少年發展中心的聯合創始人羅恩．達爾博士，喜歡講述一則故事來說明加州大學洛杉磯分校此一具有里程碑意義的報告。

故事涉及他與一群不同背景的教育學者所進行的討論，其中包括達賴喇嘛和藏傳佛教的傳統學者。在達爾分享了一些關於青春期和青少年會特別想獲得地位和尊重的科學見解後，他們微笑點頭，表示贊同。透過翻譯，達爾了解到，他們也經常觀察到年輕男孩對於追求地位和尊重的表現，展現出近乎滑稽的地步。在佛教寺院中，獲得威望和尊重的最佳方法是表現出仁慈、慈悲和同理心，這導致年輕人試圖在這些價值觀上爭相超越彼此。我能想像他們爭相說著：「您先請！不，您先請！」每個人皆試圖在仁義禮節方面勝過其他人。

這個例子表明男孩們已經辨別出地位和尊重的文化價值，崇尚有原則、為他人服務的精神。考慮到群體的價值觀，他們的內在動力是讓自己脫穎而出並贏得聲譽，從而贏得社區的尊重。這顯示青春期並不具破壞性，而是具有啓發性。它激發年輕人成為群體中有貢獻的成員。

「我們不該害怕面對青春期的青少年，反而應該幫助他們學會善用這個時期的特質。」達爾告訴我。

有趣的是，這項嶄新科學共識的最佳例證，來自一項成功改變青少年吸菸行為的公共衛生舉措：「眞相」運動。

「眞相」運動

一九九八年，公共衛生機構的保守派與革新派在一次會議上針鋒相對，這場會議最終大幅改善美國存在已久的公共衛生危機。

這次會議是由佛羅里達州官員所召集，他們正試圖爲減少青少年吸菸而耗資數百萬美元，想從各家廣告公司中，挑選一家來推廣防治活動。這筆錢來自佛羅里達州與菸草公司之間集體訴訟的和解金，做爲該州治療吸菸者癌症費用的補償。

會議室一側是一群接受傳統訓練並致力阻止疾病蔓延的流行病學家——爲了確保廣告公司遵循美國疾病管制與預防中心的核准策略，以遏制青少年吸菸，所以才特地邀請這些資深人士。

會議桌對面坐著一家新興廣告公司的創意總監艾力克斯．博古斯基，他年約三十歲，咧嘴一笑，眼中閃爍著光芒，一個瘋狂的想法即將脫口而出。而他身旁坐著他的藝術總監，年紀爲二十出頭。

什麼是疾病預防控制中心的核准策略？它向青少年傳達了三個訊息：（一）吸菸導致癌症、（二）吸菸使牙齒變黃、（三）吸菸並不性感。疾病預防控制中心希望博古斯基的廣告能將這些訊息盡可能地灌輸給青少年。

核准策略是流行病學家基於古典經濟學思維，針對青少年的超理性思考方式得出的結果。透過權衡相對成本和效益，以及結果的可能性和時間範圍做出的策略。也就是說，如果青少年認爲吸菸在短期內可以爲他們帶來好處（例如尼古丁帶來的興奮感），而且從長遠來看不太可能會需要付出代價（例如癌症），那麼他們會傾向選擇吸菸。因此，公共衛生的應對措施是：（一）使長期成本看起來更加確定（例如，吸菸者肯定會患癌症）；（二）使近期成本看起來更加確定，例如青少年的外在變化（黃牙）或社交生活（不性感）的變化。

博古斯基認爲整個理論，以及疾病預防控制中心對於防治青少年吸菸的措施註定會失敗。幾週前，他曾派他年輕的藝術總監們暗中前往滑板公園和購物中心，檢驗疾控中心的核准策略。與他們交談的青少年中，幾乎人手一支香菸，一邊滔滔不絕地描述吸菸如何導致肺氣腫和癌症，顯見他們不需要有人來解釋這一點。他們擔心牙齒變黃嗎？也許等他們五十歲的時候會！但不是現在。甚至還說，在他們看來，吸菸似乎是他們從事大量性行爲的一個主要原因，也就是說，吸菸讓他們的生活變得更美好！

為什麼年輕人想吸菸？

這項研究向博古斯基表明，即使他將疾控中心的核准策略傳達給數百萬人，也無法阻止青少年吸菸。它傳達的訊息要麼是他們已知的事實，要麼是他們認爲眼前還無法預料的事。廣告的宣導內容不僅多此一舉，而且還是一種侮辱，向青少年傳達已知的事——尤其是當成年人「爲了他們好」而這麼做——將被視爲冒犯了他們的自主性和能力。這對青少年而言是不尊重人的舉動。

回到會議室後，博古斯基仔細斟酌言詞。他的公司需要爭取這份案子，公司規模雖小，但擁有無盡創意。這項反青少年吸菸運動的案子很可能爲公司帶來豐厚的收益。然而，核准策略卻爲博古斯基的計畫帶來了麻煩。這項限制不僅乏味，而且有害。

博古斯基告訴參與會議的人：「這是菸草公司的兩面手法。讓你們僱用我來增加吸菸率的一種手段。」他之所以這麼說，是因爲和菸草公司的和解協議中有一條規定：這筆錢必須用於勸導孩子們不要吸菸。博古斯基認爲，這項策略只會促使數百萬青少年更傾向吸菸，進而把錢放回菸草公司的口袋。博古斯基對他們說：「如果你們想要這樣花費和解金，我不想參與其中。」

博古斯基之所以這樣說，是因爲他注意到美國疾病管制與預防中心的核准策略中，存在一個微妙但同樣致命的缺陷：**這一策略並未考慮年輕人的需求**。廣告業者通常在一開始進行發想時會自問：「人們是否需要這項產品？」這就是爲什麼汽車、啤酒和速食業是多數廣告業者投資組合中的瑰寶，因爲這些產品是多數人所渴望的。廣告只需要提供他們購買的誘因，就能讓每個人都賺飽荷包。

相比之下，促使人們採取健康預防措施的廣告宣導並不容易成功，原因很簡單：大多數人並不想要採取健康預防措施。疾病控制中心的核准策略是在鼓勵青少年利用自我控制來否定欲望。博古斯基及其他廣告業者清楚知道，否定自我需求的廣告策略，只會輸給旨在讓人們追求內心最渴望的需求的策略。

博古斯基認爲，疾控中心專家對於青少年渴望從吸菸中獲得什麼一無所知。因此，他們對提供取代吸菸的替代方案毫無頭緒。這就是爲什麼他想要刺激官員們思考：「你們是否想過青少年爲什麼吸菸？比如說，他們從中獲得什麼？」他們沉默了。博古斯基感到失望，但他能夠理解原因：「他們認爲青少年很愚蠢。」他說。

宣告自己是成年人的身分

疾控中心專家們的觀點來自於我們現在所知的神經生物學無能模型——如同當時多數的公共衛生專家。無能模型觀點認爲，年輕人選擇長期必然傷害（例如：癌症），而非長期必然健康的唯一原因，來自於決策能力不足。在這種看法下，青少年的大腦是短視的，無法權衡長期風險，青少年爲什麼做出不理性的選擇不在他們討論的重點，根據這個模式，他們認爲可以藉由廣告，讓成年人告訴年輕人該如何做出選擇。

博古斯基的基本假設與此截然不同。

他認爲青少年是聰明的。他推斷青少年之所以吸菸，是因爲菸草公司找到了一種方法，呈現吸菸是解決他們所關心問題的一種辦法。推動他提出這項邏輯的一個關鍵事實是，當時約有百分之三十的美國人吸菸，而像泰莉·霍爾一樣，約百分之九十的人是在青少年時期開始吸菸。此外，大多數成年人希望戒菸，但由於成癮而無法做到。因此，博古斯基和他的團隊得出結論：**吸菸滿足了青少年的特定需求，而不是成年人的需求**。畢竟，大多數成年人並不想吸菸。

那麼青少年的需求是什麼？

在博古斯基的分析中，抽菸是年輕人宣告自己成年的一種公開、可見的方式。當年輕人從所有決策都由他人代爲決定，過渡到自己做主的年齡時，青少年吸菸者希望向周圍的人傳達**我對自己的身體擁有決定權**。菸草公司深刻理解這一點，他們知道且透過市場研究來證實：「抽菸就是向世界展示，你的生死完全掌握在自己手上，因此你擁有成人所享有的地位和權利。」抽菸可能在遙遠的未來致命的事實並沒有讓青少年覺得愚蠢，相反的，這麼做讓他們覺得自己是勇敢捍衛自主權的宣導者。

人類學家指出，人類的祖先經常舉行各種儀式，而其中，成人禮是指年輕人在他們的社群面前宣稱自己已經成年的儀式。除了少數宗教和文化傳統之外，現代社會已經鮮少舉行成人禮儀式，但這並不意味成年禮在人類演化歷程中的潛在需求已被抹去。

吸菸填補了這個空缺。「香菸是有史以來最能滿足青少年展示自己成年身分的需求產品，」博古斯基告訴我。「一旦明白了這一點，我們可以去想：爲什麼青少年吸菸率不是百分之百？」

這有助於解釋爲何傳統的禁菸策略永遠無法奏效。你不能要年輕人忽視在他們在意的人面前展示自身能力和地位的迫切需求，就像你不能告訴嬰兒停止感到飢餓或需要睡眠一樣。如果想要杜絕吸菸這種有問題行爲，你需要一個能夠滿足該行爲背後需求的替代方案，而疾病控制與預防中心的專家從未有過這樣的認知——他們被一個簡化的理性行爲者模式蒙蔽了雙眼。

對地位和尊重的潛在需求

博古斯基想出了一種新方法，鼓勵年輕人反擊那些貪婪、掠奪成性的企業勢力。博古斯基把這項拍攝活動稱爲「眞相」運動，描繪年輕人如何揭露菸草公司的謊言，成爲充滿激情的改革推動者，化身爲正義的力量。來自疾控中心那些西裝革履的官員深受經濟學中的理性行爲模式影響，對此抱持懷疑態度。「你怎麼知道這會有效？」他們問道。「我不能保證它會有效，」博古斯基告訴他們，「但我可以保證你們現在的一切計畫只會適得其反。」最後，他獲得了批准。

博古斯基在佛羅里達州一家醫院大廳拍攝「眞相」的第一部廣告，請演員們扮演菸草公司高層，準備前往感謝像泰莉一樣的臨終顧客。

菸草公司高層大聲問道：「我們要拿誰來取代妳？」接著，他轉過身來，帶著渴望且令人毛骨悚然的眼神，盯著候診室裡一位十幾歲的女孩。

另一則廣告裡，有人問道：「一位五十一歲的高層主管和一群青少年之間有什麼關連？」然後畫面切換到滿是中年高層主管的會議室，他們齊聲說道：「青少年是我們的唯一替代品。」初步評估發現，博古斯基的「眞相」廣告使中學生的吸菸率降低了百分之十九，高中生的吸菸率降低了百分之八。

佛羅里達州訴訟和解一年後，全美五十個州都與菸草公司簽署了一份和解協議，該協議設立了一個十億美元基金來支持持續反吸菸廣告的宣傳，因此「眞相」活動成爲一項長久的措施。很快的，博古斯基的CP＋B公司製作了全國性廣告，並在MTV和超級盃期間播放。這筆錢必須再次用於告訴青少年不要吸菸，但和解協議增加了一項新規定：這些廣告不能對菸草公司高層進行人身攻擊。

博古斯基繼續發揮他的創造力。很快的，他們製作了「眞相」運動中最著名的廣告。其中一則廣告找來一千兩百名年輕人，齊聚在一家大型菸草公司的高樓大廈外，接著，這些年輕人倒在地上，看上去像是死了一樣。鏡頭掃過這些一動不動的身體。畫面一片寂靜。然後，一名年輕人戲劇性地舉起一個牌子，上面寫著：「菸草每天奪走一千兩百人的性命。」他要菸草公司「休息一天」。

「眞相」運動堪稱神來之筆。如果青少年拒絕吸菸，並不意味著他們聽從大人的話，而是向世界展示了他們是一個叛逆、具有自主性的人，値得擁有成年人的地位。透過拒絕香菸，他們能夠反抗不公，並透過加入數百名支持他們的同齡人行列來保護弱勢群體。該運動確保了青少年對歸屬感、連結感、地位和尊重的潛在需求，透過健康的行爲（不吸菸）得到滿足。

試想，「眞相」在某種程度上展現了對年輕人的尊重，而「思考，但不抽菸」卻沒有。後者帶有一種侮辱性的暗示，即年輕人無法清晰思考。相比之下，「眞相」廣告將年輕人描繪成唯一能夠清晰思考，並足以反擊未能保護他們免受操縱的既得利益集團。

導致每年數千人因吸菸而致死，成爲菸草公司駭人陰謀的同謀者，則是袖手旁觀的成年人。

相信年輕人可以做出正確的選擇

當研究人員評估全國「眞相」運動時，他們發現了驚人的結果：**無論廣告在哪裡播放，青少年嘗試或繼續吸菸的欲望都跟著下降**。重點是，這項運動讓年輕人認爲吸菸並不酷——廣告打中年輕人的心。這些態度的改變轉化爲更好的公共衛生成果：自從「眞相」運動以來，青少年吸菸率逐年下降，從百分之二十八左右降至百分之六以下，青少年吸菸做爲一個公共衛生問題幾乎已被消除。時至今日，公共衛生專家仍認爲「眞相」運動（與一九七〇年代的安全帶廣告）是美國歷史上最成功的兩項公共衛生舉措之一。

我們可以從「眞相」運動的故事中吸取什麼教訓？

它表明，如果**我們爲年輕人提供一條通往地位和尊重的道路，實際上他們是能夠做出有益於自身長期健康的正確選擇**。「眞相」運動的現任首席執行長告訴我：「年輕人不是傻瓜。他們能夠針對對自己有價值的事物做出決定，所以我們的工作是讓不吸菸成爲對他們而言有價值的決定。」我們不應該試圖讓年輕人對於爭取地位或尊重一事漠不關心，或忽視他們想要維護的自身長期利益，應該花更多時間弄清楚，該如何用與他們重視的社會獎勵一致的方式爲他們提供選擇。

「眞相」運動提出了一種可能性，類似的解決方案可以有效解決成年人與青少年面臨的其他挑戰，甚至可能是藥物依賴。身爲父母、教育工作者和管理者的我們一直對年輕人不維護自身安全、不做功課，或在工作中不主動採取行動感到沮喪，但是，如果我們可以選擇其他不同的方式呢？這個問題的答案來自與年輕人有關的科學革命。

科學革命

羅恩．達爾博士是青春期科學領域的領導人物之一。儘管已經年屆五十，但他的內心依舊年輕、充滿活力，敢提出別人不敢觸及的重大問題，就像他鑽研的青少年問題。

達爾花了數十年時間研究青少年大腦的基本運作。從人類神經科學到青少年動物研究，再到前工業社會的青少年文化人類學，最後則是我也在進行的行爲科學研究。達爾不拘一格、積極進取的研究風格，部分源自於他年輕時的經歷。

他在賓州的一個工人階級家庭長大，他的兄弟走上了吸毒的悲慘之路，達爾卻沒有。他將這部分歸因於受到高中人文學科導師艾琳．希思的影響。她全心投入在明智回饋的方法，要求卓越、與他進行激烈的辯論，但始終關心著他。在她去世前的三十年時光裡，他們仍保持通信，挑戰他超越科學的界限，更廣泛地去思考身爲人所背負的重要意義。達爾不喜歡對青少年採取負面的觀點，部分原因是他知道年輕人能受到像艾琳這樣的導師啓發，並賦予他們力量。

達爾與加州大學洛杉磯分校的亞德里安娜．加爾萬博士等同事共同創立了青少年發展中心，以推廣更準確且更具樂觀色彩的青少年科學。達爾、加爾萬以及青少年發展中心的其他科學家們致力於解釋，爲何神經生物學無能模型是錯的，以及如何利用對青少年更公允的看法來改善社會的普遍看法。

關鍵的前額葉皮質

根據無能模型，年輕人的大腦無法正確權衡其行爲在未來帶來的後果——例如當下的衝動行爲將導致日後的健康狀況不佳。在此模式中，年輕人控制計畫的大腦前額葉皮質無法發揮作用，更重要的是，他們的大腦充斥著使其衝動的荷爾蒙，隨時準備抓住任何短期快感，避免經歷任何短期痛苦，使他們無法考慮長期後果，根據無能模型，年輕人脆弱的前額葉皮質無法與他們對獎勵的欲望相抗衡。我們可以這樣比喻：年輕人駕駛著一輛「只有油門」（由荷爾蒙驅動去追求獎勵的神經衝動），「沒有剎車」（缺乏能夠停止衝動的理性大腦）的汽車。

由於前額葉皮質缺失，要求年輕人做出可能影響未來的重大決定是不明智的。無能模型有其古老的根源。柏拉圖在西元前四世紀的《費德羅篇》中寫道，青年過渡到成熟成年人的過程，就像一位馬車伕努力駕馭兩匹強大、帶有羽翼的佩加索斯。在這個比喻中，馬車伕代表理智或邏輯，不受控制的馬則代表激情，根據柏拉圖的說法，我們必須學會紀律和壓抑年輕的激情，惟有這樣，才能上天堂見證眞實、美好和良善。柏拉圖論點的基本輪廓延續了幾個世紀，後來被神經科學家們所採納。二十一世紀初，我們的前額葉皮質取代了馬車伕的位置，而我們的邊緣系統則象徵著這支需要被駕馭的不受控制馬隊。「前額葉皮質成了青少年發展的關鍵。」加爾萬說。

無能模型促使我們控制年輕人

在這段智識歷史中，麥克阿瑟基金會青少年發展與少年司法網路扮演著重要的角色。該基金會於一九九五年成立，持續至二〇一七年，成員包括頂尖神經科學家、發展科學家和法律學者。他們聚集一起，旨在實現一個崇高的目的，希望能夠扭轉自一九九〇年代開始，針對十八歲以下青少年所犯的罪行施以越來越嚴厲的刑罰，例如死刑或無期徒刑，而這樣的判決基於青少年的大腦在成年後不會繼續成熟的假設。

但麥克阿瑟基金會認爲，青少年的大腦仍處於持續發展的階段，因此不應該對青少年施加不可逆的懲罰（例如死刑或無期徒刑），因爲這些懲罰僅適用於對自己行爲負責的成年人。該基金會的研究解釋了「青少年在諸如衝動控制、提前規畫和風險規避等執行功能方面的不成熟」，無法與大腦中對情感、衝動和獎勵的敏感區域相呼應。

二〇一二年，一份總結該基金會所做研究的最高法院的簡報，描述年輕人「在自我控制方面的發展相對存有缺陷」，並得出結論：「根據目前的證據，期望基於經驗抵抗衝動的能力……在十八歲或十九歲之前形塑完成，是一廂情願的想法。」憑藉這些證據，麥克阿瑟基金會成功遊說最高法院改變聯邦政府判處青少年死刑，以及終身監禁不得假釋的政策。

二〇〇五年，羅珀訴西蒙斯案，開啓不得判處青少年死刑的先例；二〇一〇年，格雷厄姆訴佛羅里達州案，不可對於非犯下謀殺罪的少年犯科處終身監禁不得假釋的刑罰；二〇一二年，米勒訴阿拉巴馬州案，宣告對少年犯處以終身監禁不得假釋的刑罰違憲。因此，儘管神經生物學無能模型並非故事的全貌，但它仍可以被用來發揮積極的作用。

基金會這項對青少年大腦的研究，很快地便超越了針對青少年刑事判決的狹隘用例，並被應用於所有青少年相關的決策過程。我採訪的一位腎臟移植醫師曾聽取過該基金會的演講，他很快得出結論：要求青少年運用前額葉皮層來記住服用免疫抑制劑這件事，就像要求一個缺乏三頭肌的人做伏地挺身——是不可能辦到的事。

在法律的語境之外，無能模型促使成年人試圖控制年輕人，因爲我們無法相信青少年的判斷。這位腎臟移植醫師開玩笑地說，我們應該在年輕患者的大腦中植入一個晶片，以提醒他們服藥，如果不服藥就電擊他們，以彌補他們的前額葉皮質的空缺——這就是無能模型推向極端的邏輯結果。

社會獎勵

是否有充分的證據可以支持麥克亞瑟基金會的無能模型研究？

一項關鍵的證據來自亞德里安娜．加爾萬的研究。加爾萬於二〇〇六年的一個研究中，針對三十六名兒童、青少年和成年人進行了腦部活動掃描，觀察他們的大腦在贏得大小金額不等的賭局獎勵金時的情況。

當青少年獲得巨額獎勵時，大腦裡對獎勵敏感的區域比其他年齡層的人來得更加活化，與規畫未來有關的大腦區域（前額葉皮質）並沒有表現出相同的活化狀態，這項結果堪稱該領域的重大發現。這似乎表明青少年的大腦存在著一種不平衡的成熟狀態，即青少年的大腦被「對獎勵的渴望」劫持，從而影響了理性和克制的部分。

加爾萬堅持她的研究結果，但不再認爲該領域對其結果的解釋是正確的。她的研究並未表明青少年因青春期而經歷了前額葉切除術。「青少年當然有前額葉皮質，」加爾萬告訴我。前額葉皮質可以幫助你進行目標導向的行爲，「而且年輕人在目標導向行爲方面確實非常出色。」

試想，年輕人能做很多複雜的事情——他們學習微積分、成爲精英運動員，參加奧運會、琢磨怎麼讓自己喜歡的人愛上自己，他們比成年人早數月或數年掌握新潮流、新技術和新的程序設計語言。這些技能都需要發揮前額葉皮質的功能，即使是「越界」行為也需要規畫。還記得你曾計畫偷偷溜出去或者向父母隱瞞某些祕密？

同樣的，吸菸的青少年必須克服許多隨之而來的障礙：他們需要並記得帶打火機；得說服一位二十一歲的人替他們買菸；得隱藏證據，洗掉衣服上的菸味等等。無論是好是壞，如果前額葉皮質沒有發揮作用，他們不可能實現這些計畫。

加爾萬解釋說，在新的實驗中，當激勵結構正確時，年輕人在目標導向方面的行為，往往做得比成年人更好：「他們並不總是按照成年人希望的方式部署前額葉皮質，因為他們有不同的動機優先事項。」具體來說，年輕人重視來自同儕和成年人的社會獎勵——地位和尊重等體驗。當他們覺得自己的社會地位和尊重受到威脅，或發現自己成為更具社會價值的人時，會比成年人在日後的生活中，更快地改變自己關注的事物。之所以取得這項發現，部分原因是實驗對象拓寬了他們對獎勵的看法。

加爾萬在二十一世紀初所做的研究中，以人做為參與者的研究，會以賭局獎金做為獎勵；當參與者是老鼠或倉鼠時，獎勵則是諸如糖水或古柯鹼之類的享樂性獎勵。享樂獎勵與複雜的社會情感（例如自豪、歸屬感、羞恥或羞辱）有很大的不同，一旦神經科學家（包括加爾萬的學生）針對社會獎勵進行實驗，便會出現更複雜的動機模式，最終，顯示出擁有適當動機的青少年具備了發揮前額葉功能的重要能力。

嘮叨的父母

凱文二十出頭，正準備接受第二次腎臟移植。當被問及十幾歲時，對於每天都需要服藥兩次作何感想，他很快地回答印象中母親經常責備他。他不喜歡這樣，因爲他已經感到足夠內疚：他對姑姑爲他捐贈腎臟過意不去、擔心昂貴的藥物會爲單親母親帶來沉重的經濟負擔。當母親要他做一些自己已經感到內疚的事時，他說：「這感覺像是一種指控，就像缺乏信任。」這是否激勵他變得獨立、按時服藥？「完全沒有。」他告訴我。

凱文的經歷與羅恩·達爾與珍妮佛·希爾克以及匹茲堡大學的一組研究人員於二〇一四年發表的一項研究結果一致。這項具有里程碑意義的研究回答了一個簡單卻深刻的問題：當被父母嘮叨時，青少年的大腦會發生什麼變化？

希爾克和她的團隊將幾十名年齡在九到十七歲之間的健康男孩和女孩帶進研究實驗室，以核磁共振儀對他們的大腦進行掃描。這種儀器可以偵測大腦的哪些部分何時處於活躍狀態，以及大腦的哪些部分處於關閉狀態（實驗透過不同的神經活動模式區域的血流變化來進行檢測）。

研究開始前一週，受試者的母親預先錄下想對孩子說的一段話：「你讓我感到困擾的一件事是……」研究人員錄下這些片段，並在每位受試者接受磁振造影時，播放該錄音片段。以下是一名青少年從母親那裡聽到的錄音：

你讓我感到困擾的一件事，就是你會因小事而心煩意亂。如果我跟你說你的房間有點髒，需要清掃和撣撣灰，你就會生氣；如果你的姊妹們想做一件你不同意但她們三個都同意的事，而你不想做，你也會心煩。你太容易生氣，需要讓自己冷靜下來。

試想你是一位青少年，試著大聲朗讀這段話，你的荷爾蒙會開始翻騰，母親不斷地大發牢騷，然後說：「你需要冷靜下來。」你作何感受？可能會感到生氣、不被尊重和感到冒犯。這貶低了你的感受，告訴你不應該擁有當下的情緒反應。母親把你當作只需要服從和聽話的孩子的態度，也威脅到你的自主權。年輕人討厭讓他們有這種感覺的人。

嘮叨只帶來憤怒和挫折感

大腦的活化數據顯示出什麼訊息？

希爾克和達爾的團隊發現，在父母嘮叨的過程中，與情緒波動相關的大腦區域處於活躍狀態（豆狀核和後端腦島的血流量增加），這種神經特徵顯示年輕人感到憤怒。那麼，大腦的思考和規畫區域（背外側前額葉皮質，DLPFC）以及與傾聽說話者，並推斷其意涵的相關大腦區域（顳頂交界，TPJ）又是如何？

圖1.1　父母嘮叨研究結果

情緒網路
批評>中立

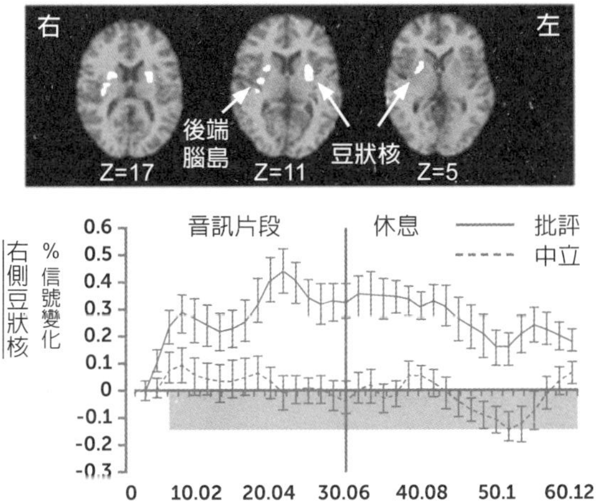

情緒網路
批評>中立

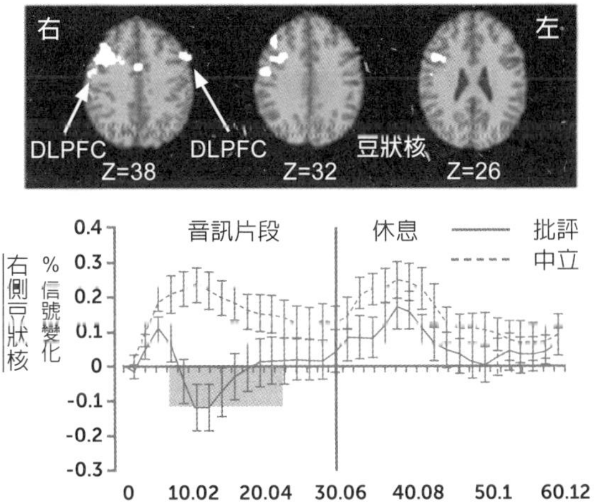

理想情況下，這些區域會更加活躍，這也表示受試者正在聆聽批評、處理這些訊息並計畫該如何回應。但實際情況卻恰好相反。大腦的規畫區域顯示出明顯較不活躍的狀態，這表示受試者並沒有計畫要去做父母所說的事情。「思考解讀」區域（顳頂交界區）也顯示出較不活躍，這表明年輕人並沒有試圖理解父母眞正想要他們做的事。因此，父母的嘮叨並未引發青少年任何聆聽或改變計畫的行爲——他們內心只充滿了憤怒和挫折感。

有趣的是，在同一項研究中，研究人員另外讓年輕人聆聽母親以較爲中立的語氣所錄下來的談話內容。當語氣不帶指責、貶低，也沒有控制的要求時，年輕人的腦部掃描顯示正常。他們接收了訊息，其思考和規畫的大腦區域處於活躍狀態。

也就是說，當母親以中立的方式與他們交談時，他們的腦部表現得相當出色。倘若他們的腦部在生物學上有缺陷，不會出現這樣的數據，相反的，這些結果顯示，**年輕人對成年人與他們交談時，是否尊重他們十分敏感。**

推翻無能模型

希爾克和達爾針對父母嘮叨的研究提供了一個有趣的突破，挑戰了神經生物學無能模型的基礎。這表明，青少年之所以被認爲無能，或許源於他們對我們話語的反應方式，而不是由於固定的生物理由。但是，要眞正顚覆這個模式，還需要更多的證據。

加爾萬告訴我，二〇一〇年到二〇一二年，「我開始覺得這種（無能模型）不可能用來解釋青少年行爲的全部情況。」加爾萬解釋說，缺失的證據部分來自利用嶄新技術來理解大腦的研究。

這項技術檢視了大腦的**連結性**，即大腦的某部分與其他部分彼此對話和影響的程度。在過去的研究中，功能性磁振造影只能評估大腦是否出現任何活躍的部分——人們是否在某種情況下使用前額葉皮質或獎勵系統。它無法區分青少年沒有能力變得成熟，或是沒有動力以成年人認爲更成熟的方式思考。新的研究技術首先應用在動物的大腦，後來應用在人腦，來展示動機、獎勵系統網路如何與前額葉和大腦的規畫網路合作。結果發現，它們相互交流的方式與柏拉圖在《費德羅篇》中的戰車隱喻所預言的完全相反。

新的證據表明，大腦的邏輯推理部分（前額葉皮質）並不能教導情緒管理區域（邊緣區域，如伏隔核）如何變得更加理性。相反的，情緒管理區域能夠充當導師，教導前額葉區域。「情感是一項學習工具，」加爾萬向我解釋。「它教導你應該迴避什麼，或可以接近什麼，這對於確立情緒並非大腦中次於推理的部分是很重要的觀念。」

特別是，青少年的前額葉區域和與記憶相關區域（例如海馬迴），專注於學習如何在其文化中感覺自己是一個被社會接受和成功的個體。

此一觀點的證據來自於一些研究：當青少年尋求社會獎勵時，如幫助他人或在同儕面前表現出色，他們可以展現出如同一位成熟成年人的大腦所具備的特徵——提前計畫、權衡多種選擇、準確進行複雜的價值計算等。正如心理學家艾瑞克·艾瑞克森在近一個世紀以來，在沒有神經學證據的情況下，主張青春期的核心任務是逐漸成為一個能夠為社區做出貢獻的獨立社會行動者。這個發展過程最顯著的影響之一，是年輕人變得高度關注社會地位和尊重。

學習如何在社會生存的關鍵因素

試著思考人類在進化史中面臨的挑戰。我們的祖先如何生存？

假設你是一個在熱帶莽原漫步的年輕人，對你生存以及繁衍下一代的最大威脅，就是受到不尊重和被排除在群體之外。群體只會留下有價值的貢獻者——那些能與群體一起狩獵、照顧孩子或獲取其他資源的人。如果我們的祖先在演化過程中，沒有密切關注是什麼賦予了自己在社區中的地位和尊重，那麼他們就會面臨遭受排擠的風險，這意味著最終的死亡。

因此，神經生物學無能的問題根源，其實是來自**動機優先**順序的問題。年輕人運用大量的自我認知資源來關注和保護眼前的社會地位和尊重，如果他們從成年人那裡獲得的訊息，剝奪了他們所渴望的，從而威脅到在社會生存，他們很可能會對成年人置之不理。這並不是因為他們不成熟，而是因為這是學習如何在社會生存的關鍵因素。

青春期推動了這一過程。

當你的身體開始爲性成熟做準備時，它會將睪固酮注入你的血液，身體的衆多神經系統將因此受到影響。達爾告訴我：「無論是男孩還是女孩，體內睪固酮的濃度激增，將導致青少年對社會地位和尊重的跡象產生更高的敏感度。」加爾萬補充說：「大腦中的獎勵系統將會受到催化。」當然，任何年齡層的人若感受不到尊重，都會覺得很糟糕，但達爾解釋說，青春期的到來引發了「對獲得社會價值的顯著感明顯增加。當你受到欽佩、尊重或喜愛時，會格外令人興奮和擁有動力；當你受到貶低和不尊重，則會備感痛苦」。

任何曾與十到二十五歲年輕人相處過的人，應該都見識過這種過度敏感的情緒。這極大地改變了年輕人關注的事物及其意義。我四歲的孩子在我要求他穿上外套時不會大喊：「知道了，爸爸！」

但我的十一歲孩子會。

青春期沒有想像中可怕

達爾希望人們停止對青春期荷爾蒙，尤其是睪固酮的恐懼。莎士比亞的劇作《冬天的故事》中，一位睿智的牧羊人希望「十歲到二十三歲這個年齡段不要存在，讓青春沉睡而去」，因爲青春所做的一切不過是「讓女人懷孕、冒犯長輩、偷竊、打架」。聽起來熟悉嗎？達爾想要做的無非是恢復青春期的聲譽。他認爲年輕人因睪固酮而對地位和尊重過度敏感，並非人類設計上的缺陷，而是一個特點，它有助於激勵年輕人在社交方面的學習和探索，尋找做出貢獻和獲得社會價值的途徑。

這在整個人類歷史中有助於生存，例如學習如何因應複雜且不可預測的社會群體。如果像《冬天的故事》所暗示的那樣，讓青少年沉睡而去，他們要如何學會成爲有能力的成年人？他們會錯過社會和文化學習的關鍵，尤其是對成長至關重要的嘗試與在錯誤中學習的機會。

爲了闡明這一點，達爾提到了對鳥類的研究。當研究人員阻止青春期以及與之相關的睪固酮發生變化，這些鳥類永遠不會經歷學習利用歌唱吸引配偶的艱難過程，最後孤獨死去。達爾認爲，**青春期不是對生存的威脅，而是生存的手段**。

回顧過去，加爾萬和達爾認可麥克阿瑟基金會所做出的貢獻，但他們認爲該基金會在宣傳神經生物學無能模型方面走得太遠。基金會不必要地指出青春期使青少年缺乏成熟的決策能力。或許，更接近事實的說法應該是：年輕人有不同的動機優先順序，這些優先順序可能隨著年齡的增長而產生變化——這同樣能有效地實現爲被定罪的年輕人推動更人性化的判決，這一重要的政策目標。

青春期困境

當社會未能理解年輕人所處的情境，就會導致神經生物學無能模型，產生諸如「思考，但不抽菸」之類無效的解決方案，或是器官移植患者的衛教無法收到足夠成效。我稱這些勸導、責備和羞辱爲「成年人的說教」，博古斯基稱之爲「悲慘故事」。但當我們理解年輕人的困境時，就能對他們產生更多同理，幫助我們提出更有效的解決方案，就像博古斯基在「眞相」運動中所做的那樣。

年輕人所處的最大困境是什麼？就是我所說的青春期困境。簡單來說，它指的是年輕人對地位和尊重的神經生物學需求，與他們當前所處的環境（例如，人際關係、角色、工作）所給予的地位或尊重程度不匹配。

父母的嘮叨、寫作收到批評、績效評估期間受到上級的斥責，或者遭受類似衛教等相關事項的貶低。在這些例子中，年輕人和權威人士之間存有權力不平衡的狀況。青春期開始，你開始學著適應被當作是一位有能力的成年人，但有些新的挑戰會危及你的成年人地位。這種困境不僅會在上國中或高中時出現，每當你經歷角色變化、從一項期望和工作過渡到另外一項、當地位受到了威脅，就會發生這種困境。

不必與青春期的賀爾蒙對抗

青春期困境可能會持續到二十幾歲，甚至在青春期結束之後。原因在於，我們的社會不斷增加對先進科技的需求，使得年輕人長期處於停滯狀態。試想，一些早熟的年輕人可能在十三歲時，就已經在生物學上做好生育的準備，但他們可能要到二十六歲（生物學成熟年齡的兩倍）才能找到一份高薪的全職工作。等待獲得地位和尊重需要很長時間，而且這可能會在年輕人心中對社會地位產生嚴重的質疑。

由於這種困境，二十多歲的大腦仍有可能選擇從成年人的角度來看待不成熟的行為。這就是為什麼儘管十歲孩子和二十五歲成年人的大腦神經結構不同，但他們的動機優先事項卻驚人地相似。因此，即使是二十多歲的員工，也可能在生理層面上的感受與所處環境對待他們的方式之間感覺到差距。當這種差距擴大時，年輕人往往會更加關注自己是否受到那些有權塑造他們聲譽之人的尊重。

這解釋了為什麼加州大學洛杉磯分校的報告指出，儘管十歲和二十五歲的孩子存在許多明顯的差異，但他們的大腦是相似的。這兩個群體都面臨著青春期的困境，其困境的具體細節可能不同——較年輕的群體可能擔心在朋友或戀人面前丟臉；年紀較長的人則擔心在老闆面前表現不佳——但基本原則是相同的。

值得注意的是，加州大學洛杉磯分校的報告並未聲稱二十五歲的年輕人不夠成熟，且需要被當作孩子一樣對待的結論。恰恰相反，它說的是二十五歲的人希望被認眞對待，並被視爲對組織有重要貢獻的人，而十歲的孩子也同樣希望被認眞對待。

青少年所面臨的困境有助於我們理解一些複雜的問題，比如爲什麼腎移植的青少年患者不願服用藥物，並且能夠提出一些新的解決方案，這些方案順應青春期的荷爾蒙，而不是與之對抗。爲了縮小青少年困境的核心差距，可以增加能夠賦予地位或尊重的經歷。

以我所展開的一項涉及營養補充劑維吉麥的研究爲例。

維吉麥研究

第一次世界大戰在全球造成的混亂和破壞中，其中一個不爲人重視的影響是中斷了澳洲馬麥醬的供應。

馬麥醬是以法語單字marmite「烹飪鍋」命名，是一種黏稠的深棕色食品糊，由釀酒的副產品酵母提取製成，鹹而濃郁的味道只能用獨特來形容。雖然馬麥醬是在一九〇〇年代初，由英格蘭斯塔福德郡的巴斯啤酒廠將酵母副產品化爲產品開發而成，但後來人們發現它富含維生素B，因此成爲英國士兵的補給口糧。

圖1.2　非澳洲籍受試者食用一匙維吉麥醬的表情

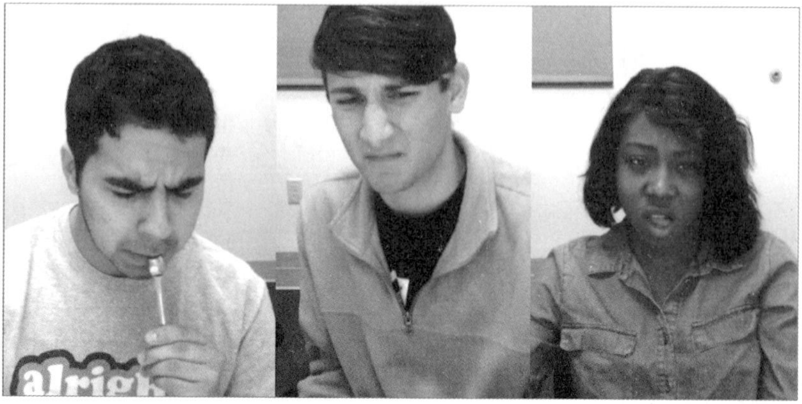

當時，澳洲做為大英帝國的一部分，有許多英國殖民者和退伍軍人，由於戰爭需求和長期中斷的國際貿易，馬麥醬原製造商無法再繼續供應該產品。因此，一九二二年，墨爾本商人弗雷德．沃克聘請食品化學家希瑞爾．卡利斯特開發了一種本土釀造的替代品：維吉麥醬。如今，許多澳洲人仍將其視爲家鄉的味道。

然而，對許多非澳洲人士來說，維吉麥醬的味道令人敬謝不敏。只需要嘗一小口，就會引人作嘔、乾嘔、暈倒，並驚呼：「哦，不，我剛剛吃了什麼？」如果有人在一勺維吉麥醬觸碰到你舌尖的那一刻，拍下你的面部表情，並把這張照片拿給能夠識別情緒的心理學專家看，他們立即能辨識出這是嫌惡的表情。你的臉頰肌肉抬起、眼睛瞇起、鼻子皺起、嘴唇自然張開並皺起眉頭（見圖1.2）。由於維吉麥醬的味道對於非澳洲人來說如此難以下嘸，以至於一九八八年，知名的哲學家大衛．路易斯提出了所謂的維吉麥理論，該理論指出，有些事物引發令人極度不悅的感受，必須親身經歷才能理解。

維吉麥醬在上個世紀扮演著具有影響力的角色——做為營養補充劑、青少年的挑戰，以及哲學研究的核心理論。對我個人而言，維吉麥的影響力在於一項關於尊重感如何激勵年輕人服用藥物的科學實驗中，所扮演的重要角色。我們將維吉麥醬直接用於對成年人進行的一項試驗，觀察他們在指導年輕人時使用的語言，與他們堅持青少年服用藥劑卻引發衝突之間的關連。

尊重的語氣

維吉麥醬是我們研究藥物不依從性原因的絕佳候選對象，因爲它的味道不佳但營養價值高，且富含維生素。如果你把這兩個事實放在一起——沒人想吃維吉麥醬，但吃了對你的未來有益——那麼吃維吉麥醬聽起來不就像成年人要求年輕人爲了自身健康要他們去做的事？比如避免垃圾食品、保證充足睡眠、從批評回饋中學習；最重要的是，服用免疫抑制劑。這就是爲什麼維吉麥醬能讓我們安全地研究諸如腎臟移植患者的藥物不依從性問題。儘管如此，不吃維吉麥醬，與你抗拒服用抗器官排斥藥劑不同，維吉麥醬並不會產生實際的健康後果，但它卻是青少年困境的絕佳代表——在這種情況下，年輕人會根據權威人士給予他們地位和尊重的程度來決定如何行動。

我們將一百八十四名年齡介於十八歲至二十五歲之間的年輕人帶進實驗室，讓他們嘗試食用營養補充劑，一小勺維吉麥醬。他們試了一口，發現這東西令人作嘔（見圖1.2）。接下來，醫療專業人員指示他們服用更大劑量，也就是滿滿一勺維吉麥醬以改善自身健康，並爲科學做出貢獻。

我們將參與者隨機分成兩半，並爲他們提供了兩個不同版本的說明。一組被要求恭敬地接受醫療專業人員提供的維吉麥（見圖1.3左側）。另一組則被要求不必恭敬地接受（見圖1.3右側）。

醫療專業人士幫助我們在圖1.3的右側寫下這些並未考慮是否尊重他人的指示，使其聽起來像是他們與患者的一般談話。說話者將自己定位爲權威（「基於我對醫學和疾病的了解」），告訴患者該怎麼做（「你應該服用這種藥」）。

「應該」成爲一個關鍵詞。它暗示了**我知道對你來說最好的做法**，儘管你正在經歷艱難的考驗。它假設這位年輕人缺乏自主權，就像「思考，但不要吸菸」宣傳活動。此外，發言者削弱了病人感受的重要性（「試著忽略」維吉麥醬令人噁心的味道）。

圖1.3左側的語氣顯示更加尊重。試著大聲朗讀。聽到差異了嗎？在編寫時，我們遵循了四個原則：

第一，提問，而不是告知。這樣做是尊重年輕人，將他們視爲成年人。成年人會被詢問，

圖1.3　維吉麥醬研究中對於是否尊重指示語言的探討

	尊重指示組	不尊重指示組
	您好，我叫○○○，是一名已完成基礎科學課程的醫學院二年級學生。我來這裡是為了……	
1. 提問，而非告知	請教您是否可能考慮服用這種藥物	告知您應該服用這種藥
2. 尊重他們的地位，而不提及自己	您是一名大學生，所以我覺得我應該向您解釋服用它之所以有用的科學原因	基於我對醫學和疾病的了解，明智之舉就是你應該服用這種藥
	有些人表示，這種藥有苦味，難以服用……	
3. 肯定並解釋，不要輕視	若您能把這種輕微不適視為盡自己的一份力量來協助他人，將很有幫助	試著忽略它
4. 認同自主權	感謝您考慮這項請求	先感謝您的配合

小孩則被告知要怎麼做。

第二，尋找尊重年輕人地位的方法，例如指出他們的能力和專業，而不是單純依賴自己的權威。以帶有尊重的方式說話，意味著避免「我比你懂得更多」的態度。雖然專業人士確實對藥物了解更多，但他們對年輕人自身的感受或服用藥物的障礙卻不了解。

第三，肯定年輕人經歷的任何負面經歷。將他們的感受視爲眞實和正當。例如，可以提及負面感受是他們正在嘗試有價值事物的一個標誌。

第四，認同自主權。承認年輕人可以自行做決定，並表明你支持他們做出健康和正面的選擇。認同自主權的另一部分是指出他們的行動可能帶來更具廣泛影響力的結果（例如，「盡自己的一份力量」來幫助他人）。

一樣的尊嚴和尊重

受試者接受兩種方式中的其中一種指示食用維吉麥醬後，再自行做出選擇。我們發現，在尊重指示組中，百分之六十六的年輕人拿起勺子吃了維吉麥醬，而聽到不尊重指示的那一組，只有百分之四十七的人願意根據指示去做。這是一個巨大的差異。

試想，研究中的所有受試者都覺得維吉麥醬令人噁心，不想吃它。然而，雖然知道拒絕也不會產生任何後果，但當他們被禮貌地要求時，近三分之二的人還是會照做。

這只是一項研究，並不是最終的結果。我們還沒有證明尊重的語言可以幫助年輕人保住腎臟。但維吉麥研究提供了一個重要的結論：當我們看到數據顯示太多年輕人開始吸菸、不服藥或做出其他不明智的選擇時，我們不應該責怪「現在的孩子」總是做出不負責任的行爲。相反的，我們應該嘗試理解他們的青春期困境。

他們向我們傳達的訊息是：**想要與成年人一樣獲得尊嚴和尊重**——這有什麼不合理呢？

重新思考青春期荷爾蒙

另外，維吉麥研究也是爲了檢驗羅恩．達爾關於青春期荷爾蒙的睪固酮假設。我們這樣做是爲了證明神經生物學無能模型的局限性，該模式認爲年輕人飆升的睪固酮使他們變得不成熟和非理性。如果我們能夠證明睪固酮只是讓人們對尊重更加敏感，就可以徹底改變這個模式。

在維吉麥醫研究中，我們將兩個受試組再分爲兩半，因此總共有四組。每組有一半的人在接受維吉麥醫指示前，服用一定劑量的睪固酮，一半服用安慰劑（在此情況下，他們被告知是一種無害的睪固酮藥物，但實際上不是）。受試者透過像鼻噴劑一樣的器具，將其噴入鼻子來吸收睪固酮，睪固酮幾小時後就會消失，並不會產生任何長期影響，但它確實會讓你暫時處於一種充滿青春期荷爾蒙的高度興奮狀態。

值得注意的是，我們提前測量進行這項研究的十八至二十五歲年輕人的睪固酮水準，結果顯示他們體內的睪固酮水準較低。如果不是我們給予他們一定劑量的睪固酮，他們或許在實驗當下並不會太過在意地位與是否受到尊重。

我們想知道：如果替一個睪固酮水準較低的年輕人注射睪固酮，他們是否會如同一般青少年對不尊重更加消極，而對尊重做出更積極的反應？

結果令人震驚（見圖1.4）。當睪固酮水準低的年輕人服用安慰劑，沒有額外補充睪固酮

圖1.4　利用荷爾蒙的力量來促進健康行為

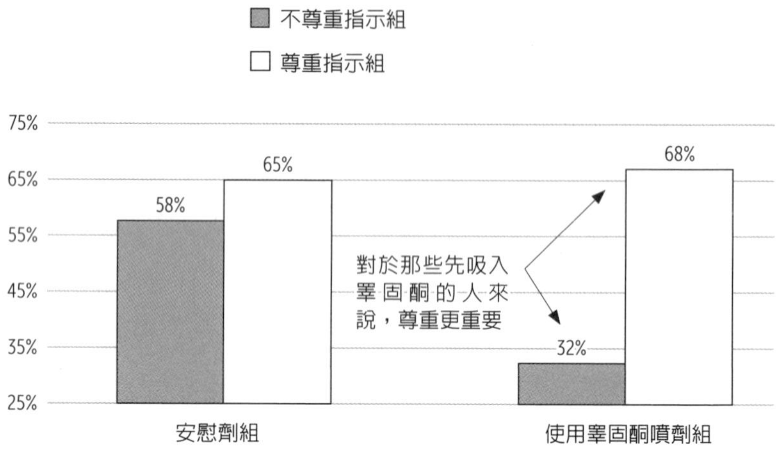

（左邊的兩個柱狀圖），他們對尊重和不尊重的指示做出的反應只有輕微的差異。在他們接受睪固酮鼻腔噴劑後，對於指示的反應就產生了很大的差異（見右邊兩個柱狀圖）：接受睪固酮噴劑的年輕人中，遵從不尊重指示不到三分之一（百分之三十二），但當以尊重的方式提出要求時，接受睪固酮噴劑的年輕人在所有組中，表現出願意遵從指示的比例最高（百分之六十八）——增加了兩倍之多。

維吉麥醫研究表明，我們預期因荷爾蒙使年輕人變得敏感而產生的反抗行為，並非年輕人的專利。相反的，**反抗只是對青春期困境的一種反應方式**——由年輕人期望的感受（被尊重）和我們讓他們產生的感受（不被尊重）之間的不匹配所引發的。年輕人試圖透過維護自主權來縮小是否受到尊重的差距，但我們根本沒必要讓他們陷入這種境地，倘若能透過所說的話以及說話的方式，來滿足他們對地位和尊重的需求，就能鼓勵這種健康的自主性。

當然，並不是說不尊重的語言是年輕人不服用藥物的唯一原因，但我要說的是，利用年輕人對地位和尊重的渴望，能吸引他們的注意力，讓他們專注於對自身健康的有益行爲，是一種有效的互動方式。

試想，只因爲我們言語上的一個小轉變，就讓處於青春期的年輕人做出明智選擇的可能性提高一倍，使我們與年輕人之間的關係因此變得更好，何樂而不爲？

伯奎斯特倡議

當我跟史蒂芬．亞歷山大博士談及青少年神經科學領域的近期科學革命，他對於麥克阿瑟基金會宣揚的無能模型並非事情的全貌有了進一步的了解。他問道：「倘若我們對待堅持服藥這件事，從如果不去做就會受罰，轉變爲能讓你因這件事感到受尊重，結果會如何？」他其實是在問，如何以博古斯基的方式，解決藥物的不依從問題。

有趣的是，亞歷山大博士的問題解答，或許就在幾步之遙的史丹佛大學肝臟移植中心可以找到：他們保有全國青少年器官留存率最高的紀錄。

比爾．伯奎斯特博士的團隊如同其他醫療院所，對兒科患者進行了全面的教育，但這只是他們所做工作的一部分。「抗拒服藥有其社會方面的因素。」伯奎斯特坦承。不過，他採取了一種另類的辦法：告訴接受器官移植者，他們有一份「特殊的天賦」，使他們與衆不同。每次他們按照處方服藥，都是在爲了緬懷和紀念那位捐贈肝臟的人，藉此做出自己的貢獻；同時，也是在向那些爲了讓他們從重症病房走向正常生活，而付出巨大犧牲的醫療專業人員的工作致敬。伯奎斯特既不讓他的患者感到內疚，也不羞辱他們。他賦予他們應有的價值、地位，以及能有所作爲的身分。伯奎斯特和他的團隊將服藥的原因，從短期社會福祉與長期對身體產生的影響，轉爲讓青少年覺得自己現在是一個對社會做出有價值貢獻的人。

協作解決問題

爲了實現這一目標，伯奎斯特的肝臟移植團隊在與患者溝通的方式上非常謹愼。他們避免成爲嘮叨的父母，或是如同維吉麥醫研究中對患者發出不尊重的指示。團隊直接對青少年患者進行再教育，並與他們的父母分開面談，如此一來，醫師就不會在孩子面前與父母尷尬地談論如何讓孩子聽話。

伯奎斯特團隊另外邀請移植患者一同參加夏令營，讓他們感覺自己是社區的一員。最後，團隊在與患者的交流中，採取了一種尊重的方式，我稱之爲**協作解決問題**。

他們說：「哪些事情會妨礙你透過服藥來實現你的天賦？好吧，我們來談談這些並解決問題。」直接而清楚地說明，且從不忽視或否定年輕人的感受或障礙。他們仿效維吉麥醫研究中的尊重式指示，以合作性的語氣說話，而不是居高臨下的口吻說話，他們所展現出的態度是尊重且賦予他人力量。

伯奎斯特團隊強硬但給予支持。他們認真對待年輕人，既不嬌慣，也不輕視。他們理解青少年的困境、傾聽年輕人所面臨的限制，不會覺得他們是一群非理性的人。

這個方法非常有效。

我喜歡用一個詞來形容那些成功與年輕人進行這種互動的成年人，那就是**導師**。伯奎斯特的團隊可能不會這樣看待自己，但我卻這麼認爲。就像任何偉大的導師一樣，他們會根據年輕人的需求來調整溝通方式，並爲長期成功做好準備。

擔任導師並不容易，但如果能以適應青少年困境的方式進行交流，並滿足年輕人對社會地位和尊重的渴望，那麼任何人都可以擔當這個角色。

第二章 導師心態

地位競爭遊戲

七月下旬，臨近黃昏時分，幾位十幾歲的青少年男女聚集在炎熱的社區廣場。男孩們有的在炫耀肌肉，有的精心打扮，有的在相互賣弄，有的在恐嚇他人，還有的佯裝出拳，有的退縮在一旁。他們就像《太空先鋒》或《捍衛戰士》裡的戰鬥機飛行員，在名為「地位」的金字塔上爭占一席之地。

廣場旁邊有一位猶豫不決、有點書呆子氣的十幾歲男孩，名叫梅爾文。內心矛盾的他，渴望自信地在廣場上閒逛，但又害怕踩到社交地雷。

梅爾文的擔憂是合理的。對於那些地位較高的男孩來說，他是個明顯容易被欺負的對象。他身材修長、清瘦，頭髮蓬鬆，母親是他最好的朋友。梅爾文處於社會底層，他遠遠觀望這場地位之爭，就像一位沒有勇氣跳進雙人跳繩遊戲的孩子。

在大多數成年人看來，青少年之間的地位競爭是一件無聊的事。但觀察到此一現象的人類學博士拉綺納．雷迪卻有不同的看法。

她認爲地位競爭對生存至關重要，不然男孩們要如何知道誰很危險、誰是盟友、該接近誰、該避開誰？他們又該如何表明自己能爲這個群體帶來價值？對青少年來說，地位競爭就像玩耍對幼兒一樣有益健康。

但事實是，地位競爭是一件很微妙的事。

不能一直做一名旁觀者

要理解其中的細微差別，你需要近距離觀察。在麥可．路易士的《老千騙局》一書中，透過一九八〇年代紐約市二十二到二十四歲高級金融實習生的第一手描述，讓讀者了解在該環境中，地位競爭有多激烈。

路易士寫道，債券交易大廳「像是一片地雷區，到處都是脾氣暴躁的男人，隨時都有可能爆發衝突……有數不清的小規則要遵守」，但實習生「對這些一無所知」，因此他們「與這個地方的節奏完全脫節」。他們隨時都有可能面臨被嘲笑的命運，甚至更糟糕的是受到忽視（最終被解僱）的風險。

梅爾文的任務就像是一位八〇年代的菜鳥債券交易員，他需要分辨出每次只要找到機會都會痛宰他一頓的老大，以及一旦證明了自己的實力，便願意接納自己的老大之間的區別。要了解這一點，就不能一直做一名旁觀者，他必須投身其中。梅爾文在一旁觀望的時間越長，處境就越糟糕。

幾週前，梅爾文的朋友試圖加入這個男孩團體，但被一個占主導地位的男孩揍了一頓。後來，另一位朋友也嘗試加入，但因爲沒人搭理他，所以很快就退出了。不管出於什麼原因，那天下午梅爾文運氣很好。一位名叫德克斯特的年長男孩，並沒有特別想要證明什麼，只是突然心血來潮，注意到他。

德克斯特擁有一種來自金字塔頂端地位的安全感所帶來的冷靜自信。他特別通融梅爾文跟著他，進入團體。德克斯特並不親切待人，但他容忍梅爾文的存在，並微妙地引導他遠離那些年紀較長且更強壯的男孩，這爲梅爾文提供了所有他需要的機會：德克斯特把梅爾文從地位競賽中的冷板凳，帶到了獲勝隊伍的長椅；他看到了社交地位的地雷區，並從德克斯特那裡學會了如何避開或化解它們，有德克斯特做爲導師，梅爾文變成了一個社交學習機器。

德克斯特從中得到了什麼？他得到了一位盟友，而且幾乎不必付出什麼代價。

多年後，雷迪回去探望梅爾文。他的轉變讓她感到驚訝。他自信、受人尊重、強大且適應良好，既不過於激進，也不會任人擺布。他已經學會了攀登地位金字塔，比以往任何時候都過得更好。「我眞爲他感到驕傲。」雷迪對我說，儘管她幾乎不認識他。

黑猩猩導師帶來的啓發

德克斯特對梅爾文所做的是最基本、**最原始形式的指導**。我之所以說最原始，是因爲梅爾文和德克斯特跟生活在烏干達基巴萊國家公園的黑猩猩沒有兩樣。在那裡，像拉綺納·雷迪和艾倫·桑德爾這樣的人類學家，對於指導以及其他形式的社會關係進化根源有了驚人的發現。令雷迪和桑德爾及整個研究領域感到驚訝的是，從青春期過渡到成年期，與智人最接近的猿類物種，便是依賴像德克斯特這樣的導師以求生存。

讓我們來思考一下，黑猩猩導師帶給我們的啓發。

這一發現具有深遠的意義，它與一些日益流行的觀點相矛盾，即認爲導師是千禧世代爲安撫Z世代而編造的空洞無意義新名詞。事實上，導師並非近來發現的概念，它是使我們的祖先得以生存、繁衍的關鍵。

當然，人類使用的導師形式是黑猩猩無法企及的。人類導師花更多時間共同和受指導者解決問題，他們會耐心傾聽學員的心聲。相比之下，黑猩猩導師不會花太多時間談論感受或直接教導學員如何去做，但黑猩猩間接的指導形式爲我們提供了一個強而有力的新視角。

德克斯特利用社會地位所提供的安慰，仁慈地爲梅爾文提供保護和許可，使他有機會能親近其他同伴，從而理解社交成功的微妙之處。有時，藉由地位和特權，的確是保護他人在某個場合享有一定權利的方式。

梅爾文和德克斯特的故事幫助我們擺脫了導師的文化包袱。根據美國國家科學院二〇一九年的報告，一切的指導手段皆爲握有權勢或地位者，將他們的資源和行動與年輕人的最佳利益結合。這與多數人對指導的看法不同。他們會認爲導師是一項正式的工作義務，就像負責指導新進員工一樣，如果我們不喜歡這些角色，可能會想：「哦，或許我並不適合擔任導師。」

雷迪對於黑猩猩擔任指導者行爲的研究表明，你不必成爲荷馬史詩《奧德賽》中的導師，或成爲智慧女神雅典娜的化身，指導者的行爲可以更加隨意，利用自身的地位，幫助比你年輕的人解決青春期困境；當他們努力爭取地位和尊重的同時，你可以在背後支持他們。這種指導關係解決了年輕人目前處於較低位階的處境，因爲他們暫時還無法成爲團隊中受到尊重的貢獻者，這或許就是爲什麼導師對於我們的祖先在演化過程中扮演關鍵一角的原因。

職場中的導師困境

史黛芙妮．岡本在一家大型科技公司擔任經理，此時她正準備將團隊的簡報寄給一位高階主管。對她來說，這不過是一個普通的舉動；但對於她的下屬，二十三歲的梅蘭妮．韋爾奇來說，這是她的第一份工作，剛經過了五個月，眼前是她短暫的職業生涯中最令人緊張的時刻。簡報展示了梅蘭妮這幾個月來的工作成果，總結了大量數據，爲公司的策略提供資訊。一旦岡本點擊電子郵件上的「發送」，高階主管就會了解梅蘭妮的工作是否出色，甚至藉此決定她是否能留任。梅蘭妮的思緒飛快運轉，要是她犯錯了該怎麼辦？高層是否會質疑她的工作能力？這將會對她的聲譽產生怎樣的影響？梅蘭妮心想，她在公司還沒做出業績，這一刻將決定她的命運。

在主流文化中，對於年輕人的看法不外乎是「他們目光短淺、脆弱、神經生物學上無能（見第一章）」，因此當梅蘭妮顯得過度反應時，有些人可能會認爲她是Z世代草莓族。然而，如果你對梅蘭妮的背景有所了解，就會知道她的態度與事實相去甚遠。

青春期困境帶來的擔憂

大學時期的梅蘭妮是一名優等生和運動員。她不是普通運動員，而是波士頓學院女子長曲棍球隊三年的先發球員和防守中堅。梅蘭妮在每一次曲棍球比賽中都占據主導地位，球隊連續六年獲得全國冠軍，成爲所有大學運動項目中最成功的代表。

就在岡本發送這一封「致命的」電子郵件的九個月前，梅蘭妮所屬的曲棍球隊正與雪城大學比賽，並有機會爭奪冠軍。第四節還剩十一分鐘，在落後兩球的情況下，如果波士頓學院曲棍球隊輸給雪城大學，可說幾乎沒有翻盤的機會。就在千鈞一髮之際，一名雪城大學隊的球員拿到了球卻無人防守。梅蘭妮迅速鎖定她，幾秒鐘後，梅蘭妮被雪城大學隊的頂級得分手之一艾瑪．沃德撞倒。沃德已經進了兩球，倘若梅蘭妮沒有防守成功，沃德肯定會再進一球，但梅蘭妮毫不退縮，她將沃德完全阻擋在外，而沃德在那次控球後就再也沒機會碰到球。不久之後，梅蘭妮的曲棍球隊獲得發球權轉換並迅速進攻，並在剩餘的時間裡進了三球，擊敗了雪城大學，晉級冠軍賽。在眾人的注視下，梅蘭妮的單獨防守扭轉了局勢。

二十多歲的梅蘭妮絕不是那種在壓力下就會退縮的人。在曲棍球場上，她從不迴避挑戰，即使面對極大的困難，以及與強大對手的激烈碰撞，也從不退縮。梅蘭妮在頂尖學校保持著優異的成績，同時在最高水準的賽事中打了十年的球，培養出堅韌力和適應力，這種特質不太可能在她進入美國企業界之後就消失殆盡。

那麼，爲什麼梅蘭妮對這封電子郵件如此焦慮？由於青少年困境（見第一章）。

做爲一家大公司的新進員工，梅蘭妮經歷了她希望被視爲對史黛芙妮團隊和公司有價值的貢獻者，與自己目前被視爲未受認可的新進員工之間的不對稱。這種青春期困境讓她對自己的社會地位產生了擔憂。

過去在長曲棍球領域或大學課堂上的成功並不能幫助她擺脫這種困境。畢竟，公司不會以一年前的比賽成績來評價她，這就是爲什麼即使是極其有才華和自信的超級球星，仍特別會在早期的轉型期，對自己的地位和潛力產生懷疑。事實上，任何一位開始新職位或角色的人都必須贏得新的聲譽，給有權勢的人留下深刻的印象，就像梅蘭妮一樣，關心自己的社會地位。

只要管理得當，年輕人也能有驚人貢獻

像梅蘭妮這樣的年輕員工所面臨的青春期困境，給像岡本這樣的管理者帶來了導師困境。管理者應該嚴厲（可能會損害報告者的信心），還是支持（損害工作品質）？那些陷入舊有神經生物學無能思維方式的管理者，往往在解決此一問題時，對青春期困境視而不見。因此，他們未能正確管理像梅蘭妮這樣的年輕員工。

有些管理者的心態是：**「如果她是一名表現出色的員工，就不需要任何支持。」**我把這稱為**執法者思維模式**。在這種思維模式中，管理者只專注於強制執行高標準，而不支持年輕人發揮達到該標準的潛力。

其他管理者的心態則是：**「如果她如此敏感，就意味著她無法承受壓力。」**我把此稱為**保護者心態**。在這種心態下，管理者透過降低對年輕人的期望，專注於保護他們免受傷害。

無論是執法者心態還是保護者心態，都不符合梅蘭妮的需要。她想成為一名表現出色的人，但也想要一種被認可的感覺；她想做好工作、贏得上司的尊重，並且獲得關於她離這個目標有多近的回饋。讓她自己摸索、沒有回饋的話，通常無法滿足這種需求，就連降低期望也辦

不到。

幸運的是，史黛芙妮．岡本並不認同無能模型。她深信只要管理得當，年輕人也能做出重要，甚至驚人的貢獻。

正因如此，岡本傾向於採用我所稱的導師心態。在這種心態下，對年輕人提出高標準要求，同時他們也能得到達到這些高標準所需的支持。最終，岡本的導師心態將梅蘭妮令人焦慮的時刻，轉變爲讓她感到自豪和被重視的時刻。

以導師心態開闢了一條全新的道路

岡本的導師心態又是如何？

首先，她對工作保持著極高的標準，因此分配給梅蘭妮的工作專案並非瑣碎的工作。儘管她非常關心工作品質，但她從不插手代勞。她期望梅蘭妮能負責到底，這意味著她相信梅蘭妮會認眞對待並出色地完成工作。

當梅蘭妮分享草稿或想法時，岡本會提出建議：「嗯，如果我們換一種方式試試會怎樣？」無論任何大小細節，都要考慮重新做的結果。梅蘭妮需要達到這些標準，因爲她還不知道高層管理人員的思維方式。因此，岡本的期望讓梅蘭妮能夠預料並避免常見的批評。此外，由於這是一個實際需要執行的專案，而不是智力練習，因此當梅蘭妮達到眞正的高標準時，她會獲得一種眞正的成就感。

其次，岡本給予了支持。她並非只是單純期望梅蘭妮自求多福，而是成爲了她的救生艇。當出現難題時，岡本會很高興地打開Zoom視訊會議，甚至重新安排會議，以便他們能夠迅速協作、解決問題。當梅蘭妮需要知道如何向高層主管彙報的第二意見時，岡本會確保她能從最近成功向管理層做過出色彙報的同事那裡獲得關鍵回饋。岡本不只是名啦啦隊員——儘管她一直肯定梅蘭妮的出色工作表現，她還利用自己的人脈和時間來保障梅蘭妮進入會議室的權利。

當岡本點擊發送郵件時，梅蘭妮很緊張，但史黛芙妮並不緊張，因爲她知道這項工作已經歷經重重考驗，她有信心最終的成果會讓梅蘭妮在管理階層眼中有出色的表現。

岡本是對的。資深副總裁非常喜歡這個提案且印象深刻。這次的報告影響了公司的策略，岡本確保梅蘭妮獲得了所有的功勞。

隔天，我和梅蘭妮爲此相談。她告訴我這是她在公司至今最美好的一天。

「岡本對我期望很高，」梅蘭妮解釋道，「但她也會給你支持。這是我現在需要的，因爲這是我第一份全職工作。」這很有道理。在曲棍球賽中，梅蘭妮總是能迅速獲得回饋，但在工作中，幾乎很少有這樣的機會。這使得梅蘭妮更難知道自己是否做好一份工作，因此也不容易確定自己是否值得團隊的尊重。岡本的高標準和支持使得梅蘭妮幾乎每天都能獲得回饋，無論是批評還是支持，最終都累積成爲「強大貢獻者」聲譽的最大回報。岡本並沒有直接給予梅蘭妮地位和尊重，而是以導師心態爲梅蘭妮開闢了一條贏得地位和尊重的道路。

三種思維模式

二〇一四年，我們發表了明智回饋研究，證明結合高標準與高支持的重要性。但在這之後，我注意到：問題不在於科學研究本身，而在於研究的解讀方式。我看到越來越多人將我的干預措施描述爲對複雜問題的簡化和廉價的解決方案。作者丹尼爾．科伊爾在他的書《高效團隊默默在做的三件事》中稱之爲「神奇回饋」，這讓我感到困擾。

明智回饋的祕訣不在於便利貼裡的內容，而是在年輕人極度敏感脆弱時，給予他們人性的尊嚴和尊重；這不是魔法，而是人類的本質。我甚至開始擔心會有商人把心思放在銷售預先寫有明智回饋的便利貼，聲稱它們能神奇地消除成績差距。

在我踏進德州大學奧斯汀分校尤里．特萊斯曼的微積分課堂後，我的擔憂迅速轉變爲一項使命。尤里是一位傳奇數學教育工作者（以及其他多重身分）。我在獲得終身教授資格不久後，前往參觀他的課堂，因爲那時正是開始提升大學教學能力的最佳時機，而我的所見深深影響了我——是的，特萊斯曼正是明智回饋便利貼的具體範例。但他並不是只給學生一張便利貼和一個微積分方程式，然後就讓他們自行應變。他有一套詳盡的支持系統，幫助所有背景的學生掌握微積分，並有機會成為專業數學家、工程師或科學家。

觀察特萊斯曼使我意識到，我們這些身處學術象牙塔的人可以從觀察專家在教學現場的實踐中學到很多。由於渴望尋找更多實例，我遇到了史黛芙妮．岡本，當時根據幾個內部指標，她是微軟裡最出色的經理。隨後，我找到ＮＢＡ最佳投籃教練奇普．恩格蘭，接著，我還找到了一位美國最成功的中學教師、一位天體物理學博士生、一位極具效能的教養專家，以及其他專業人士。

透過多年觀察和訪問這些導師，我發現他們與成就相對較小的同事之間的區別，在於他們的導師心態。這種思維模式與明智回饋便利貼的方法相似，當然，這裡所指的導師心態更為深刻且微妙。

我之所以稱其為一種思維模式，是因為它是一種世界觀和一系列行動：不僅僅是簡單的陳述，還包括具體的行動。此外，這些具有導師思維的指導者遠比那些採用執法者和保護者思維模式的同行要有效得多。

一切源於恐懼和擔憂

理解執法者、保護者和導師心態的最簡單方法，是研究圖2.1中呈現的框架。首先要注意的是，領導者對待年輕人的方法不是只有嚴格的態度，我們可以是低嚴格的寬容者（即保護者）

圖2.1　思維心態框架

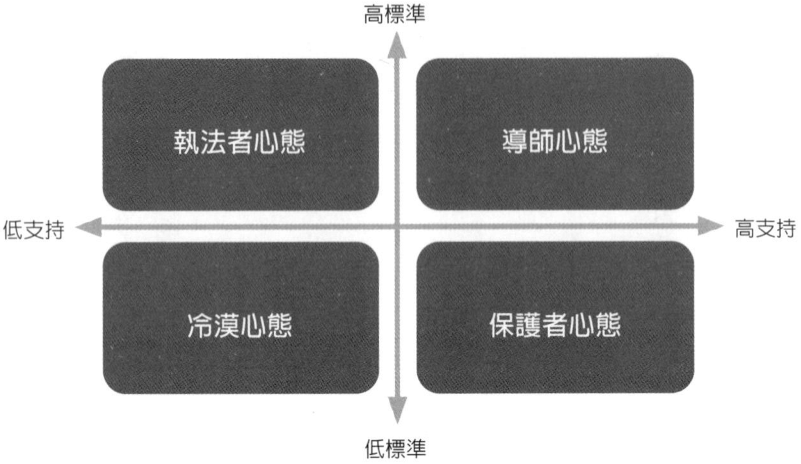

或高嚴格的獨裁者（即執法者）。事實上，還有另一條軸線，讓我們可以成爲帶有高標準和高支持的導師。

試想兩條相互垂直交錯的軸線形成的象限，如圖2.1所示。一個是標準（即嚴格或寬鬆），另一個是支持度的高低（社交、情感或物質方面）。

高標準、低支持，就是執法者心態；高支持、低標準，就是保護者心態；高標準、高支持，則是導師心態（左下角第四個象限即冷漠心態。這些心不在焉的人無論如何重新參與，往往會落入執法者或保護者象限，所以描述這個象限並無太大用處）。

當我與數十位管理者、家長和教育工作者交談時，我開始思考：爲何有人會採取執法者或保護者的思維模式？因爲這些並非最優異的領導風格源於**合理的恐懼和擔憂**。

從執法者的角度來看，他們擔心不成熟和叛逆的年輕人會爲社會造成嚴重破壞，所以年輕人需要承擔責任、遵守紀律和遵循一套標準。他們告訴自己：「這是追求卓越的代價，要麼我願意對人們施加痛苦以讓他們獲取最佳表現，要麼袖手旁觀。」如果這是他們的初始假設，那麼很明顯就可以知道，爲什麼執法者會覺得自己在爲年輕人（和社會）做最有利的事情。不幸的是，缺乏提供支持，意味著過於頻繁地懲罰或使年輕人遭遇失敗，特別對那些最脆弱的群體來說，這將無法對他們提供幫助。

從保護者的角度來看，要求年輕人達到我們認爲他們無法達到的標準似乎很殘酷，就像因爲五年級學生不懂微積分而讓他們不及格一樣。我們會擔心對年輕人要求太高：「他們還不成熟，所以對他們期望過高是不公平的。」因爲我們關心年輕人，所以所做的一切都是爲他們著想；我們更應該關心這個人，而不是他們的表現，最終，我們會優先考慮提升自尊，而不是讓他們發揮潛力。雖然這種方式通常出於關愛，但它並不能推動年輕人成長。更重要的是，它可能會帶給人不尊重的印象，因爲它植根於「年輕人無能」的看法。

第三種方式，即導師心態，就是高標準加上高支持。堅持高標準有助於維持秩序，防止陷入令人擔憂的混亂局面，同時，高標準的支持表明我們對年輕人的關心程度。透過認眞對待年輕人，並給予他們獲得令人矚目的聲譽所需的支持、爲他們提供一條獲得地位和尊重的途徑，使其贏得聲望，遠比自我膨脹的自尊重要得多。唯有如此，才能夠解決青少年的困境。數十年的科學研究表明，**導師心態對於廣泛的年輕人群體來說，是最有效的領導方式。**

調整方式，成為更有效的領導者

幸運的是，對於採用執法者和保護者思維模式的人來說仍有希望。

這兩者各有一半的方式是對的。執法者擁有高標準，太好了！現在讓我們加進高支持；保護者擁有高支持，太棒了！現在讓我們加進激勵人心的高標準。如果我們想要改變自己或他人，就不能只用責備或羞辱的方式，可以調整方式，成爲更有效的領導者。

BOX 2.1

前青春期如何看待三種思維模式

一天，我七年級的女兒史嘉麗問我：「爸爸，你是一位什麼樣的中學老師？」

「妳這話是什麼意思？」我回答道，我沒有告訴她我碰巧在寫一本關於這個主題的書。

史嘉麗對我在書中的三種心態的描述讓我震驚。

「嗯，你是不是那個非常嚴格、沒人喜歡的老師，嚴格到沒人想要學習？課堂上沒有時間交流，而他們聽你說話的唯一原因只是為了獲得好成績，免得被罵？」

這是執法者心態！

「還是你是那種上課時大家都在聊天的老師，而你根本不在乎，他們可以隨意做任何事，結果同學仍然能獲得不錯的成績？」

這是保護者心態！

「還是你是那種即使沒有人喜歡這門科目，你仍能讓孩子們真的喜歡上這門課的老師？課堂上大家都很安靜，因為他們想要努力學習。你給予學生自由，但你知道什麼時候越過了界，學生不會不尊重你，因為他們認為你訂定的規則是合理的？就像是一位大家都喜愛的好老師？」

這真是對導師心態的貼切描述！

史嘉麗的神來之筆為這本書生成了我能想像到的最好的一百五十字摘要。我沒有回覆她，而是問道：「史嘉麗，這些都是妳編的嗎？還是妳在某處讀到的？」

「我自己想出來的。」她向我保證。

就在那一刻，我意識到自己在觀察中看到的三種心態——執法者、保護者和指導者——對於年輕人如何理解世界這方面其來有自。

儘管「執法者」「保護者」和「導師心態」這些術語很新鮮，但這些想法植根於八十多年的研究。然而，當我檢視這些研究文獻時，一個令人不安的觀察結果令我震驚。

不論管理者、爲人父母者、教育工作者等，每個不同的領域都有其自身的詞彙和知識歷史，但沒有人探究過其中的相似之處。管理者、青少年家長和教師皆有各自最佳的實踐方式，但在這之間肯定存在重疊之處。神經生物學並不會因爲年輕人從家庭轉向學校、從學校轉向工作，或從工作轉向家庭而改變，但文獻中卻沒有將不同的情境與之做出關連。

這意味著關於如何執行一個角色的知識卻未與其他角色分享，這是很可惜的一件事。舉例來說，管理者和父母可以從偉大的教育者那裡取經。教師每一年或每個學期都要帶領一批新生重新展開學習，他們多次目睹關係的發展過程，使他們有很多機會透過反覆試錯來學習什麼有效。相比之下，一般家長只會教導兩、三個年輕人，因此幾乎無法感受「重來」一段關係的機會；新任管理者通常也只有少數幾名直屬下屬。截至目前爲止，尚未有辦法交叉引用教育者、管理者或父母之間的關鍵術語。

接下來我將講述一個基於青少年的神經生物學現實（源於他們對地位和尊重的需求）的連

串故事。

三種思維模式框架的歷史發展

庫爾特·勒溫是一位猶太科學家，在第二次世界大戰前被迫逃離納粹德國。他前往美國，在愛荷華大學任教並創立了社會心理學系。面對反猶太人的歧視經歷，促使他對促進自由和民主的領導風格產生了長期的興趣。一九三九年，勒溫發表了一項開創性的實驗。

勒溫針對青春期男孩的工藝課社團，對比環境中的不同領導風格展開一項研究。

「我們都很喜歡這樣的導師。」

勒溫將參與社團的男孩分配給三種不同類型的領導者。其中一組由一位具有執法者心態（勒溫稱之為專制型）的領導者帶領，他要求嚴格、喜歡大聲咆哮、羞辱、哄騙、使人難堪並且催促行動。第二組得到了一位具有保護者心態（勒溫稱之為自由放任型）的領導者，他和藹可親、對學生們期望不高，不會提出要求，對任何事情都表現得很隨意。第三組領導者具有導師心態（勒溫稱之為民主型），他期望學生努力學習，取得顯著成果，並提供情感和物質方面的支持。這位領導者擅長使用蘇格拉底式的提問方式，溫和地引導學生改進他們的作品。如果表現不夠好，他不會給予讚揚，至關重要的是，勒溫讓相同的領導者在不同日期扮演不同角色，這樣他就可以更精確地評估領導風格，而不是僅取決於領導者的個性。

結果如何？幾週後，執法者心態帶領的社團變得「沉悶、死氣沉沉、順從、壓抑、冷漠，幾乎沒有微笑、開玩笑和行動自由」。儘管孩子們遵從並認眞地完成了工藝作品，但他們卻憎恨這位由執法者心態指導者帶領的社團。

那麼導師心態社團又是如何？「該社團的互動具自發性、更注重事實，且更友好，與社團指導者的關係是自由且平等。」勒溫觀察道。

勒溫想要探究哪一種社團領導者能創造更多的內在動力。他的做法是讓領導者給予學生投票的機會，決定是否要解散社團。在執法者心態小組中，學生立即投票決定停止活動，學生一個接一個地將作品扔在地上並試圖摧毀它們。他們興奮不已，「拉著衛牛紙捲在教室裡狂奔，」勒溫觀察到，「顯然，在這種氛圍中，工作成果似乎是被攻擊的對象，而非引以爲傲的財產。」

那麼，低期望的保護者心態小組呢？學生們並沒有創造出很多東西，但他們所做的卻被他們丟棄。他們也投票決定停止活動。

那麼，導師心態小組又是如何？學生們對社團相當投入，作品的品質通常較高。他們希望繼續進行這些作品，因爲他們對自己所創造的成果感到自豪。

青少年最喜歡哪位領導者？執法者心態領導者在最不受喜歡的名單上名列前茅——高達百分之九十五的孩子不喜歡他。少數孩子喜歡保護者心態的領導者，原因是「他不嚴格」和「我們可以隨心所欲」，然而，也有「他提供的活動太少了」這樣的原因。一開始，他們覺得沒有規則很有趣，但最終學生仍舊渴望結構和關注，顯然這位保護者並沒有像他們希望的那樣，給予足夠的壓力，

擁有高期望和高支持的導師心態領導者又是如何？學生們做出結論：「這樣的導師眞是可遇不可求。他是一位好好先生，與我們一起工作，而且能站在我們的角度思考。」「他從來不想當頂頭上司，而且我們總是會一起完成很多事情。」他們異口同聲說道：「我們都很喜歡他。」

「保護令我有安全感，但也讓我很害怕。」

數十年後，戴安娜·鮑姆林德證明了勒溫的導師心態領導風格同樣適用於教養。鮑姆林德於一九五五年在休伯特·科菲的指導下，完成了她的博士學位，科菲是勒溫在一九三〇年代於愛荷華大學的學生。鮑姆林德注意到，父母與勒溫實驗中的領導者一樣，在上面的圖2.1中，往往在相同的兩個維度上存在差異：他們的要求程度（他們的高標準）和溫暖程度（他們的反應和支持性）各不相同。

圖2.2　作家和學者對四種思維模式的定義

鮑姆林德稱那些要求很高但不給予支持的父母爲專制型，這類型的父母近似於執法者心態；她也觀察到許多父母雖然要求不高，但非常溫暖，她將這些人標記爲寬容型，這一組父母的心態與保護者類似。經過幾十年的研究，鮑姆林德發現，執法者和保護者型父母更有可能培養出適應不良的孩子。

另外，第三組父母則培養出適應良好的孩子，在要求高標準和提供支持兩方面的得分都很高，他們被稱爲權威型父母，與導師心態的做法相似（見圖2.2）。爲求全面性，心理學家埃莉諾・麥考比後來將低標準、低溫暖類型的教養者歸類爲忽視型；我另外稱之爲冷漠型。

爲了說明當前的執法者與保護者的教養方式，我進行了一項小型研究，簡要向家長和年輕人描述鮑姆林德對於不同教養風格的分類，接著，我請他們分享自己生活中的經歷。

有一位十七歲的孩子名叫山姆，他告訴我，父親在教養方面所採取的強制手段。「他總是期望我在每門科目都能拿A+。」山姆覺得自己已經用盡所有可用的資源，爲的就是在學校取得好成績，但他永遠無法做到盡善盡美。畢竟，他正在學習像微積分和物理這樣的大學課程。山姆的父親告訴他，那是因爲他沒有全力以赴。

山姆因缺乏支持而感到不堪重負：「無法達到他的高標準影響了我的心理健康。」他也因此開始感到孤單和無助。

另一個例子。當艾莉西亞的父母看到她努力嘗試新事物，不論是一項運動、一個遊戲，甚至是一段新的友誼，他們便會介入保護她：「沒事的，如果覺得太難，可以不必做。」當她表現出一絲挫折感時，她在父母的臉上看到了恐懼和焦慮。

父母表示，直到艾莉西亞成長至能夠獨立生活的年齡，他們就不用再懷有保護她的心態，然而，他們停止保護她的年齡卻不斷被往後推遲——十四、十五、十六、十七……艾莉西亞告訴我：「雖然父母的保護令我感到很有安全感，卻也讓我感到非常害怕。我覺得自己爲獨立生活或面對世界的準備不足。」

標準和支持可以一起發揮作用

在鮑姆林德的職業生涯後期，她意識到許多人對她的研究做出了批判性的誤解。由於她的「權威型」（導師心態）教養論點，是根植於勒溫的民主型教養，因此人們認爲理想的領導風格是將所有控制權交給年輕人，讓他們無休止地辯論，並以共識投票來控制小組議程。

勒溫將指導方式命名爲「民主」是一個糟糕的「品牌策略」。鮑姆林德在職涯後期耗費許多精神來澄清「權威型」（導師心態）領導者，在觀察者看來，這樣的領導者顯得相當嚴厲且苛刻，甚至還會訂定規矩，期待年輕人遵循。不過，最重要的是，他們總能提供足夠的支持，使年輕人能夠達到高標準。

教養專家貝琪．甘迺迪博士在她的《Good Inside 教養逆思維》一書中也表達了這樣的觀點：「我能以一種……包含訂定嚴格界限和溫暖連結的方式育兒，既能滿足孩子當下的需求，又能爲他們未來的適應能力打下基礎。」要做到這一點的關鍵，在於教養者必須意識到，堅持高標準（例如嚴格限制孩子使用電子產品的時間，或者不讓孩子參加無人監管的聚會），與在意他們對我們標準的感受（例如害怕錯過或面臨同伴的拒絕）完全是兩碼事。**我們不必在標準和支持之間做出選擇，兩者可以一起發揮作用**。

鮑姆林德的研究開始受到矚目之後，儘管使用的方法截然不同，一位來自完全不同領域的學者基於相同論點所提出的研究同樣受到關注。

溫暖的要求者

羅莎莉．瓦克斯博士是二十世紀中葉一位著名的文化人類學家，她在完成芝加哥大學的博士論文後，輝煌的職業生涯曾因性別歧視而受到阻礙。

礙於一項規定，芝加哥大學沒有支付她薪水——芝加哥大學有項規定，如果丈夫已領有薪水（瓦克斯的丈夫是芝加哥大學的教授），女性不得支薪，所以瓦克斯並無領到薪資。她飽受偏見的經歷促使她嘗試幫助他人，最終讓她決定將研究重點放在對南達科塔州當地派恩嶺保留地的教育。在那裡，瓦克斯發現執法者心態是十分常見的教育方式，教師將維護美國主流文化的歷史知識和文化意識形態視為他們的責任，因此對原住民文化造成了損害。原住民學生厭惡這些冷酷的期望，於是群起反抗，創造了一個「沉默的教室」，拒絕完成任何指派的作業。

瓦克斯觀察到幾位熱情友好的教師對學生的期望較低——他們採取的是保護者心態。這些教師並不刻薄，但對學生的潛力抱持消極的看法，他們的態度表現出當地學生的思維「薄弱、空洞或缺乏規律」，對學習只會死記硬背，不會深入思考，因此學到的知識非常有限。

儘管如此，瓦克斯也發現了少數幾位教師創造了充滿奇蹟、紀律與努力學習的教室：

「有些教師建立了良好的課堂學習環境，並教導學生許多知識。不同於一般人對教師的印象，這些教師的出身背景和個性截然不同，甚至有些在五十年前還是所謂的『很有個性的人物』。

「一般來說，他們與無法有效教導人們學習的教師間的區別，在於他們尊重自己的學生。這意味著他們對學生普遍的看法是，認爲他們的內在總有些值得尊重的特質。這些教師……不容忍學生言行失序……所有人都非常公正，且都極其擅長避免讓內向害羞的學生在課堂上處於尷尬的情況，而且他們往往非常重視孩子們的學業。」

後來的研究者將瓦克斯口中的教師稱爲**「溫暖的要求者」**——他們會對學生提出要求並給予尊重，但同時也表現出對學生福祉的關心。這與導師心態有著強烈的相似之處。在瓦克斯的研究中，擁有導師心態的教師對原住民學生的尊重，源於「應該認眞看待學生自身所擁有的價值」。一般來說，當這種尊重來自於一位權威人士（例如教師）時，它會在學生心裡留下深刻的印象，尤其是對於那些經歷青春期困境、渴望地位和尊重的年輕人而言。

擁有導師心態的成年人建立了一個基於尊重的關係基礎。接著，他們認眞對待年輕人，期待他們實現潛力，同時提供必要的支持，隨後，年輕人找到了做正確事情的動力。

近年，商業領袖風行研究領導風格，這些研究與勒溫、鮑姆林德和瓦克斯的研究重點有著異曲同工之妙。知名商業作家金．史考特提出管理者給予不同風格的回饋，與導師心態、執法者心態和保護者心態有著絕妙的相似之處。

根據史考特的說法，激進坦率的管理方式通常會給予下屬誠實坦白的批評性回饋，並且清楚地表達其積極的意圖，與導師心態不謀而合。史考特將此與令人厭惡的侵略（類似執法者心態）和毀滅性共情（類似保護者心態）進行對比，認為不同的回饋風格會對員工的士氣產生不同的強烈影響，例如績效管理期間的對話，我對此大表贊同。

導師思維典範

塞吉歐．埃斯特拉在德州艾爾帕索的河濱高中任教。透過分析比對來自德州各地約一千一百名在高中教授大學預科課程的教師資料後，經由統計數字篩選出四十名教師，顯示出他們取得了令人驚訝的成功——統計結果顯示，原先預期表現不佳的學生，最後的出色表現跌破眾人眼鏡。這些亮點教師證明了，**即使在許多人已經放棄的地方，普通教師也能運用導師心態取得非凡的成果**。

我們召集這些亮點教師進行為期三天的研討會，研究他們的做法和教學方式。在這群亮點教師當中，塞吉歐脫穎而出。他比任何教師的表現都來得出色，來自不同背景的學生在他的指導之下，都取得頂尖的成績。在一所根據標準化測試僅有百分之二的學生為上大學做好準備的學校，塞吉歐的學生每年有百分之九十五通過大學等級的物理考試。

塞吉歐不會在沒有指導或協助學生的情況下，強制執行不可能達到的標準。他與他的同事、數學老師崔默先生的做法截然不同。

崔默是一位數學愛好者，他將自己視為數學的守門人。對於未能掌握基本概念的學生，他幾乎沒有耐心。「我可以向你解釋數學，但我無法為你理解數學。」他說。這是因為崔默認為他的學生是一群不守規矩、不服從命令、不尊重他，也缺乏動力的孩子。

因此，他的課堂成為遵守紀律的場所。他以威嚇的方式來管理課堂，任何不尊重或不服從的學生都會受到嚴厲的懲罰，偷懶者會受到公開羞辱。「我教，你聽」是他與學生訂立的契約。崔默是真正的執法者，在他的指導之下，多數學生不及格，勉強及格的學生都是靠死記硬背，但很快就忘得精光，而不是實際掌握所學。崔默的學生中很少有人為大學預科考試做好準備。

高標準，高支持

塞吉歐與其他不執行高標準的同事持相反觀點。以美國大學預修課程的英語教師為例，課程旨在幫助學生預先準備大學先修課程。「但他們不是真正的預科生。」老師們說明。校方將不符合資格的學生安排在這樣的高級課程，只是爲了提高學校的排名。在一般老師們眼裡，學生們的程度不足以應付這樣的課程，也就無法達到高標準。

倘若學生參加具挑戰性的大學預科考試，他們勢必遭遇失敗，並失去信心。所以教師們只能消極反抗校方的安排，採取較少批判思維的方法，告訴學生以公式化的方式寫作，或是利用背誦以應付考試。然而，降低標準以保護學生免受挫折，產生了與崔默的執行策略相同的結果：學生的課程參與度下降，無法深入學習，最終還是面臨失敗的結果。

一位名叫伊芳的河濱高中學生告訴我：「英語老師不相信我們在學習上能夠達標。所以她不試著教導我們，只要我們按表操課、背誦教材。她的做法並不尊重我們。」英語教師們所採取的正是保護者心態。

塞吉歐又是怎麼做？

他採取的是導師心態：**高標準，高支持**。他對物理課的要求很高，課程涵蓋了最難的概念，他希望學生能夠確實掌握所學，而學生們也非常支持他的做法。他的課程很有趣，包括動手實驗和活動。雖然他的考試很難，但學生可以重考，並取得較高的分數。他願意與學生一起討論答錯的問題，當學生們在放學前或課餘時間來尋求幫助時，他會大力讚揚：「賽琳娜今天表現得很出色，因爲她到我的辦公室跟我討論寫錯的題目。她眞的進步了！」答題快又正確，不如提出勇氣，與塞吉歐一起解決錯誤的部分那樣受到讚許。

同一位學生，卻有不同的表現

二〇二一到二〇二二年，塞吉歐和崔默共同指導一名數學程度有問題的學生大衛。在新冠肺炎疫情爆發前一年的數學考試中，大衛因爲成績不及格，正在重修崔默的數學課，但他上課時老是擾亂課堂秩序且不遵守規定。八月底時，大衛在崔默班上的成績僅拿到百分之十三的分數。

學期初很多作業通常都是些簡單的課堂任務，只要拿出創造力和意志力都能夠完成。一天，崔默來到塞吉歐的教室，警告他大衛很難管教。但塞吉歐感到不解，「大衛在我的班上表現很棒。」塞吉歐告訴我，因爲大衛的得分率爲百分之八十五。

某天早上，當我和塞吉歐在談話時，大衛走進辦公室，爲錯過一項任務道歉，並表示他會在午餐前交出作業。「大衛在我這兒沒有紀律的問題。」事實上，塞吉歐在河濱高中的這幾年，從未主動要求任何一名學生到辦公室找他。塞吉歐在指導大衛時取得的成功，與崔默形成了對比：當他採用不同且更尊重學生的導師心態時，面對在同一所學校的同一名學生，塞吉歐讓學生取得了顯著的進步。

導師思維爲何有效

當我接觸有關領導力、教養和教學風格這一廣泛而迷人的研究時，有三個主要因素讓我感到不滿意。

首先，不同文獻之間缺乏連貫的詞彙，而這些詞彙似乎都得出相同的結論。其次，文獻沒有闡明爲何導師心態更加有效，我需要將如何以最佳方式引領年輕人的想法，與青少年神經生物學現實（他們對地位和尊重的渴望）的新科學相互連結。第三，文獻沒有表明導師心態的方法來源，也沒有解釋爲何人們仍堅持採行效果較差的執法者或是保護者心態，這些知識對於弄清楚如何將領導者從執法者或保護者轉變爲導師心態至關重要。

我嘗試解決這三個問題，期望對文獻做出貢獻。

賦予威望，得到尊重

試想，年輕人並不是透過給予他們所需的地位，來獲得渴望的社會地位，而是透過**贏得聲望**來獲得——這是一種獨特的尊重，只有在向社會上有影響力的他人（無論是同齡人還是領導者），展示自己的價值和重要性之後才能獲得。

在玻利維亞原住民部落提斯曼的語言中，受到尊重意味著「値得敬仰」。因此，若說年輕人想要得到尊重，也可以換句話說是他們希望得到那些自己在意的人的讚賞。在我們的演化歷史中，這意味著年輕人成功地覓食、狩獵、照顧嬰兒或保護部落免受侵略者的威脅，而其他部落成員注意到了這一點。

那麼，有效的導師該做什麼呢？紐西蘭的毛利族有一個美麗的詞彙：whakamana，意爲「賦予威望、權力、確認、啓用、授權、合法化、賦能、驗證」（Mana意爲「權力」，而whaka意爲「賦予」）。whakamana是領導者滿足年輕人對地位和尊重的敏感需求，所需要做的事情，以解決青少年困境。

一位肯幫助年輕人的導師會爲他們創造學習機會，使年輕人在有價值的社會群體中獲得所需的地位。正如本章開頭所示，岡本給了梅蘭妮一個具有挑戰性的課題，幫助她表現出色，並在管理層面前給予她應有的榮譽；這也是塞吉歐所做的，他要求學生完成高標準的物理學題目練習——但他會支持他們直到掌握了這些技能。

導師不會如同一位保護者，爲年輕人做他們應該自行去做的事情；也不會有執法者的態度，制定不可能的標準、只讓少數人成功，相反的，他們尋找方法讓年輕人獲得受人尊敬的聲譽。

哈佛大學的心理學家約瑟夫·亨里奇博士解釋，聲望來自於一個人在群體中被認可有能力和價值時取得，它提供了一條不同於主導地位的途徑。主導者地位是一種力量的展現，它賦予你應有的地位，使人們必須聽從於你；相反的，聲望是行為和展現技能的結果，它使人們心甘情願地聽從你，因為他們信任你的能力和知識。

執法者心態仰賴的正是主導者地位。年輕人因為害怕嚴重後果而勉強跟隨，一旦領導者放鬆控制，他們就會停止跟隨。這就是我們在勒溫的專制領導者組別中看到男孩們所做出的反應；導師心態採用的是基於贏得聲望的領導方式，年輕人因為看到能夠獲得更好聲譽而令人振奮的前景，所以自願跟隨領導者（在保護者心態中，年輕人壓根不聽從成年人的話）。

跟隨具有導師心態的領導者

為什麼獲得聲望的前景是一個強大的動機？

並非每個人都願意或渴望主導團體，因此這並不總是一條可行的獲取地位途徑。但贏得聲望呢？這是一個任何人都願意做出的選擇。聲望可以藉由個人的努力而取得，任何人都可以學習並發展技能，以某種方式為團體做出貢獻。

當年輕人這樣做時，他們會感受到一種不可思議的自我尊重感，特別在青春期的困境中，「贏得聲望」甚至在「想獲得的感受」排名裡名列前茅。這就是為什麼岡本的年輕下屬梅蘭妮會說她的報告獲得良好回饋的那天，是她在公司裡最美好的一天。

年輕人很快便會明白，如果他們想持續獲得令人振奮的機會以贏得聲望、滿足他們對地位和尊重的需求（並避免感到羞辱），應該跟隨具有導師心態的領導者；而執法者或保護者思維的領導者，透過羞辱、指責、評斷和控制年輕人，剝奪他們贏得聲望的機會，其結果便是羅莎莉．瓦克斯在保留區所見的：青少年被動或主動做出叛逆的舉動。

信念的作用

閱讀下面的句子並填空：

鑒於年輕人是＿＿＿＿＿＿＿＿，激勵他們的最佳方法是＿＿＿＿＿＿＿＿。

假設你在第一個空格中填寫了這些詞：懶惰、短視、自以爲擁有特權、過於敏感的懦弱者。那麼你會如何填寫第二個空格呢？

我問過幾百位成年人這個問題。大多數人會說出類似於用他們不良行爲的後果來威脅他們，或用良好行爲的獎勵來賄賂他們。他們並不會說出如同對待能夠獨立做出明智決策的負責任成年人一樣的話。

假設你在第一個空格中填寫了：如果得到適當的支持和鼓勵，青少年可以展現出難以置信的堅持、韌性和成就。那麼，我們的腦海就會浮現出另一個積極進取的畫面。

這項練習顯示了**信念在塑造領導風格中所占據的重要位置**。擁有一套信念，就會帶出一套行動；擁有另一套信念，則會導致不同的行動。這一簡單事實幫助回答文獻中一個重要問題：不同的領導風格從何而來？

三種思維模式的來源與改變

長期以來，人們認爲不同的領導風格純粹是個人偏好，幾乎就像個性一樣，難以改變。例如，專制型人格似乎暗示有些人註定是執法者；有些人註定是寬容的保護者，這點難以改變。我和我的合作夥伴卡洛·德韋克的研究表明情況並非如此，不同的領導風格**並非僅源於不可改變的性格或僵化的童年經歷，它們在一定程度上源於人們的信念**。

因爲信念可以改變，所以我們引導和激勵年輕人的方式也可以改變。這就是我不談論領導風格，著重於談論思維模式的最大原因。思維模式是塑造行爲的觀念，源自特定的、基本的、可改變的信念，也就是說，**信念是領導風格的前因**。

以缺陷觀為導向

我不只在科學研究中看過這樣的描述，我自己在生活中也曾有直接的經驗。

在我二十歲出頭、成爲科學家之前，我曾在智利塔拉甘特的聖荷西兒童之家生活和工作。我負責爲兩到十八歲的孩子管理日托和教育專案，工作時間長達十二至十五小時。在我心中，我是來愛護和支持孩子，而不是去懲罰他們。我想，他們經歷了這麼多，應該不需要我告訴他們該怎麼做。

一天早上，我們把所有玩具都拿出來，搭建了一個巨大的障礙賽道。一個小時內，這裡熱鬧非凡，宛如一場狂歡派對。當午餐時間到來時，沒有人想打掃，我就睜一隻眼閉一隻眼地讓它過去——他們去吃午餐，而我留下來清理。

從那時起，孩子們就開始對我恣意妄爲，他們利用了我沒有對集體責任保持高期望的這一點。現在回想起來，我主要是從他們所缺乏的——愛或穩定的家庭——來看待這些孤兒，而不是從他們應該被期待能夠做到該負起責任的角度來看。這種缺陷信念讓我進入了一種保護者的心態：我試圖保護他們免受任何不愉快的事情。

一位四十多歲的蒂亞女士（卡門姨媽）也在那裡工作（在養護院，我們會稱呼她爲姨媽或姑姑）。她經驗豐富，總能掌控全場。她的孩子們不會違反規則；會保持整潔，不會打架鬧事。卡門姨媽從不提高嗓門說話，孩子們都很崇拜她。我清楚地記得，三到五歲的孩子總是緊緊摟抱著她的雙腿。

一天，卡門姨媽把我拉到一旁，對我說：「我這個人就是這樣。」她向我展示她對孩子們的要求嚴格，並訂定清楚的規則。「但是我很愛他們。」她說。她告訴我，在教導孩子的路上要堅守原則並保持愛心，希望我也能擁有高標準並給予支持。這其實就是一種導師心態。

誤解彼此的困境

幾年後，我再次迎來了機會，當時我在奧克拉荷馬州塔爾薩擔任中學英語教師。我的學生中大約一半來自鄰近的農場，而另一半則是來自墨西哥的移民。這群學生在英語程度上有著廣泛的差異。我腦中不斷出現蒂亞的話：「我這個人就是這樣。」因此，我向他們展示正確的道路，並堅持要求他們遵循。雖然我仍過度專注在孩子們面臨的掙扎——貧困境況或是低水準的家庭教育，但這次，腦中有了不同的文化樣貌：我想到如電影《危險遊戲》或《為人師表》中，在貧困學校裡的嚴厲教師。我的思維已經朝著另一個方向前進。

我每週日都花時間在批改作文。我希望學生達到卓越的高標準，於是我給了他們很多回饋。即使他們的作文拿到了B的高分要求，我仍會指出他們的文章如何能更好、更獨特，甚至可以對外發表。

我原以爲學生會因此喜歡我，因爲我把他們當作能夠進行知識辯論的成年人，而不是孩子。我甚至幻想過他們會因爲我在他們作文上批改的那些紅字而感謝我……眞是大錯特錯！從他們的角度來看，拿回滿是紅筆字跡的作文是什麼感覺？他們討厭這樣。他們感到生氣，甚至受傷，而通常只有約莫一半的學生會對作文進行修改，另一半則對他們得到的分數感到滿意，甚至不想看我的評語。早在我了解傑佛瑞·科恩關於明智回饋的突破性研究之前，我陷入了典型的導師困境。

我的意圖和學生們的看法之間存在差異：我試圖督促學生進步，當他們不願意針對我給予的意見修改作文時，我會認爲他們不想學習，但他們的看法卻不是這樣：他們認爲我是個討厭他們、討厭他們所寫的文章，並且永遠不會滿意的渾蛋。

我誤解他們，他們也誤解了我的用意，我們彼此都感到崩潰和挫敗。

如果人們秉持著神經生物學無能的信念，那些眞心努力做到最好的指導者就很容易陷入執法者或保護者的心態。我認爲很多人懷著良善的意圖，卻陷入了這樣的思維之中。我們愛自己的孩子，所以對他們很嚴厲或者很寬容，這些無益的心態並非源於輕視或冷漠，而是源於錯誤的信念，就像我對待孤兒院孩子們的缺陷信念一樣。這些錯誤的信念構建了整個世界觀，使人們陷入其中，讓我們難以看到另一種指導的替代方案。

圖2.3　三種思維方式的決策樹

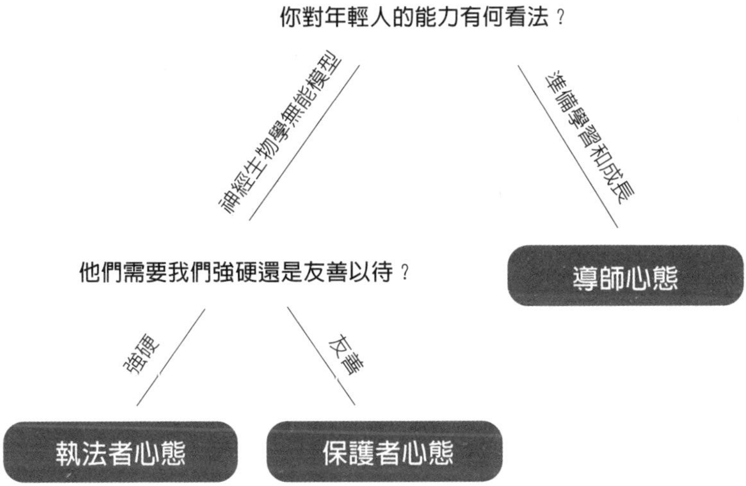

思維模式的力量

圖2.3所描繪的決策樹顯示，執法者和保護者的心態都是從神經生物學無能模型中發展而來。對年輕人無能的信念使我們僅有一個二元選擇：我們要麼嚴厲，要麼溫和友善；要麼我們是操練士兵的軍官，要麼是心腸軟的老好人，或者，我們要麼優先考慮自己更生，要麼考慮自尊，就像電影《金甲部隊》或《泰德．拉索：錯棚教練趣事多》。

有時，即使是同一個人，也可能會以不同的方式在決策樹中運行。

我看到人們（包括我自己）在執法者和保護者心態之間來回轉變，反之亦然。也許我們一開始希望表現友好，採用保護者的心態，但隨後年輕人卻開始恣意行事。所以，我們關上了門，強加自己的意志，轉而使用執法者的心態，接著為此感到內疚，又回到保護者的角色。

一旦起點是神經生物學無能模型時，就很難擺脫這樣的循環，且也沒有人喜歡這樣。即使是偉大的導師有時也會犯錯，他們同時也會有充當保護者和執法者的時候。

我們可以像新一代科學家一樣，拒絕神經生物學無能模型，專注於年輕人的優勢和資產，而不是他們的缺陷。如果我們這樣做，則會出現第三種指導方式——導師心態。執法者可以透過增加更多支持來建立他們的高標準，保護者可以透過增加更高的標準來建立關懷。由於兩者原先都只做對了一半，所以只需要各自提高一個要素，就能夠達到理想的狀態。

不同的孩子甚至會引發大人不同的心態。

一位擁有兩名二十多歲兒子的母親告訴我，一提到大兒子，她就會往壞處想，擔心他事事不順。對他，她抱持的是保護者心態，試圖解決他的問題；她的小兒子個性獨立且堅韌，沒什麼事能難倒他。對他，她自然更能抱持導師心態，不必過度擔心他當下的安全。這位母親正努力對兩個兒子都採取導師心態，但對兩個不同的孩子來說，這意味著兩件不同的事。

對大兒子，她需要更認可他的能力；對小兒子，她需要保持適當的支持，以免變成執法者。通往導師心態的途徑有時可能取決於孩子。

請參見表2.1，它展示了對信念的關注如何解決勒溫、鮑姆林德和史考特的指導風格源自何處的難題。三種不同的指導風格源自核心信念，這些信念導致了半連貫的世界觀，進而形成了

表2.1　三種思維心態：世界觀如何轉化為行為

	執法者心態	保護者心態	導師心態
對年輕人的**信念**	不成熟可能會導致他們為自己和他人帶來危險	不成熟會使他們在掙扎時變得脆弱和脆弱。	年輕人已準備好在適當的支持下完成令人印象深刻的事
我們相對於年輕人的**角色**	堅持高標準，並規定未能達到標準的後果	保護他們免受不適（且不以高標準給他們壓力）	與他們合作，幫助他們達到與個人相關的高標準
對年輕人失敗的**解讀**	失敗是懶惰、注意力不集中或能力低下的表現。	失敗會讓人衰弱，應該避免	失敗意味著我並未提供達到高標準所需的支持（社交、情感或物質）
對年輕人失敗的**回應**	我做了自己的工作，但他們沒有做好分內的事；給予相應的懲罰，並期望他們自行改善	表現出同情心（甚至提供藉口），但不強迫他們改進	假設對方出於善意，並與他們合作尋找改善所需的資源

與年輕人互動的模式。

一個想法流入另一個想法，最終影響行爲，這就是思維模式的力量。

不同的思維模式代表不同的世界觀是很重要的觀念。表2.1的下方列是由上方的信念推導而來——它表明了我們如何從一開始的執法者轉變爲導師，或者從保護者轉變爲導師。

我們可以採納另一種不同的信念，而非神經生物學無能模型。如果這麼做，那麼導師思維模式中的其餘部分，就會自然地融入我們對青少年的解讀和行爲之中。

第三章
代際分歧

代際衝突

全食超市的首席執行長暨創始人約翰．麥基以一百三十七億美元將公司出售給亞馬遜幾年後，接受了一系列訪談，這些訪談簡直可以被視爲一場宣洩不滿的巡迴演說——他直言不諱地批評下一代，也就是那群十六歲至二十五歲、在收銀檯和倉庫辛勞工作的年輕人。諷刺的是，也是他們所付出的勞力，造就了麥基的財富。

全食超市面臨難以招聘和留住這些員工的難題，令麥基感到相當棘手。在他看來，他提供了良好的工資和有意義的工作，畢竟，全食超市的理念與下一代的許多價值觀相符，例如對環境的永續性和道德採購產品，麥基甚至提出了一個術語——**有意識的資本主義**（**conscious capitalism**），這似乎頗能吸引Z世代的工作人口。即使如此，麥基仍然感慨道：「我們確實在招聘人員上很吃力，但我實在不理解年輕一代，他們似乎並不想工作。」

在採訪了全食超市的員工後，我了解到麥基說對了一件事：他是真的不了解年輕人。求職評論網站對美國超市進行的一份簡單評比顯示，全食超市是該類別中評分最低的僱主之一。大約百分之二十四的零售員工給了它最低評價（滿分五分中，只得到一分或兩分），與幾家競爭對手相比，全食超市收到的負評數量是其他同行的兩倍。一位前零售員工評論：「他們不尊重任何一位員工，不在乎你是死是活。」這是怎麼回事？

薪酬是一種對員工所受苦難的補償，根據媒體的採訪，他並不認為人們應該期望在工作中感受到意義、目標或成就感，因爲那是你可以花錢買的東西；或者，如果一切順利，那會是你在三十多歲時就能得到的東西。管理者和年輕員工之間的關係是交易性的。因此，在麥基的世界觀中，你要等到年紀長一些時，再去尋找意義、目標和成就感，在你年輕時，得忍受不理想的工作條件。

麥基的態度忽視了青少年和年輕人對於地位和尊重的發展需求。在麥基看來，「現在的孩子們」工作道德感下降——但這很可能只是全食超市對待年輕員工的方式所導致的後果。麥基似乎沒有意識到，對於當前這一代以及未來幾代人來說，**金錢很難替代自尊**。

他提供了一個鮮明的例子，說明了我們文化中的神經生物學無能模型，如何讓領導者感到困惑、讓員工感到痛苦——即使是那些在激勵年輕人方面擁有既得經濟利益的首席執行長也是如此。

如果我們的社會能夠解決麥基的問題，讓從事零售工作者受到應有的尊重，就能改變這個行業及其勞動力。

代際分歧

在美國，大約有百分之六十八的成年人並未完成大學教育，其中許多人在零售業工作。有很多年輕人覺得沒有未來，他們可能會轉而採取更具破壞性的手段，來重新確立自己的自尊。

麥基的抱怨其實是一個更廣泛的問題，即**代際分歧**：老一輩人覺得他們不斷迎合年輕人的需求，卻因做得不夠而受到羞辱或指責。

一位母親告訴我，她提醒孩子穿鞋或拿外套，卻因爲告訴他們該怎麼做而被大聲斥責，她害怕面對孩子的情緒化表現；教育工作者告訴我，有年輕人因被要求滿足最低標準（例如來上課、交作業和通過考試）而感到受辱；管理者們告訴我，他們認爲自己在一個熱門的社會話題上用詞恰當，卻被一位二十三歲的年輕人指責爲偏執狂。

面對年輕人不可預測的情緒波動所抱持的恐懼使我們選擇沉默，這導致許多誤解，進而引發更多的爭執。這種相互指責、埋怨和羞辱的循環之所以令人極爲憤怒，部分原因是我們非常想避免這種情況。

當孩子進入青春期時，父母開始經歷存在危機。不過在兩、三年前，我們認爲自己終於掌握了一切——孩子學會閱讀、騎自行車，並且能自己穿褲子，他們會被爸爸和媽媽的笑話逗笑，且行爲大多良好。但接著，青春期來襲。突然之間，孩子開始表現得像外星人，更甚者，似乎把最離譜的行爲留到有其他家長在場的時候表現出來，而其他家長會因爲養育出如此無禮和不知感恩的後代而批評我們。這的確令人感到屈辱和無力。

同樣的，教育工作者投身於這個職業，通常是因爲他們想要幫助孩子。當每一天都與想像中的教育工作者生活截然不同時，他們最終會開始懷疑自己是否入錯了行。

難道這是我們的命運？還是我們能對此做點什麼？

代際分歧起源

每一代人往往將世代間的分歧視爲僅限於特定時期的問題。我們將當前的挫折歸咎於社交媒體或智慧型手機等表象事物，卻從未真正解決更深層次的問題。

來自西元前四世紀的希臘哲學家亞里斯多德，在他的作品《修辭學》中批評年輕人：

「年輕人在性格上傾向於欲望，並且隨時準備將他們所形成的任何欲望付諸行動。他們的欲望變化無常，既短暫又強烈……他們充滿激情、易怒，容易被衝動沖昏頭腦。他們的野心使自己無法容忍任何輕視，僅僅是忍受傷害的想法便會使他們感到憤怒……最後，他們喜歡滑稽的玩笑，而滑稽的玩笑不過是被約束的無禮。」

遲至一九三七年，著名心理治療師安娜．佛洛伊德（西格蒙德．佛洛伊德的女兒）寫下了這樣的話：

「青少年過於自我中心，認爲自己是宇宙的中心和唯一令人感興趣的對象……他們建立最熱烈的戀愛關係，卻又能像開始時那樣突然結束……他們在盲目服從某個自己選擇的領袖和公然反抗任何權威之間搖擺不定。他們自私且物質至上，同時又充滿崇高的理想主義。有時他們的行爲粗魯且不顧及他人，但又極其敏感。他們的情緒在輕鬆樂觀和極度悲觀之間搖擺不定。」

一個世代的成年人，彷彿都已經忘記了年輕時的感受，總是看輕下一代，認爲他們不成熟。當大多數成年人回想起自己年輕時的輕率行爲時，通常會一笑置之，然而，當他們想到當今一代做類似的事情時，卻會大聲斥責「現在的小孩」道德感低落。

最新研究顯示，年輕一代的道德衰退主要是一種認知上的錯覺。哈佛大學社會心理學家亞當・馬斯楚安尼以及丹尼爾・吉爾伯特博士，分析了一九四九年至二〇一九年期間一項公眾輿論調查。

年長者認爲下一代缺乏他們所屬世代的道德價值觀，卻不認爲自己的世代也曾犯下年輕人犯的錯誤。受訪者年齡越大，就越能說服自己，堅信社會的道德結構正被年輕一代瓦解。

這種道德衰退的錯覺使我們認爲，只要能阻止年輕人偏離長輩們走過的道路，比如，透過消弭文化或取得技術方面的進步，就能讓社會重回道德輝煌的時代。但專注於針對特定世代的解決辦法，會讓我們忽視與年輕人發生衝突的根本原因。

選擇另一種看待年輕人的方式

一九八七年發表的一篇學術論文中，丹尼爾・拉普斯利博士和羅伯・恩萊特博士比較了份自一八八〇年代以來，關於青少年的公共論述。

在經濟蕭條或衰退期間，成年人支持青少年無能模型，顯然是爲了貶低在工作與地位上，與成年人競爭的年輕人。在戰爭期間呢？拉普斯利寫道：「我們看到的是『年輕人更堅韌、更符合成年人的形象。』」畢竟，我們需要他們在工廠工作、在戰場上戰鬥，並保持堅強。

受到有關年輕人在越戰中服役的言論影響，美國通過了《第二十六條修正案》，確認了年滿十八歲的公民擁有投票權。一九六八年，總統林登．詹森說道：

「在我們這個年輕國家的整個歷史中，年輕人自十八歲起便被要求承擔與他們的長輩相同的家庭責任和公民義務……理智不允許我們再忽視十八歲的年輕美國人已經具備了透過教育、經驗，以及對自身國家和全世界公共事務的接觸，承擔和行使投票權的權利。」

自該修正案通過以來的每一年，無能模型都在削弱林登．詹森所取得的進展。

不同時代對於年輕人態度的變化向我們表明，神經生物學無能模型及其所造成的困境並非固定不變的現實，它是當成年人需要重新掌控局面時，所使用的一種工具。幸運的是，我們可以選擇另一種看待年輕人的方式，並找到彌合跨世代鴻溝的新解決方案。

隻字片語背後的意涵

史丹佛大學心理學家傑佛瑞．科恩發現了既能呼應導師思維的典型實踐——明智回饋時，他試圖和合作者克勞德．史提爾克服所謂的「不信任障礙」。它適用於在某種情境下的權力較弱者，當他們的地位或尊嚴受到質疑時，往往會設想提問者站在對他們最不利和對立的立場，發生這種情況時，他們會分析對方的隻字片語，尋找背後更深層的意涵。

當學生得到「讚美三明治」時，他們可能會想：「老師稱讚我很努力，但沒有稱讚我的想法，這是否意味著他認爲我在學校的表現不佳？」或者他們可能會想：「老師說我需要在展示方面做得更好。這是否意味著他們認爲我的整體表現不夠好？」當權力較高者與權力較低者展開具有挑戰性的對話時，這種不信任障礙可能會導致溝通中斷，尤其可能會發生在那些過去曾受到不公正對待的人身上。

以審查一篇論文爲例。這並不是一件客觀上糟糕的事，甚至可以說是好事一樁。但是，對地位敏感的學生會尋找審查意見背後的不尊重跡象，他們會設想最糟糕的可能性——即被輕視或不受重視，除非有充分的理由來改變其預設假設。

明智回饋的批評意見旨在解決這項問題，它向年輕人明確說明了**他們可以假定批評性回饋的背後存在著積極的意圖**。不信任障礙有助於解釋令人沮喪的跨世代分歧。不信任使年輕人對長輩所說的每一句話進行微妙的解讀，試圖詮釋言語背後隱藏的意涵，以確定成年人是否對他們有絲毫不尊重。

年輕人更關注未說出口的部分，而非說出口的部分。例如，當一名青少年的母親問：「你刷牙了嗎？」孩子會將母親說的話理解爲：「我認爲你無能到連這麼簡單的事情都記不住。」——儘管母親從未說出這樣的話。基於這項解讀，不難理解年輕人的憤怒其來有自，被告知無能是令人覺得羞辱的一件事——即使母親沒有這麼說。同樣的，如果一位管理者要求年輕員工在與高層管理者的會議上脫稿發言，這位員工可能會認爲這意味著「我想要你在衆人面前展示自己有多笨」。

在我們說話時，有權勢的成年人想要傳達的意思和年輕人聽到的內容常有出入。成年人總認爲自己爲年輕人做盡了一切，他們卻不領情；年輕人認爲成年人不尊重、看不起他們。年輕人拒絕接受成年人的建議，而成年人則將年輕人的道德感低落做爲理解他們的原因。

成年人與青少年雙方如何克服這樣的困境？不妨透過導師思維來達成。

導師定義

美國國家科學院對於導師（mentorship）的定義如下：

> 導師是一種專業的聯盟關係，個體在其中隨著時間的推移共同努力，以支持……個人和專業的成長、發展與成功。

關於這一定義以及它如何擴展成我們對導師思維的理解，有三點需要注意。

首先，試想「聯盟」（alliance）一詞。在一個聯盟中，雙方（導師和接受指導者）保持各自獨立的目標、角色和身分。導師並非一方（管理者或教師）去征服處於弱勢地位的另一方（員工或學生），因爲這是執法者的思維模式。第二章中的岡本是具有導師思維的管理者，不會強迫員工遵循她所設定的目標，儘管團隊最後的確設定並實現了高遠的目標，但她和受指導者最終所建立的是一個聯盟。

第二，導師相信未來成長的潛力。岡本的下屬描述，她看到的是**他們未來的潛力**，而不是他們當下的模樣。導師希望你達到高標準，但他們也知道這需要時間培養。

第三，導師提供支持——無論是物質上的（時間、人員、教練指導），還是心理上的（把某人視爲個體，而不是一個數字或一項責任）。

達成協議，而非休戰

如果導師思維意味著建立聯盟，那麼解決關於跨世代戰爭的做法自然是**達成協議，而非休戰**，因爲休戰通常意味著一方是征服者，另一方是投降者，在這種情況下，一方通常會透過展現實力來取得勝利。相比之下，達成協議的做法要好得多。

爲了達成協議，雙方會各自評估自己的需求，儘管雙方可能存在利益競爭，但爲了共榮共好，雙方會考慮各自所需的條件，相互協商並達成協議。將來若根據需要重新協商，這意味著他們必須保持溝通管道的暢通無阻。

彌合工作場所的代際鴻溝

全食超市前首席執行長約翰．麥基遭遇了強勁的對手。讓我們來認識一下奧勒。

奧勒三十幾歲，不曾上大學，負責管理挪威歐伯斯連鎖超市中業績最出色的分店。在奧勒的管理下，儘管員工數比其他分店少得多，但他的分店總利潤從第百分之五十攀升至全國排名第三。奧勒沒有遭遇懶散的青少年問題；如果有的話，他們也會迅速改善。透過與奧勒、副理（有趣的是，兩人皆爲前獄警）以及前線員工進行廣泛的訪談，我看到了一支堅韌的年輕員工隊伍，隨時準備尋求回饋，而且沒有人茫然地盯著前方，讓顧客無助；沒有人偷偷溜進儲藏室抽菸或打盹。

奧勒建立了獨立的工作倫理，這使得他的商店在創造驚人的營利時，也成爲了人們渴望工作的場所。

尊重你做為一個人

奧勒的二十三歲員工跟我說了一則故事，深刻展現了這一點。

這是她在高中畢業後的第一份工作時，剛入職時，她被分配給一位厭倦工作，只想要摸魚的年長女性。這位年長員工教會她一些不良習慣，例如躲在休息室或等待被告知去做任何事情。某天，奧勒將這位年輕員工召進辦公室，與她進行一次嚴厲的談話。他說她沒有達到超市的標準，需要改進。我問這位年輕員工是否感到被冒犯或受到威脅而想要辭職？畢竟，這就是在明智回饋研究中，對照組所發生的事情（請見〈前言〉）。

這位年輕員工看著我，就像我是個瘋子一樣。她說奧勒是對的，自己並沒有發揮潛力，但她希望自己能做到，同時，奧勒也明確地告訴她，她有潛力成爲超市的領導者。

現在她是一位渴望穩定且主動的員工，正接受管理者的訓練，爲晉升做準備，並參加奧勒爲她安排的領導力學院。顯然，奧勒的高標準並未引發口水戰，因爲他的意思傳達得很清楚：「**我關心你和你的未來**，這就是我堅持這一項高標準的原因。」從根本上說，這就是**信任**。那麼他是如何建立起這種信任？

他對員工說：「我很關心你們，所以不會讓你們沒有標準可依循。」即使他在對講機裡嘮叨當天的銷售數字，員工也都知道他是爲大家好。這正是超市版的導師思維。

奧勒的成功是否只是挪威社會主義文化之下的副產品？

不是的。位於美國東岸的雜貨連鎖商店衛格門便秉持這樣的理念：「在衛格門，你每天都有機會學習和成長。因爲當優秀的人們聚在一起，朝共同的目標努力時，他們可以實現任何事情。」這聽起來像是明智回饋——而且還不只這些。衛格門在求職評論網站上獲得一星或兩星評價的比例僅有全食超市的一半。

一線零售工作者證實，衛格門「尊重你身爲一個人」，這是「我工作過最好的地方，在這裡時間總是飛快流逝」。爲什麼？正如店裡的哲學，「周圍都是優秀的同事和友好的管理者。他們非常善待員工……這讓人學到了很多關於互相尊重的道理。」

想想看，在麥基的世界觀中，他是根據工作時長來支付工資，所以不必尊重人。如果不努力工作，那麼你就是懶惰，並且違反了他的合約條款，他實施的是一種公平的經濟交換。但在衛格門的觀念中，各方的需求都應受到重視，他們把**尊重人及其目標**放在首要位置，如此一來，人們會願意努力工作，以至於忘了時間。

這解釋了爲什麼衛格門在《富比士》的零售業最佳僱主的排行榜上名列前矛，而全食超市甚至不在名單之列。

社會問題的代際鴻溝

在我們討論社會的熱點議題時，跨世代之間對意義的分歧尤爲突出。著名社會學家兼心理學家史帝芬．羅素博士是研究LGBTQ＋青少年，以及與他們互動的成人健康發展專家，對此則見怪不怪。

由於用來描述性取向和性別的術語與縮寫變化得太快，許多成年人擔心自己會說錯話。根據羅素的觀察，成年人無法確定自己是否應該使用「女同性戀者」或「男同性戀者」還是「酷兒」，或者是否應該加上「＋」，也不知道字母的順序。他們擔心如果說錯了什麼，會被貼上「偏見者」的標籤，這種擔憂使他們選擇沉默不語。

然而，年輕人會將成年人的沉默解讀爲他們存在偏見且缺乏支持，進一步傷害了年輕人，而成年人對此感到束手無策。

順道一提，這不只是少部分人會面臨的問題。當我採訪二十幾歲的同性戀者、在LGBTQ＋青年支持中心從事全職工作的年輕人時，他們也表達了相同的感受。他們告訴我，即使涉及的是他們自己或類似的身分，也很難跟上青少年使用的最新術語。

傾聽、學習和改變的意願

梅麗莎．湯瑪斯．杭特博士也看到了類似的現象：首席執行長和高層管理者也同樣不願談論種族或族裔的相關問題。

杭特博士是維吉尼亞大學傑出的商學教授，曾擔任Airbnb全球多樣性及歸屬感部門的負責人。她告訴我，尤其是自二〇二〇年喬治．佛洛伊德遭殺害以來，僱主常深感身陷兩難：如果他們就種族問題發表意見，無論如何，年輕人（或是政客）都會從中挑剔毛病——不是說他們的表述不夠強烈（或是過於強烈），就是缺乏適當的同理心。僱主們還擔心，如果他們對某事發表過一次聲明，就得對每一個事件或問題表態，最終將陷入無休止地「發布新聞稿」來安撫二十多歲年輕人的困境。

另一方面，杭特博士告訴我，僱主通常會有強烈的經濟誘因來做好這件事。吸引年輕人才的競爭通常非常激烈，尤其是在技術和工程領域，而有公關問題的公司很難招聘到年輕人才。

這種衝突不一定無法解決。杭特博士發現，當僱主如同Airbnb企業表現出願意傾聽、學習和改變的意願時（例如提升少數群體的聲音，而不是抱怨他們），他們將在創造有意義對話的層面上獲得更大的成功。

互貼標籤

這麼做爲什麼會奏效？

二〇一二年，史丹佛社會心理學家普里揚卡．卡爾博士發表了一系列有趣的實驗，幫助我們理解這種衝突。

卡爾的實驗顯示，有些人認爲世界可以被劃分爲有偏見和無偏見的人。他們認爲偏見是一種固定的特質；而另一群人則相信，人們可以透過學習逐漸減少偏見，例如透過了解其他群體的經歷。對他們來說，偏見是可以改變的。

卡爾發現，那些認爲偏見固定不變的人往往也認爲，在群體關係中犯下的小失誤會讓別人給你貼上某種主義者（例如種族主義者、性別歧視者）的標籤。因此，這些認爲偏見固定不變的參與者會避免與其他群體對話，因爲擔心這些對話會暴露自己的問題。相比之下，認爲偏見可以透過教育減少的參與者，更願意與不同群體的人交流，他們不怎麼擔心缺乏某些知識會讓自己永遠成爲某種主義者。

卡爾的研究幫助我們理解了如何在代際分歧中獲得解決之道。

年輕人經常表現得像卡爾研究中的參與者，認爲偏見是固定不變的。他們似乎下定決心，根據極少量的資訊就替年長者貼上性別歧視、種族主義、仇恨者和恐同者的標籤。當然他們這樣做，有時也是有理由的。

處於青少年困境中的年輕人因爲不信任障礙，往往處於身分威脅的檢測狀態。這樣的敏感使許多年輕人迅速將世界劃分爲「有害、壞、不安全的人」與「有益、好、安全的人」，以避免進一步的傷害。然而，這種不信任障礙可能會加劇年輕人想解決問題的欲望，導致成年人因害怕被揭露爲某主義者而保持沉默。

此外，當成年人的言行與他們應該如何談論群體的差異不一致時，所受到的懲罰（比如被取消資格）似乎與他們所謂的罪行不成比例，也因此，成年人把年輕人視爲不成熟、愛抱怨的懦夫。雙方最終給對方互相貼上標籤，也都未能從對方身上學習。

回想我們所說關於「達成協議，而非休戰」的比喻。如果人們認爲對方根本上是邪惡且不可信，他們不會在沒有威脅的情況下就簽署協議。

因此，做爲不同世代之間的協議爲起點，**雙方都得放棄爲對方貼上固定標籤，必須眞誠地渴望學習**。正如湯瑪斯．杭特告訴我的那樣，成功的企業已經做到了這一點。

讓我們以一個傑出的案例來總結，這個組織切實地貫徹了此一原則。

同愛天空

同愛天空（encircle）是一個專為LGBTQ+青年及其父母提供的課後計畫和治療服務機構，它成功緩和不同世代之間關於性別多樣性和性別認同的戰爭。該機構起源於猶他州鹽湖城摩門教會的對街。猶他州的LGBTQ+青少年自殺率居高不下，自殺意圖是其他青少年的三倍。

高自殺率意味著，即使是傳統保守的摩門教父母，在面對性別和性取向的差異時，也非常關注如何與孩子討論身分認同問題——尤其是牽涉到自家孩子的時候。在他們看來，這是防止災難發生的唯一辦法，但同時他們也感到束手無策，擔心自己會讓事情變得更糟。因此，他們往往會選擇沉默。

由於存在不信任障礙，使得LGBTQ+青少年不得不揣測父母的想法——而他們往往想像成最糟糕的情況。

羅素博士向我解釋了這一循環如何導致死亡的悲劇。

經常有人來找他諮詢，特別是那些經歷過LGBTQ+青少年自殺的社區民眾。在一個場合中，他與一位孩子自殺身亡的母親共同參加了座談會。孩子的遺書中寫道，她認為父母永遠不會接受她。那位母親潸然淚下，聲稱她從未說過類似的話。

或許，她曾說現在電視劇裡出現過多LGBTQ+角色等隨意脫口的評論。她記不起自己提過任何仇恨的言論，但她與女兒之間從未進行過直接對話，結果，女兒只能猜測母親的想法。在沒有其他資訊來克服不信任障礙的情況下，母親的隨口評論可能使她預設了最壞的情況，從而導致女兒陷入絕望。

在猶他州，情況可能更加惡化，因爲宗教社區中存在許多關於性和性取向的負面訊息。同愛天空的工作人員告訴我，一個關鍵問題是，大多數年輕人感覺摩門教會將他們爲視爲邪惡和羞恥的存在。即使家人或教會領袖沒有羞辱他們，但仍感受到強烈的罪惡感，擔心教會可能會因爲他們的同性戀身分而將父母逐出教會。讓自己所愛的父母遭受此等對待，對年輕人來說是一種沉重的負擔，因而導致青少年陷入憂鬱和自殺的想法。

令人驚訝的是，同愛天空經營的六年時光中，接觸了成千上萬名青少年，沒有任何一位孩子因自殺而喪生。同愛天空必定在某些方面做得很成功，因此得以彌合代際之間的鴻溝。

他們到底做了什麼？

衝突的根源來自沒有說出口的話

同愛天空的座右銘是**「沒有對立，只有愛」**。他們不鼓勵LGBTQ+孩子將父母視爲惡意的偏見者，也不要求父母放棄他們的宗教觀念，或要求他們查看《城市詞典》中的性別認同術語列表。相反的，同愛天空專注於共同的目標和價值觀：父母希望孩子能好好活著，而孩子希望不會有自殺的念頭。透過團體和個別治療，他們專注於尋找一項結束爭戰的協議。

同愛天空的工作人員幫助孩子和父母理解，**他們之間衝突的根源通常來自於某些沒有說出口的話，而不是明確表達出來的話。**

大多數情況下，同愛天空發現，父母並不害怕孩子的實際性別或性取向。他們害怕的是這個身分對孩子未來的影響。經過仔細詢問，大多數摩門教父母最終承認，他們擔心孩子會在性方面過於放蕩。因此，眞正的擔心根源是害怕孩子永遠無法享受到獲得承諾的關係和家庭的和樂，以及缺乏他們試圖灌輸給孩子的道德品格。

這些父母驚訝地發現，他們的孩子——特別是那些出櫃的年輕人經常思考父母希望他們思考的問題：**他們長大後希望與什麼樣的人建立長期、堅定、相愛的關係？**

「我們的文化將濫交與性行爲完全混爲一談。」羅素博士訴我。他的研究發現，「年輕人剛開始接觸性時，並不特別感興趣。他們思考的是愛，而不是性。」然而，就父母而言，他們通常也是在思考愛，具體來說，他們期望孩子能無條件地被某人所愛。父母的本意是「我不希望你濫交」，而孩子聽到的則是「我們永遠不會接受你生命中的愛人」。

同愛天空幫助雙方相互理解，降低彼此的緊張氣氛，並共同解決問題，例如制定公平的約會規則。父母意識到，他們可以接納孩子的身分，而不必放棄傳授道德價值觀和維持高標準的行為準則，反過來，孩子們也了解到，父母可以無條件地接納他們，同時仍然設定個人界限，並期望責任感和誠信。

同愛天空的方法提供了一個強有力的導師思維範例。

父母發出明確的訊號，表明他們將重視、尊重並賦予孩子尊嚴，同時也實現自己對於良好父母的願景，即堅持高標準的言行。有趣的是，儘管同愛天空從未主動鼓勵這種做法，但他們發現，隨著時間過去，具高度信仰的父母通常會變得不那麼教條和具批判性。這種改變為孩子們帶來更多希望，認為羞恥感會改善，進而減少絕望和自殺的念頭。

父母幾乎成了支持卡爾「偏見得以改變」此一信念的活生生證據，使得雙方更願意進行所需的真誠對話。

第四章 取得導師思維

岡本與塞吉歐

史黛芙妮．岡本於一九六〇年代末出生在華盛頓州朗維尤，這是一個位於西雅圖與俄勒岡州波特蘭之間的小工業城鎮。

「我的父母沒有錢支付我的大學學費。人們稱我們為拖車垃圾，」她告訴我。現在，岡本是美國知名科技公司ServiceNow的卓越主管。在此之前，她在微軟工作了二十三年，其中七年擔任全球學習與發展部總監。也就是說，她培訓過三萬多名管理者，他們共同管理著世界上最賺錢的公司之一。正如我們將看到的，她正是管理領域中的導師思維典範。

塞吉歐．埃斯特拉於一九九一年出生於德州的艾爾帕索。他的父母是墨西哥移民，在他年幼時離婚，並由母親撫養長大，而他的母親教育程度只有初中。

塞吉歐、祖母、母親和弟弟凱文曾住在一個女性庇護所，四人睡在鋪在地板上的一張床墊上，行李就只有一只皮箱，他們最終在靠近美墨邊界的格蘭德河附近定居。

塞吉歐於二〇〇九年從河濱高中畢業，並在大學畢業後回到母校教授大學預科物理課程，塞吉歐代表了教育界的導師思維典範。

岡本和塞吉歐雖然來自相似的童年背景，卻走上截然不同的職涯道路。然而，他們的導師心態卻有許多相似之處。岡本和塞吉歐皆具有高標準，同時也提供慷慨、以人為本、尊重為先的支持。

「我的直屬下屬是人，不是生產力機器人。」岡本告訴我。

「我不是在教課程，而是在教人。」塞吉歐在我們第一次見面時，這樣對我說。

認識岡本和塞吉歐之後，我問自己一個問題：「他們是否天生具備導師思維？」隨著更加深入了解他們，我找到了答案：他們並非天生如此，同樣必須學習如何具備導師思維。

他們的故事揭示了，即使是用心良苦的好人，也會因為文化中普遍存在的錯誤信念而陷入保護者和執法者的心態，同時也告訴我們，**任何人都可以擺脫這些無益的信念，學習採納導師心態，讓自己和年輕人的生活更輕鬆。**

岡本的故事

史黛芙妮．岡本是華盛頓州朗維尤的長景高中排球校隊隊長，還是青少年奧林匹克壘球隊成員，高中畢業時，以班級前百分之五的成績畢業。

「我知道教育是唯一能拯救我的途徑，」她說，「但沒有一位輔導員向我提過上大學，或以任何方式指導我去做這件事。」當她提到自己想上大學時，每個人——包括她的教練都告訴她：「妳總有一天會回到朗維尤小鎮。」但岡本的意志相當堅定。

她無法負擔西雅圖華盛頓大學的學費，於是選擇就讀鄰近的哥倫比亞學院，取得學術和排球運動員獎學金。在那裡，岡本獲得了學士學位，成爲家族中第一位取得高等教育學歷的人。

接著，她轉往華盛頓大學攻讀心理學學士學位，和住在四十五分鐘車程外的姑姑和叔叔同住。她選了兩門早上的課程，然後在距離一個小時車程外的文具店擔任收銀員，一直工作到打烊。接著，她再開車返回校園上夜間部的課程，或在研究實驗室從事志工，最後在大約午夜時分回到家。實驗室的工作幫助她取得科學的學士學位。

岡本的第一份工作並非科學領域。她在一家位於西雅圖的公司工作，該公司專門出版有關國際旅遊的書籍。當公司告訴她必須搬到密西根州或者失去工作時，她找了一位在微軟工作的朋友聊聊。那位朋友告訴她，可以試試跟軟體測試有關的工作。

做爲一名測試員，她的工作代表數千名用戶，需要在用戶發現問題之前找出錯誤。旅遊書籍的出版經驗讓她能站在他人的角度，像新手一樣去理解嶄新的事物，這些經驗使她擅長發現初學者在使用設計不佳的軟體時會遭遇到的困難。

史黛芙妮以自學的方式，學習她所需要的知識。一九九〇年代，她透過《傻瓜》系列書籍學習網路的運作方式、參加夜間進修課程，很快的，她在微軟外包的軟體測試供應商ST Labs找到工作，在這裡，史黛芙妮負責測試用於培訓開發者的微軟Windows作業系統。一九九九年，她成爲該團隊的領導者，二〇〇〇年，微軟決定出版有關測試的刊物，想聘請ST Labs裡最優秀的員工，其中包括岡本在內。

翻桌文化

史蒂芬·巴爾默擔任微軟執行長時的企業文化被許多人形容爲有毒，岡本就是在這段期間加入微軟的。隨後，繼任微軟執行長薩帝亞·納德拉在他的著作《刷新未來》中回憶道，當他接任這項職位時，員工們對於在會議中聽到「這是個愚蠢的問題！」這類的話，早已習以爲常。他們經常對於自己在會議室裡看起來不夠聰明這件事感到恐懼，深怕被人嘲笑。納德拉總結公司當時的情況，表示微軟當時「充滿一群自以爲是的人，而我們眞的需要一群樂於改革學習的人。」

在巴爾默領導下的微軟可以用兩個字概括：**翻桌**。在巴爾默時代，管理階層不只一次眞的掀翻桌子，還會對犯錯的年輕員工大聲咆哮。「翻桌」成爲微軟內部有毒文化的代稱。一位資深經理告訴我：「會議中經常見到有人在哭，因爲他覺得自己受到打壓。那是一個充滿恐懼的環境。」另一位經理則描述：「年輕人經常被高層管理者以居高臨下的語氣質問。這種情況只發生一次嗎？不，這種事非常常見。」這種虐待性質的企業文化壓抑了積極冒險的精神，特別是對那些剛起步、試圖闖出一片天的年輕工程師來說。

在史蒂芬．巴爾默時期，微軟的企業文化損害了公司業績，因爲它驅逐了年輕人才，導致留任的員工表現不佳。微軟在千禧年初成爲全球市值最大的公司。但當巴爾默於二〇〇〇年接替比爾．蓋茲擔任執行長後，迅速爲企業帶來所謂的「失落十年」，在這期間，蘋果、谷歌等公司迅速崛起。

二〇一二年，蘋果的單一產品 iPhone 銷售金額甚至超越了微軟所有產品的銷售總額。公司當時處於下風，巴爾默的企業文化趕跑了頂尖工程師——許多人跳槽到谷歌，因爲在那裡，他們能夠成爲被器重的貢獻者、參與有意義的項目，更不用說還可以享用免費午餐、打排球和全天騎滑板車的福利。

岡本討厭微軟那種舊有的翻桌文化。「年輕工程師和專案經理在向領導高層報告時充滿恐懼，」她告訴我。「如果沒有準備完善，領導高層會讓你自覺像個白癡。即使在私底下，你也不能徵詢意見，否則他們會讓你覺得自己的行爲很愚蠢。這是他們維持巴爾默所謂『高期望』的方式。你很有可能在某位新員工做完簡報後，就再也看不到他們出現在公司。留下來的員工在會議裡幾乎不發言。」

排名淘汰制

巴爾默推行的「強制排名」，是其「執法者心態」文化的主要推動因素。在強制排名制度中，經理將每位員工的績效分爲三個等級：超出預期、符合預期或未達預期。關鍵在於，這樣的排名並不是根據任何客觀成就來計算，比如發布新產品或是研發新的演算法。巴爾默的政策強制要求採用曲線排名，對於每二十到六十名員工的群組，約有百分之十必須被標記爲低績效者，即使他們的表現在客觀上來看，比其他群組中排名高的員工更好。低績效者沒有獎金，如果你獲得兩次低位排名，就會失去工作。這個政策被稱爲「排名淘汰制」。

岡本厭惡排名制。她的團隊經常表現優於其他團隊，這意味著她的表現最差員工通常比其他在「強制排名」中表現頂尖的人還要好，但他們仍須要遵循這樣的制度進行排名。她認爲這種做法既低效又殘酷，因爲必須透過一個不公正的曲線而解僱那些她曾經訓練和支持的稱職員工，這些曲線只對那些平庸的人予以獎勵。

據許多年輕工程師表示，強制排名制度不僅不公平，而且還非常愚蠢。這項制度激勵他們去破壞隊友的工作。「當人們眞正渴望的是團隊合作時，它卻在團隊內部製造競爭，」一位前微軟副總裁在接受《浮華世界》的採訪時這麼說。強制排名制度助長了微軟過時且有毒的企業文化。

對嚴苛領導者的神話想像

微軟是如何採取這種典型的執法者心態政策？強制排名源於**對嚴苛領導者的神話想像**。試想，讓偷懶的學生跑數圈操場的橄欖球教練、拿著球棒在走廊巡視以維持秩序的高中校長、爲了保護理論化學的聲譽而讓半數學生不及格的教授、爲了打造完美產品而摧毀所有人鬥志的科技高層主管，或者直到你練習到雙手都破皮流血才滿意的音樂老師。

對於巴爾默來說，傳說中的嚴苛領導者是傑克．威爾許，他是一九八〇年代和一九九〇年代奇異公司的傳奇執行長。「排名淘汰制」正是威爾許發想出來的。在他的著作《Jack：20世紀最佳經理人，最重要的發言》中，威爾許闡述了他的強硬管理理念，目標是「將A、B和C級球員分門別類」。如果威爾許認爲你是A級球員，你就應該得到比B級球員多兩到三倍的獎金；如果他認爲你是C級球員，你什麼也不配得到，也應該被解僱。威爾許「總喜歡大聲咆哮，而缺乏同理心」。

在威爾許早期任內，奇異公司擴張過度且虧損嚴重，所以需要裁員。「排名淘汰制」在某一階段的時間內自有其道理，然而，威爾許繼續執行這一嚴厲政策，已經超出了必要的範疇——他維持著嚴苛的標準，對需要提供的支持卻視而不見。在二十多年的任期內，他解僱了超過十萬名員工，將許多工作轉移到國外，加速摧毀美國在二戰後所創造大量向上流動的工人階級經濟。

紐約時報記者大衛．蓋勒斯在著作《打破資本主義的人》中指出，儘管排名淘汰制的做法降低了成本，並短期提高股價，但這被證明是一項糟糕的長期政策。這種做法逼走了人才、扼殺了創新，正如巴爾默後來在微軟所做的那樣（奇異公司後來拆分爲三家較小的公司，總市值遠低於二〇〇〇年的高峰）。

儘管如此，模仿者大多關注的是奇異公司在九〇年代的股市表現。他們得出結論：威爾許難以達到的標準和無情的解僱模式，構成了他登上美國資本主義金字塔頂端的重要因素。在威爾許的計算過程中，以人爲本的支持並沒有發揮作用，只有極少數A級績效人員例外。

排名淘汰制的賺錢神話一直延續至今。

傑克．威爾許的弟子、前WeWork首席執行長亞當．紐曼以排名淘汰制爲本，在績效評估後，解僱約百分之十的公司員工，即使公司仍有數十億的現金流盈餘，仍無例外。紐曼的有毒工作文化，或許是二〇一九年WeWork首次嘗試公開募股未遂後陷入困境的部分原因。

波音公司執行長凱爾洪曾在傑克．威爾許的領導下，擔任奇異公司航空部門負責人。二〇二三年初，隨著美國經濟走低，凱爾洪宣布波音將恢復員工的分級評價制度。經理們被迫告知大約百分之十的員工，他們未能達到預期——即使這些員工幾個月前被評估爲達標。

一位經理表示：「我不得不對那些被評爲低效，但實際上不應受到這樣評價的員工說謊。」在一個針對「微軟老員工」的臉書群組中，一位巴爾默時期的微軟資深員工諷刺地說：「我確信這對他們來說，會是一個好結果。」一年後，當一架波音飛機的緊急逃生門在阿拉斯加航空1282航班起飛時脫落，凱爾洪和他的工程師們遭到批評。不久後，凱爾洪辭去了執行長的職務。

X理論加強了執法者心態

當巴爾默接任微軟執行長時，威爾許的影響力以及關於嚴苛領導者的神話達到了前所未有的高峰。

這個神話來自一種強而有力，且普遍存在的意識形態，管理理論家道格拉斯．麥格雷戈在〈企業的人性面〉一文中，將它稱爲「X理論」。

X理論是神經生物學無能模型的管理版本（見第一章）。根據X理論，人們（尤其是年輕和不成熟者）本質上被假設爲懶惰和自私。該理論認爲，人們只能透過獲得物質獎勵（例如金錢）的誘惑，或失去獎勵（例如減薪或終止僱用）的威脅來激勵。因此，激勵人們的方法便是對他們進行排名，讓他們努力攀到頂端，以獲得最佳獎勵。如果這種制度起不了作用，就應該解僱他們，這種方法展現了執法者心態。儘管巴爾默時期微軟的排名與淘汰政策聽起來相當粗暴，但它只是長期以來，嚴苛領導者對X理論信仰一個合乎邏輯的延續。

X理論促成了一個延續的循環，加強了執法者心態的做法，如強制排名和翻桌的做法。然而，整個巴爾默時代，等級排名卻未能激勵微軟的員工發揮最佳表現。管理者將表現不佳者排在低位，最終解僱了其中許多人。那些少數未受到公司政策打擊的人獲得了獎勵，他們自認比其他人更優秀、更聰明，認為等級排名達成任務——淘汰懶散者、獎勵明星員工。可是他們並未意識到，一個原本不必存在的競爭激勵問題，導致了大量人才的流失。

Y理論滿足人們對尊重的基本需求

不難想像類似的關係在青少年與父母之間上演。

想像信奉X理論的父母發現他們的孩子拒絕做數學作業。如果父母認為青少年很懶散，他們很可能會使用強制手段：對於不遵從發出威脅（咆哮、告誡、指責、羞辱、禁足），或對於遵從提出獎勵（賄賂、承諾、放寬宵禁、降低期望）。但是這些策略並不能因此激勵青少年努力工作並學習獨立，因此，父母就會有更多證據表明年輕人是懶惰的，進一步強化了X理論，形成一個不斷重複的循環，產生越來越根深柢固的執法者動態關係。

這種延續性的強制性思維文化在微軟盛極一時，岡本當年正是在這樣的企業文化中，取得第一個管理職位。但岡本拒絕施行X理論，她信奉的是麥格雷戈在一九五七年論文中提到的「Y理論」。

根據Y理論，人們的本質並非自私、懶惰，只是受物質獎勵和懲罰驅動。糟糕的管理或許讓他們看起來像是那樣，但這並不是他們的本性，相反的，他們可以透過心理學家亞伯拉罕·馬斯洛所稱的更高層次需求來激勵，如**社會關係**、**社會地位**、**聲望或意義**、**目標**。當透過這些方式激勵時，人們可以積極主動且獨立地工作，不需要持續的指導或監督。這不僅提高了員工的生產力，也讓管理者的工作變得更輕鬆，因為他們不必時刻監視員工。

麥格雷戈的Y理論對於績效不佳者提供了不同的解釋，同時也提出激勵高績效者的不同方式。當人們的更高層次需求受到威脅時，績效可能會受到影響，因此，在Y理論之下，管理者的目標是**幫助人們滿足他們對尊重、尊嚴和追求聲譽的基本需求**。

岡本發誓要成為一名與微軟周遭那些信奉X理論、進行排名淘汰、翻桌子的執法者截然不同的管理者——要在一個不人道的文化中展現一絲人性。

協作解決問題的績效管理對話

岡本的初衷是好的，但在執行時卻遇到了困難，對她的直屬下屬帶來了嚴重的問題。在缺乏足夠培訓的情況下，成爲一位公司管理者時，她拒絕了X理論，不幸的是，她對Y理論的理解也很淺薄。這讓岡本不免以保護者心態來面對工作，她認爲需要保護員工的自尊和自我價值。

她做爲新手管理者的其中一項錯誤，是把年輕下屬當作朋友而不是下屬。她給予他們很高的支持，但標準卻不夠嚴苛。特別是，她擔心自己給出的專業回饋可能會讓他們覺得過度針對個人，而她最不想做的就是攻擊年輕同事。

因此，她對他們工作表現的批評有所保留。然而，排名制度依然存在，所以當績效評估展開時，委員會不得不將她的一些下屬劃分到最低績效類別。她一直在迴避與下屬進行艱難的對話，結果爲時已晚，那些她深切關心的下屬的獎金、職涯展望，甚至是工作穩定性都受到了威脅。

岡本的另一個早期錯誤在於幫助下屬解決問題的方式。在一對一的會議中，她的團隊成員有時會抱怨其他經理或同事，她出於天生的保護本能，會直接與冒犯者對峙。但這麼做並沒有辦法解決問題，反而會讓情況變得更糟，這便是保護者心態在作祟。在內心深處，她對於下屬是否能解決自身問題抱有疑慮。

幸好，她開始認爲自己必須做出改變，學會眞誠對待員工，進而改變自己的方式。當下屬抱怨時，她會詢問他們是否只想發洩情緒，或者是否希望她介入。如果是後者，她會確保他們對介入的方式感到認同。

岡本和我們許多人一樣，需要學習重新詮釋Y理論，並看到更深刻的意義。她必須學會同時挑戰員工，並關注他們對地位、尊重和對尊嚴的需求。**管理者可以透過與年輕人進行認眞對待自身能力的對話，說明他們如何獲得所需的資源來做到這一點。**

最終，岡本設計了我稱之爲「協作解決問題的績效管理對話」。這是一種應對錯誤或失誤的方法，讓員工在面對和克服自身局限時感到安全。

以岡本透過績效評估，與我分享的一次協作解決問題爲例。這是某次和團隊中表現最差的成員所進行的對話：

「我想提前告訴你，我們已經完成了你的績效評估。不幸的是，你被評爲最低位階。我理解，這很糟糕。但我想說明白一點，我認爲你在這一輪的表現並不代表整體表現，因爲我知道你的能力水準到哪。六個月後，我不希望你繼續被貼上低績效的標籤，我希望你能掌控自己的故事，證明自己是高績效員工。我有一些關於接下來六個月可以做些什麼來實現這個目標的想法，但我更想聽聽你的意見。你有什麼想法、如何把自己放在合適的位置，承擔起重要的計畫？如何讓人留下深刻印象，從而恢復你在職場上快速晉升的聲譽？一旦想清楚這些，我們便能訂定計畫，達成目標。」

這就是一種基本的導師制關係。她用共同合作以達成高標準的同時，也支持個人成長。留意岡本的做法。她沒有用「執法者心態」來責備表現不佳的員工，也沒有用「保護者心態」說：「你是表現不佳的低績效員工，因爲你承擔了太多的工作，所以我會降低對你的期望，幫助你完成工作。」她提高了期望，但隨後提供了有意義的支持。

她成爲一位共同合作的協調者，而不去批評員工的整體價值。在微軟的經歷爲她成長爲一名成功的經理人埋下種子。其他管理者也都意識到她在員工成長方面展現出堅韌的態度，年輕員工都非常敬愛她。如今有幾十個人表示，他們成功的職業生涯全都歸功於她的指導。

教養過程應用協作解決問題

自從與岡本交談後，我也嘗試在自己的教養過程中，應用協作解決問題，見BOX 4.1中的示例。

BOX 4.1

為人父母者在教養過程中應用協作解決問題

我和女兒一起嘗試了史黛芙妮的協作解決問題。

史嘉麗需要為她的七年級英語課準備一篇八分鐘的TED演講。和許多十二歲的孩子一樣，她直到截止日期前兩天才開始寫作，非常緊張。

如果我是有執法者心態的父母，我會說：「妳自找麻煩，自食其果。」她的低分將是她拖延的代價。如果我是保護者，我會說：「好的，我來口述，然後妳再進行修改。」

但我採用了史黛芙妮的導師思維。「好吧，我們來討論一下目前的大綱。妳先寫一份草稿，然後我們可以一起修正所有問題。只要這樣做一次，結果就會好很多，這樣你將來就知道要如何修改自己的文本。」我這麼告訴她。

問題頓時不再那麼嚴重。我看到史嘉麗的肩膀放鬆下來。她深吸了一口氣，拿起鉛筆。「好的，讓我們先寫份初稿，再做修正。」

這的確占用了我晚上的時間，但這絕對值得。幾天後，史嘉麗的演講表現得非常出色。她感到相當自豪。「那正是我該遇到的挑戰。」她告訴我。導師心態再次發揮作用！

示範、指導和關懷

薩帝亞．納德拉在二〇一四年接任微軟執行長後，他將公司文化從X理論轉向更爲符合實際情況的Y理論。納德拉和他的同事凱斯琳．霍根取消了強制排名，並引入更爲人性化的績效評估系統，稱之爲**連結**。岡本想幫助納德拉、霍根消除巴爾默時代的有害文化，她希望將Y理論推廣到整個公司，爲此，她必須轉到人力資源部門。儘管她缺乏人資方面的經驗，但這從未阻止她努力去爭取。

岡本決定自己創造機會。她在自己的工程團隊裡發起了一個未來管理者論壇，旨在培養下一代的管理者，論壇涵蓋了諸如「在關鍵對話中勇於表達」（這是她自己起初也曾掙扎的問題）「如何指導員工訂定職業發展計畫」以及「成長思維：打造一個實現眞正潛力的團隊」等主題。這個論壇取得了巨大成功，成爲微軟通往卓越管理頂尖部門的途徑。

岡本申請調任到人力資源部門，希望推廣自己的想法，最初遭到拒絕——直到人資部意識到她的價值，最終答應調任。很快的，岡本所領導小而強大的團隊，開始負責公司全球的新進員工入職事宜和管理者的培訓。他們的框架包含三個部分：**示範**、**指導和關懷**。岡本在確保關懷成爲框架裡最重要的部分上，發揮了關鍵作用。

榮譽接踵而至。二〇二三年，由於納德拉自上而下的文化轉型和岡本自下而上的領導，微軟被電子資料庫Statista和《時代》雜誌評為全球最佳企業，百分之九十五的員工表示他們在此工作感到自豪——這與在巴爾默的領導下微軟的失落十年大相逕庭。

不久之後，科技公司ServiceNow注意到了岡本的成就，並積極招募她加入。在這裡，她可以主導公司的管理者發展和評估策略，因此繼續在工作上發光發熱。

塞吉歐的故事

塞吉歐．埃斯特拉在河濱高中就讀時，是一名成績排名前十的學生，所有科目皆表現出色，尤其是數學和科學。

他承認：「當時我對成績有自己的刻板想法。」他在學業上非常具有競爭力。儘管高中女友賈思敏在各方面表現似乎都比他強——學力測驗分數很高，成績更好，並且在演講、辯論和戲劇方面表現出色，讓塞吉歐感到有點不服氣，而且她還是畢業生代表，塞吉歐卻不是。現在他們結婚了，塞吉歐的刻板想法已經有所改變。

塞吉歐的想法之所以出現變化，源自他借鑒南西．阿羅約的教學理念。

阿羅約是河畔高中的數學科主任，也是美國國家科學基金會頒發的數學和科學教學卓越總統獎得主（這是教學領域裡最高的獎項）。根據塞吉歐和賈斯敏的說法，阿羅約無法容忍隨意看待事情的心態。她的課程非常嚴苛，一天，塞吉歐在一次大學預修課程的模擬考試中得到兩分（滿分爲五分）的不及格分數。阿羅約看著他說：「塞吉歐，你爲什麼會因爲這樣的分數感到難過或驚訝？你沒有付出努力，總是在考試當天早上才做作業，敷衍了事。」她還告訴他，他有巨大的潛力，卻沒有全力以赴。

阿羅約的話令塞吉歐相當震驚，不過並沒有因此冒犯到他。她說的沒錯，他確實在打混。

賈斯敏跟我說：「阿羅約是那種能改變你一生的老師，就像《爲人師表》中的海梅·埃斯卡蘭特。塞吉歐人生的轉折點來自阿羅約的鼓勵。」阿羅約每年都會播放電影《爲人師表》，藉此激勵學生，這在塞吉歐身上看到了效果：在與阿羅約老師一次改變命運的對話後，塞吉歐在幾個月後的微積分考試中得到了四分（高分通過測驗），賈斯敏取得了五分。阿羅約的導師思維促使塞吉歐的心態有所成長。

與岡本一樣，塞吉歐在申請大學時並沒有得到任何建議。塞吉歐高中二年級時，耶魯大學一名招生官來到了河濱高中。他看了塞吉歐的考試成績和分數，建議他提出申請。塞吉歐很興奮——接著他看到所費不貲的學費。沒有人告訴他可以申請獎學金，因此他從未申請耶魯大學。

賈思敏對申請大學一事較有想法。她想去德州農工大學就讀，這所學校向來以優秀的學術專案和對德州居民的低廉學費而聞名。塞吉歐了解到，憑藉他的成績和班級排名，他可以不用支付任何學費，於是向大學提出申請並錄取榮譽課程計畫。

他對我說：「我當時做了一個衝動的決定。我從沒參觀過校園，只知道我的女友——全班第一名的學生——認爲這是一所好學校。」賈思敏的母親可不怎麼贊同這個決定。「我絕不可能讓賈思敏和男友念同一所大學。」賈思敏的母親告訴我。賈思敏最後領取獎學金進入新墨西哥大學就讀。

和個案一起解決問題

塞吉歐在德州農工大學榮譽課程的第一年就充滿挑戰。班上其他學生皆來自優秀高中的佼佼者，塞吉歐不得不比別人加倍努力，才能拿到相同的成績。經過一番努力，他開始有傑出的表現。一年後，賈思敏轉學到德州農工大學，他們很快就結婚並育有一名孩子。托兒費十分昂貴，所以塞吉歐和賈思敏輪流照顧孩子、工作和上課。塞吉歐不再爲自尊心煩惱，開始思考如何謀生。

大二期間，塞吉歐找了一份能在課間兼職的工作：擔任蘋果的電話客服人員。晚上或是週末，萬一你的 iPhone 掉進馬桶、沒有購買 AppleCare 仍想要免費更換，或者遺失手機裡的照片、無法登錄 iCloud，接聽你的電話的人可能就是塞吉歐。「顧客憤怒地打電話進來對我大聲咆哮。但我的工作哲學是：他們只想找一個會傾聽他們說話的人。只要感到被理解，即使結果不理想，他們也會欣然接受。」塞吉歐從未向來電者妥協——輕易送出免費的 iPhone，但來電者總在結束對話後感到被尊重，並願意持續成爲蘋果的忠實顧客。他是怎麼做到的？

塞吉歐總是先向個案道歉，即使問題不是蘋果的責任，因爲這是蘋果的服務規範。然後，他會重複個案的話，以不同的方式表達，讓個案知道他有認眞聆聽。「最困難的部分是花時間理解對方的感受。儘管他們對我口出惡言，但解決問題的唯一方法就是讓他們感到被理解。要做到這一點，你必須認眞傾聽。」最後，他會與個案一**起解決問題**。他嘗試修復問題，前提是和個案一同進行。他會告訴對方發生問題的原因，並教他們如何避免再次發生。塞吉歐不會只是告訴人們可以按哪裡，就可以找回雲端丟失的照片，他會像對待同事或朋友一樣耐心地解釋。

掛斷電話時，對方會覺得自己像是交了一位一輩子的朋友，這就像是一次的心理治療。塞吉歐的導師心態和共同解決問題的行事風格，是在蘋果個案服務培訓計畫的歷練中形成。

成為一位偉大教師的兩大特質

塞吉歐在蘋果工作時，從未想過將來會從事教職，但賈思敏卻始終知道自己想成爲一名教師。在河濱高中就讀時，她曾修過一門特別的教育課程，幫助她在大學畢業後順利取得河濱高中的教職，並在晉升方面比其他人更具有優勢。

塞吉歐則選擇了一條完全不同的職涯道路。

塞吉歐在德州農工大學修讀期間，目標是為FBI或CIA。他最初選擇主修心理學和俄語，因為他認為學習掌握人類行為的動機和學習外語會讓自己成為絕佳的人選。大三時，他得知自己患有罕見的眼疾：角膜會逐漸變薄，最終將失去視力。因此，他無法使用或攜帶槍枝。也就是說，從事FBI或CIA等相關工作變為不可能。

於是塞吉歐轉向醫學預科。他放棄了俄語，選擇了神經科學，並盡可能地選修科學課程。他取得絕佳的成績，新計畫順利地進行。

大四時，塞吉歐報名了一個可以跟隨德州農工大學醫學院校友的實習活動。他跟隨過三位醫師，其中兩位告訴他，他們在行醫後期才開始賺到錢，並享受工作，但是工作與家庭生活之間很難取得平衡；第三位醫師則是對自己的工作和收入都不滿意。塞吉歐得考慮如何能立刻賺錢養家，並與賈思敏享受生活。最終，他決定不去念醫學院。

塞吉歐覺得自己躲過了一劫。然而，那時他已是德州農工大學的大五生。他的專業並沒有帶領他走向預想中的未來。賈斯敏帶著孩子回到厄爾帕索，住在離家人較近的地方，準備在河畔高中展開她的教職。「我感到迷茫且困惑，就像在荒野中，」他告訴我。「還有感到恐慌。」

大學畢業後，塞吉歐在厄爾帕索的萬宙商信找到了一份工作。他十分懷念在蘋果工作的時光，也很擅長在危機中幫助人們，所以他想在離家較近的公司賺錢養家，也許還能晉升到客服主管的職位。然而不久後，塞吉歐便感受到公司的剝削：公司給的薪資很低，還會強迫他在個案打電話求助時推銷其他產品。這讓他覺得自己並沒有眞正幫助到別人，因此厭倦這份工作，最終請辭。賈斯敏和孩子只能靠一份公立學校教師的薪水生活，塞吉歐懷念起那段他對未來充滿希望的日子。

賈斯敏幫助他擺脫低落的情緒，告訴他：「你具備成為一位偉大教師的兩項重要特質：你對科學的了解非常深厚，在傾聽他人並幫助他們解決問題方面也非常出色。」她清楚知道，他在課堂上的出色表現，或在蘋果工作，幫助他人的那段期間，是他感到充滿自信與生氣勃勃的時期。她告訴他，幫助一位六旬老人掌握電子產品，與幫助十六歲的青少年理解複雜的物理概念，兩者之間並沒有太大區別。所以她認為他會是一位出色的教師。

教學這條路必須成功

然而，在塞吉歐從事教職的第一年，他並不是一名優秀的老師。在辭去萬宙商信的工作後，塞吉歐完成了一個代課教師認證的線上課程。他沒有學到什麼有價值的東西。「我只是就記憶內容，點擊簡單的測驗選項而已。」

秋天時，他在河濱高中教授了三節常規物理課、兩節生物課和一堂工程課程。他使用了在蘋果客服中心學到的技能，並受到學生們的喜愛。然而，在學年開始的兩個月後，大學預科物理學課程的學生對老師們群起抗議。他們是河濱高中表現最優異的學生，就像六年前的塞吉歐一樣，但他們沒有學到任何東西。在塞吉歐的工程課上（他們也選修了這門課），他們不得不向塞吉歐的常規（非大學預科）物理學學生尋求輔導。大學預科考試將在四月舉行，而課程時間已經比正常時間少了兩個月。

有一名學生知道塞吉歐是一位好老師，於是去找了校長，要求塞吉歐改爲教授大學預科物理學課程。於是，幾乎沒有接受過教學培訓，只上過幾堂物理課的塞吉歐，被安排到教授大學預科物理課程整整一年，然而他的學生對於這門課尚未得到充分的掌握，且準備時間比正常課程短少了兩個月。

對塞吉歐來說，大學預科物理教師的職位至關重要。在經歷了多年的迷茫和擔憂家庭生計後，他終於有機會證明自己，找到一條前進的道路，而且他也需要一份穩定的工作，也就是說，教學這條路必須成功。

塞吉歐十分關心他的學生。六年前，他也坐在臺下。學生們和他一樣，很少在學業上得到指導，現在輪到他來改變這一切。

只教導頂尖學生

不久，絕望開始湧現。

塞吉歐需要讓他的學生通過大學預科考試，而通過的標準得達三分或以上的分數。但是，他要怎麼做才能成功指導這群學生？

首先，他求助於賈思敏。她讓他想起了阿羅約。「全力以赴成為像阿羅約這樣的老師。」這意味著什麼？塞吉歐記得她十分嚴格、要求很高，而且上課嚴謹。她努力推動學生前進，提供大量的習題，每天都有作業要完成。塞吉歐決定模仿她的教學方式——他的教學生涯依賴於此。

接下來，塞吉歐向校長請求是否可以前往城裡優秀的大學預科物理教師的課堂旁聽。他計畫觀察課堂的上課方式，並模仿他們的教學方法。

校長引薦奧斯卡給塞吉歐。他在艾爾帕索一所成績最優秀的學校任教。他的學生在大學預科考試中取得五分（滿分五分）的得分比例，比學區內其他學校要來得多。「關於教授大學預科物理學，有兩件重要的事，」奧斯卡在第一天就告訴塞吉歐。「首先，你必須迅速帶過上課內容。其次，你只教導班級中的頂尖學生。如果你放慢速度，試圖教會每個人，那麼將會妨礙頂尖學生的學習，無法帶領他們學習全部進度。底層學生無法理解教學內容，所以教導他們是徒勞無用的。」

塞吉歐點頭贊同，並在觀摩奧斯卡的課堂時，勤作筆記。「讓我印象最深刻的是，他對孩子們的態度十分嚴厲，」塞吉歐告訴我。某天，課堂上正在進行一項物理實驗。有位孩子犯了個小錯誤。「奧斯卡走到那位孩子面前，大聲喊道，『你爲什麼這麼做？我們已經講五遍了。怎麼還會犯這樣的錯誤？』」奧斯卡怒不可遏。「我當時想，天哪，奧斯卡的確向我展示了嚴厲教師的教學法。」塞吉歐回到自己的教室時，雖然還沒準備好完全效仿奧斯卡，但他決心表現得比從前更強硬。

「不要選這門課。」

「那一年我對於教學採取嚴格的態度，就像是一個六親不認的人，」塞吉歐告訴我。「我認爲嚴格和困難是爲學生著想，你必須推著他們前進。」他試圖模仿阿羅約和奧斯卡。

他出了很多作業：每天兩道難題。即使學生能夠跟上進度，每道題目也需要他們花三十到四十五分鐘來解決。結果，導致多數學生都無法跟上進度。塞吉歐不接受作業遲交，學生即使後來理解了概念，也不能修改作業或重複考試。

他的評分標準非常嚴格。「一切都在嚴格的標準範圍內。」塞吉歐回憶道。大部分學生的成績普遍分布在C、D或F，但他仍繼續堅持這樣的做法。

他時刻在心裡提醒自己奧斯卡曾告訴他的：「快速推進學習進度，專注教導頂尖的學生，讓學生認眞對待課程。」即使學生根本不了解某個概念，甚至越來越跟不上，他還是每天都推進新的課程進度。「我沒有專注於提高學生的技能，以便他們能夠做得更好，反而只專注於快速推進內容。」除了少數幾名學生，獲得A的機會似乎越來越渺茫，於是學生們開始作弊。

不過塞吉歐仍堅持自己的做法。他認爲學生需要像他當初接受阿羅約的鞭策一樣，得更努力地爲學業付出。

隨著大學預科考試日臨近，塞吉歐希望學生們能通過考試，並因此喜歡他。儘管他對學生的要求非常高——比許多大學預科教師的要求還高——但他的學生對內容掌握得並不好。

他試圖保持課堂輕鬆的氛圍，以保持學生的士氣。他與學生開玩笑，並說服自己，他的友好態度彌補了對他們的嚴格要求。某次，塞吉歐要求學生寫信給未來的自己，他希望能得到學生的讚賞，儘管他們的成績並不理想。他希望自己就是阿羅約的化身，但他很快就發現自己錯得離譜。

「我有個學生叫亞當，我以爲我們關係很好。但在信中，他說討厭我的課，還要大家不要選這門課。他是一個聰明、友善的孩子，沒有理由撒謊。我很震驚。我永遠不會忘記自己的課竟讓他有這樣的感受。」這讓塞吉歐的自信心受到了嚴重打擊。

爲什麼學生們討厭塞吉歐的課堂？因爲不管他們怎麼做，都無法成功。他們感到壓力重重、沮喪和無助。學生們並沒有被高標準激勵，反而是被它們擊垮。塞吉歐以爲自己透過灌輸個人責任感，是年度教師應盡的義務，但學生們只得到C，並且討厭他。

截然不同的教學心態

他的失敗，取決於一次物理實驗作業。

塞吉歐給學生們風火輪小車和軌道，並把學生分成小組，要他們「找出摩擦力」，說完便交叉雙臂離開。他自鳴得意地想著：「他們正在進行批判性和獨立思考。我可不會插手幫助他們。」學生們舉手請求他進一步說明，他只給出一些小提示，然後微笑著走開，心裡想：「我是一位優秀的老師。」實際上，他的學生們坐在座位上，感到迷茫、沮喪和不安，因爲他們缺乏完成任務所需的技能。

他們知道實驗將占據成績的一個重要部分，而且也沒有機會補考。塞吉歐的學生不僅討厭這門課，而且也沒有學到任何知識。那一年，許多學生未能通過大學預科考試，比以往任何一年都要來得多。他們的失敗至今仍困擾著他。

儘管塞吉歐有積極的意圖，但爲什麼情況變得如此不可收拾？

由於一系列誤解，他陷入了執法者心態，而這種情況很可能發生在你我任何人身上。

例證A：阿羅約

賈思敏建議他模仿她是對的，但他完全忘記了兩項關鍵事實。首先，阿羅約之所以教導學生大量的內容，並期望學生完成大量作業，是因爲她有兩節課教授微積分。也就是說，她有九十分鐘，而塞吉歐只有四十五分鐘。時間實際上是一種支持性資源，她利用此一資源與學生會談，查看他們的作業，並使工作負擔變得可管理，因此她的高支持與高標準相互配合。

塞吉歐有阿羅約的期望，卻只提供她一半的支持，這便是所謂的執法者心態。

其次，阿羅約擔任數學系主任時，對國三到高二的課程進行了全面改革，以準備學生迎接高中三年級的大學預科微積分的要求。到學生走進阿羅約的課堂時，她已經幫助他們掌握了基礎知識。換句話說，他們已經先學會了走路，然後才被迫跑步。

然而，塞吉歐卻忽視了這一點。他認爲自己可以在一年內將學生推向極限，而沒有考慮他們在這段期間內可能沒有打好基礎。

例證B：奧斯卡（大學預科物理學教師）

奧斯卡的學生們雖然在他的教學實踐下取得了成功，但並非源自他的教學風格。

奧斯卡在一所資源豐富的學校任教。他的學生進入課堂時已經做好充分的準備。當他施加壓力時，他們可以回到家，由擔任工程師或曾在大學主修物理的父母的幫助下，向他們解釋概念，或者，學生的家庭能夠負擔得起私人家教的費用。而且在奧斯卡的學校，許多學生在第一次期中考後如果被奧斯卡認爲無法達標，就會被淘汰，無法進入大學預科物理課程。

這不是有效的教學，而是選擇偏差。

此外，奧斯卡的聲譽主要依賴於他能夠幫助少數學生獲得五分，而不是試圖幫助邊緣學生取得三分、使他們獲得大學學分。他也沒有試圖爲所有學生準備好進入大學的學術專業，無論他們的大學預科分數如何。

奧斯卡幾乎無視大多數學生，這種做法除了讓少數精心挑選的特權學生受益外，並沒有幫助任何學生學習。尤其是在資源豐富的學校中，當你從家境富裕、做足充分準備的學生中挑選出獲得優秀成績的人，像奧斯卡這樣的教師，自然有出色的表現。奧斯卡表面上的教學成功，實際上不過是一個虛假的表象。因此，他的做法不應被仿效。

爲什麼塞吉歐雖然擁有明確的才能和頑強的決心去教導學生，卻被他對阿羅約的記憶和對奧斯卡的觀察所誤導？**全都是因爲出於對嚴苛領導者的神話**。

在教育界，《爲人師表》中的海梅．埃斯卡蘭特成爲嚴苛領導者神話的代言者。埃斯卡蘭特確實是美國最偉大的教師之一。他主要指導貧困的拉丁裔學生，幫助他們通過大學課程，他的頂尖學生們經常進入精英大學。

尤里·特萊斯曼在一九七〇年代和一九八〇年代創立的加州大學伯克萊分校著名的微積分工作坊，便教過許多埃斯卡蘭特的學生（見第十一章）。特萊斯曼告訴我：「他們在我班上的其他拉丁裔學生中，表現眞的分外突出。」埃斯卡蘭特貨眞價實地獲得成功。但是，這一成功故事的背後，應歸功於其他因素配合。

《為人師表》如何成為代課老師

在《爲人師表》中，埃斯卡蘭特在學年開始時，接收數學程度爲國中一年級（即初階代數）的學生，並在年底前讓他們透過微積分達到標準——相當於在一年內完成六年的數學學習進度。爲了解釋這一點，影片主要聚焦於埃斯卡蘭特的理念，即「學生能夠達到期望的水準」。

他的教學方式是全然的期望，缺乏支持——這是一種執法者的心態。影片中的埃斯卡蘭特毫不妥協，拒絕接受任何遲交作業的藉口，就像塞吉歐在他任教第一年時一樣。他的性格十分嚴厲，告訴女學生如果她們失敗，最後將落得「赤腳、懷孕、只能待在廚房裡」的下場。

《爲人師表》的巨大成功啓發了一系列模仿影片，包括蜜雪兒·菲佛的《危險遊戲》和希拉蕊·史旺的《街頭日記》。在後者中，希拉蕊飾演的角色曾憤怒地訓斥一名未完成作業的學生：「你知道這是什麼嗎？這是在對我說『去你的！』」

在過去的四十年裡，任何有志成為教師的人都明白一個明確的教訓：如果你想整頓一群混亂的少數族裔年輕人，無論他們的感受如何，都需要保持異常高的標準。這種嚴苛領導者的神話頌揚的是執法者心態。

自一九八八年《為人師表》上映以來，它已在美國低收入公立學校中反覆播放，以激勵有色人種學生。

年輕的拉丁裔記者阿德里亞娜·赫爾迪茲成長於南加州，靠近埃斯卡蘭特任教的學校。她的文章〈請停止談論《為人師表》〉，描述了老師們在需要批改試卷，而不想上課堂進度時，這部電影如何成為代課老師。

當塞吉歐成為一名缺乏經驗和培訓的一年級教師時，他已經看過這部電影很多次。那個關於嚴苛教師的神話與他對阿羅約課堂上的印象相呼應，但他忽略了一個重要事實：他缺少了**與埃斯卡蘭特（和阿羅約）要求的高水準相匹配的高度支持**。

不是孤軍奮戰的教師，而是一個團隊

現實生活中，埃斯卡蘭特並非單打獨鬥進行他的教學計畫，而是與另外兩位才華洋溢的數學教師班·希門尼斯和安赫洛·維拉維恩西奧相互合作。他們是一個團隊，而不是孤軍奮戰的超級教師。

他們花了三到四年的時間，將學生的程度提升到會算微積分，而且他們與阿羅約一樣，以相似的教學方式來完成這一切：他們重整整個數學部門，使其具有一個複雜的先修課程系統，如此一來，學生升上高年級時，埃斯卡蘭特才能夠將學生推向極限。

關鍵從來不是單一教師的意志或蠻力。賈斯敏是對的，阿羅約的教學風格像埃斯卡蘭特。但是，這並不是《爲人師表》中所描繪的重點。

最重要的是，埃斯卡蘭特團隊並不是憑空要求卓越。他們爲學生提供了大量支持，包括從國中二年級後的暑假開始，由獲獎教師教授爲期八週的密集暑期課程；僱用以前成功的學生做爲有償輔導員；邀請現已就讀精英大學的校友來分享如何在微積分中取得成功的技巧；加上課前輔導（早上七點開始）和課後輔導（直到晚上七點）；改進國中一年級和二年級的數學教師培訓；還有一位極其支持他們的校長亨利・格拉迪亞斯，他不僅允許埃斯卡蘭特招聘職員（最終選擇了多達九名精選的亮點教師），以重新打造整個數學課程體系。

的確，洛杉磯一所最貧困的學校運用埃斯卡蘭特計畫，在巔峰時期有超過一百名學生參加大學預科微積分課程。這並不是因爲一個瘋子的不理性高標準所帶來的扭曲現實結果，而是支持與需求的相互匹配。**埃斯卡蘭特團隊的成功始終歸功於導師心態，而非執法者心態。**

心理腳本

我們的社會從《爲人師表》這類電影中學到了錯誤的教訓。當塞吉歐從阿羅約和奧斯卡那裡學到了錯誤的教訓時，也是如此。其中包括許多教師、家長和管理者，當他們從傑克．威爾許和其他X理論者那裡學到類似的錯誤教訓時，也是如此。這些文化角色模型使我們認爲，多年來忽視年輕人的技能的解決辦法，只需簡單地強加高度期望。當我們試圖模仿這些榜樣時，卻發現自己因爲對他們（和自己）無法達到有效的結果而感到失望。

社會學家厄文．高夫曼在他具有影響力的一九五六年著作《日常生活中的自我呈現》中，將日常社交行爲（如在教室裡教學）比作在戲劇表演中的演員。

他認爲，當我們「登臺」時，我們並不是「自己」，而是成了扮演角色的演員——更確切地說，是我們對這些角色的理解。我們如何理解這些角色——例如要表現得強硬還是寬鬆、溫暖還是冷淡，取決於我們的心理腳本。

高夫曼將腳本定義爲「基於過去的經驗，對所扮演的角色的猜測」。他的論點認爲，我們在某個角色上的專業知識和直接經驗越少，就越依賴刻板印象來定義我們的腳本。

文化腳本在人們缺乏直接經驗時，幫助我們塡補空白。比如，當歐洲大學生想舉辦一個美國主題派對時，他們會戴上反戴的棒球帽，用紅色塑膠杯子喝酒。這些習俗在有關美國青少年的成長電影中，爲他們留下了深刻的印象。也就是說，歐洲的派對參加者在「演出」美國。

缺乏經驗的教師，例如帶領高一生的教師塞吉歐，在教導低收入家庭的青少年時，往往會模仿埃斯卡蘭特，尤其在他們感到絕望的時候；如果想成爲一名能從孩子身上激發出最大潛力的亮點教師，覺得只需要效仿希拉蕊·史旺在《街頭日記》中的做法——塞吉歐安排不可能完成的物理實驗，並要求學生自己摸索解決，而沒有給予支持。這種執法者心態即使在研究人員和模範教師已經指出導師心態重要性的情況下，仍可能持續存在。

嚴苛的領導者神話爲我們提供了一份令人安心的劇本，卻扭曲了眼前的事實。

低分不等於學生愚笨

我們可以透過理解學生的觀點來解決這個問題。

記住，在導師思維模式中，**學生的觀點不是瑣碎的抱怨或自以爲是的要求，而是成年人應該認眞對待的重要訊息來源。**

年輕人可以幫助我們養成導師思維。亞當在塞吉歐教學第一年結束時的回饋，讓他重新審視了對學生的預設目標，進而重新思考整套教學理念。亞當是一位聰明、善良、努力進取的孩子，他的平庸成績和對課堂的不滿，無法簡單歸因於青少年的懶惰、叛逆或無能。塞吉歐意識到自己需要認眞對待亞當的批評。因此，他幫助塞吉歐擺脫了「嚴苛領導者」的迷思，成爲導師思維模式的典範。

塞吉歐開始模仿阿羅約的實際作爲，而不是根據印象。

阿羅約花了整整一學年的時間與他建立相互尊重的關係，就像瓦克斯研究中（見第二章）所提出溫暖而高要求的教師一樣，阿羅約並未採取要求學生一心只能求高分的心態，也沒有把成績當作懲罰工具，而是將其視爲暫時的衡量標準。

低分並不等於學生愚笨，學生的錯誤提供了共同解決問題的機會。這些認知使塞吉歐訂定了一套施行計畫，對學生保持阿羅約式的期望，徹底改革他支持學生的方式。

塞吉歐的生活多了像《洛基》電影裡的辛苦磨練。他參加了一個針對教師的大學預科暑期研習班，了解到需要將實驗分成數個部分，並教授基礎技能。他安排學生重複他的風火輪實驗，研究摩擦力，但在此之前，他增加了幾個實驗，傳授必要知識：如何形成假設、如何將其轉化爲可檢驗的預測、如何進行可靠的觀察，以及如何利用直覺和數據來驗證結論。

他依然期待學生能夠自己思考，但他會利用課餘時間和課後的時間，與學生一起複習作業。

幾年之內，塞吉歐已經成爲該州最有效提升學生學術水準的老師之一。他的課程堪稱卓越的典範。塞吉歐讓更多學生做好通過大學物理預科課程的準備。他的學校很快採用了一個名爲「OnRamps」的計畫。該計畫在德州的公立高中提供由教師教授的大學課程（這是一個更嚴格、更實惠、更公平的競爭，與大學理事會的大學預科計畫相對）。在「OnRamps」中，塞吉歐的高中生參加了由德州大學奧斯汀分校的物理教授評分的大學預科考試，每年，超過百分之九十的學生通過了這門嚴格的大學預科物理課程。

與阿羅約不同，他是在正常的課程時間內完成這一切，且並未徹底改造河濱高中的課綱安排。

「讓我們」的魔力

雖然，塞吉歐透過許多具有影響力的實踐（見本書第二章）來改善教學模式，但我想他獨立發展出了一種與岡本的管理版本驚人相似的協作解決問題法。

通常，我在他週五休息期間與他進行訪談。

有時，學生會進來尋求作業方面的協助。某天，一位高年級生走進來。塞吉歐問她：「妳今天對那場考試感覺怎麼樣？」她回答：「緊張且進度落後。」塞吉歐聽畢，回答：「好吧，我們來看看情況並一起解決，好嗎？」他的話展示了一個簡單的協作解決問題案例。

這必須是協作式的，因為他表明自己與學生一樣處於學習的旅程中。他使用「我們」和「讓我們」這類語彙。他暗示會與學生一起走這段路，而不是把她獨自留下，儘管思考的責任還是在學生身上。

除此之外，**排除障礙時避免使用非此即彼的語言**。

他並沒有說：「我們來看看妳是否是一位好學生。」或者「妳是否學會所需的知識？」他只是建議，之後可能需要對她所學進行調整。接下來發生了什麼事？她得到了C，然後來訂正試卷後，得到了B+，再多做一些努力，就有望通過期末考試。

不因一次失敗就定義學生

塞吉歐的協作解決問題方法與許多河濱高中學生的經歷完全相反。

一天，當我和塞吉歐聊天時，河濱高中一名高三學生聖地牙哥走了進來，他也是塞吉歐的學生，因此我請他描述並比較與其他老師的教法相比，其中有何不同，他是這麼說的。

英語老師要求聖地牙哥撰寫一篇說服性文章，並同時考慮論點的兩面。聖地牙哥只能想到一面，所以他的文章有百分之五十是有力的論述，另外百分之五十是毫無價值的內容。

課後他來找老師尋求幫助。「你能幫我補全另一半嗎？」聖地牙哥問老師。她搖了搖頭。「你得專心，」她說，「你不專心是因爲你不想專心。」她把一堆練習題放到桌上讓他自行完成。「做完之後拿給我。」她沒有提供任何幫助，只給了他一些無聊的任務。這就是高標準，沒有支持，不是協作，也沒有解決問題，意即責備、羞辱、羞恥——典型的執法者心態。

聖地牙哥幾乎哭著對我說：「葉格博士，她根本沒有試圖理解我的立場。」

「這話是什麼意思？」我問道。

「嗯，我有注意力缺陷的過動症障礙，只能理解別人百分之五十的話。我下課後去找她，是為了弄懂另外的百分之五十。她說我不想注意聽。這實際上是我唯一能表現出想注意聽的方式，但她卻責怪我。」他感到受傷又委屈和憤慨。

聖地牙哥想讓我明白這件事有多麼不公平。他覺得自己不被尊重、被貶低，沒有動力。

「她可能是想教會我們為自己負責，但方法完全錯了。」聖地牙哥對我說。

從塞吉歐的導師心態來看，他的故事勵志多了。

在塞吉歐的課堂上，每一次作業反映的是學生當天的表現，而不是對他們整體能力的衡量。他的角色是解決學生的困惑，幫助他們擺脫困境，從而達到更高的標準。

他不希望單憑一次失敗就去定義學生。「你不僅是一個數字而已，」他經常這樣說。這個方法十分奏效。一位學生告訴我：「在塞吉歐老師的課堂上，你從不會對自己的提問感到愚蠢，同學們都非常支持我。我覺得這是因為塞吉歐老師不允許任何人覺得自己比別人差。」

第二部
導師心態實踐

第五章 透明度聲明

你擁有導師心態、保持高標準，並且樂於支持他人。但是，你生活中的年輕人知道這些嗎？如果他們不明白你的領導方式，如何幫助他們釋放潛能？對導師心態的意圖保持**公開透明**將有所不同，而且你只需要解釋你這樣做的原因。

在教育場所與工作場域的兩個案例

新手教師

安德魯是一所公立學校的校長，但多年前，當他還是位缺乏經驗和自信的新手教師時，總對課堂上面無表情、看起來難以親近的校長感到莫名恐懼。

那時每隔一週，校長都會來教室觀看他的教學情況，他會從後門進來，坐在教室後面寫筆記，而且不苟言笑。大約二十分鐘後，沒說任何一句話就離開。校長的到訪總讓安德魯不安：「他爲什麼要來？難道是我做得不好？還是覺得必須緊盯我？」安德魯覺得自己活在評估下。

爾後，校長向他提出深入且有用的建議。然而，安德魯始終無法了解他的心意，更無法放下警惕，因此從未充分執行校長的回饋。

幾年後，校長退休了。在歡送派對上，數十位同事起身致詞，一個接一個地讚揚校長嚴謹的標準和富有同理心的關懷。突然間安德魯意識到，校長來教室並不是要評估他，而是想表達他對教學細節的關注。校長以爲安德魯會明白，他花費寶貴的時間去課堂觀摩，其實是在關心安德魯的成長。但他並未感受到這一點，原因是校長沒有對安德魯開誠布公。

由於缺乏溝通，安德魯多年來一直感到壓抑和缺乏動力，覺得自己永遠無法達到校長那近乎不可能的標準。如今，他自己也當上了校長，每次觀察教師時，都會格外注意以公開透明的方式，傳達自己的導師心態。

初級律師

珍是一位事業有成的中年律師，並於一家在世界各地都設有辦事處的大型律師事務所工作。儘管還沒有成爲事務所合夥人，但她負責撰寫重要的法律簡報、指導初級律師。

近來，她意識到自己遭遇到了難題。她負責指導的二十四歲初級律師無法接受批評。初級律師看到幾乎每次都要全部重寫的辯護狀草案，對珍感到十分不悅，於是她向同行、人力資源部門或更資深的律師投訴，卻不願針對自己的草稿進行修改。在某種程度上，珍理解這位新進同事覺得受到冒犯的感受。

法律界有一種惡名昭彰的有毒文化：你要麼不是個天才，就是個白癡。如果你完全按照高層合夥人對你的要求去做，你就是前者；如果不是，你就是後者。這位初級律師來自一流大學，當珍要求她做一件理所當然的事情，並給予眞實的回饋，卻讓她覺得自己像個白癡，無法承受。所以，與其認眞接受批評，她寧願相信珍不喜歡她。

「她把我的批評理解爲『我認爲她永遠沒有資格成爲公司合夥人』，所以無法接受我的回饋意見，這對我來說是最大的禁忌。」珍告訴我。

珍對這樣的情況啞口無言，因爲她覺得自己是個非常好相處的人，她努力成爲積極進取的人，晚上閱讀管理方面書籍，讓自己成爲超級正向的人，但這一切無濟於事。幾個月後，珍不再給予對方任何回饋，她寧願讓這位初級律師自認是位出色的律師。最後，這位新進同事並未獲得晉升，律師事務所浪費了數十萬美元在一個招聘失敗的案例。

以上這兩個案例有什麼共同點？

新手教師與校長、初級和高層律師之間的問題，皆爲導師困境的翻版，根本的解決之道都一樣：**開誠布公**。

在這兩個案例中，指導者自然會關心被指導者，並提供支持（以回饋形式），幫助他們達到高標準——這是一個良好的開端，導師們擁有正確的心態。然而，在這兩個案例中，指導者與被指導者之間的溝通遇到了阻礙，使後者明顯感受到威脅。溝通不良演變成了情感傷害和不信任。爲了解決這個問題，每個人都應該**公開透明地表達自己的想法**。畢竟，如果代際分歧的根源在於意義之爭，那麼我們需要明確傳遞導師思維。

從一項員警在街頭與民衆進行交談的研究中，我們可以分別從不同的情境裡，明白公開透明表達的重要性。

執法需要公開透明

凱爾．多布森現任維吉尼亞大學公共政策系獲獎助理教授。二〇二一年，他與埃默里大學戈伊蘇埃塔商學院備受讚譽的助理教授，安德里亞．迪特曼共同領導了一項具有里程碑意義的研究。多布森和迪特曼這項簡單卻深刻的研究，專注於社區警務的研究，令人信服了開誠布公的力量。

員警參與社區警務時，通常被鼓勵了解社區，並與社區成員積極合作解決問題，而不只在調查犯罪時介入。透過採取這種積極和主動的方式，而不是更具侵略性的「攔截搜身」，希望能在社區建立起更多信任。然而，透過許多評估社區警務實際作用的實驗，往往發現他們的執行力十分不可靠且很少發揮效用——市民經常覺得自己飽受威脅、犯罪率依舊居高不下。就像多布森和迪特曼發現的那樣，沒有人能解釋其中的原因。

令人感到被威脅的對話

多布森和迪特曼在西北大學凱洛格管理學院就讀研究所時，決定深入研究社區警務的難題。他們並沒有在一開始就認爲所有員警都是惡人或不值得信任，也不認爲員警毫無過錯。相反的，他們假設員警的善意努力在某種程度上出現了溝通不良的問題。

爲了診斷問題，多布森和迪特曼隨同埃文斯頓社區和芝加哥社區警務部門的員警一起乘坐警車。在實地考察中，立刻暴露出問題，是連在辦公室裡查看資料表的犯罪學家和政策制定者也無法察覺出來的。

當員警在街上接近市民並開始閒聊時，人們通常會感到害怕。他們會閃躲迴避、簡短回答問題，並試圖盡快結束對話。員警注意到人們的閃躲，有時會進入偵查模式，對他們展開調查。這些不正常的互動引發了威脅、懷疑和審問的惡性循環，削弱了員警原本希望培養的信任。

一天，兩名警官向多布森和迪特曼吹噓他們要去和社區成員打成一片。兩名白人警官走向一個黑人家庭的野餐聚會中。員警非常有自信，向這些人拋出一連串的問題：「你們在這裡幹什麼？在吃什麼？住在附近嗎？接下來要上哪兒去？」等到問得滿意了，兩名警官回到警車，擊掌慶祝他們順利完成一項任務。多布森本身是一名黑人，他悄悄走回去問那些黑人們的感受。對方告訴他，他們很難感到放鬆，甚至覺得被侵犯、被威脅，擔心自己會被逮捕，對於能夠平安脫身感到慶幸。爲什麼他們會感到如此擔憂？因爲他們深知員警（尤其是在芝加哥的員警）濫用公權力的歷史，不是無故逮捕，就是對無辜市民施暴。

你可以在多布森的實驗（稍後會描述）中的一段對話紀錄裡看到這種帶有威脅的循環，以下這段對話發生在一名全副武裝、穿著制服的執勤女警和一名二十一歲女性市民之間的交談。當你在閱讀這段對話時，可以問問自己：這名員警是否在建立她所追求的融洽關係？

警官：「我能和妳談談嗎？」

市民：「是的。」

警官：「我是○○警察局的○○警官。妳叫什麼名字？」

市民：「△△△。」

警官：「△△△？妳是學生嗎？」
市民：「是的。」
警官：「我可以坐下來和妳談談嗎？」
市民：「可以。」
警官：「酷。」
市民：「發生什麼事了嗎？」
警官：「不，不。我只是想和妳談談。」
市民：「哦……」
警官：「只是想跟妳打個招呼。」
市民：「怎麼了嗎？」
警官：「沒有什麼，什麼都沒有發生，只是想和妳打聲招呼。」
市民：「妳好。」

你會如何描述這段對話？大多數人會說這是一場尷尬的對話——年輕人可能會描述他們之間在尬聊。另外，注意到這位年輕市民的驚恐了嗎？她連兩次問是否發生了什麼事（意指她是否犯了罪）。多布森在事後採訪了警官，她表示自己想讓這位市民放鬆，並進行一場愉快的對話。那麼，這段對話到底哪裡出了問題？

清楚說明自己的意圖

在跟隨員警執行勤務的一年後，多布森觀察到有些警官簡單而巧妙地解決了威脅的循環。每當他們在街頭接近市民時，他們會用清楚的語言向對方解釋，自己只是想問一些問題，以了解和幫助社區（而他們確實這麼做），打從一開始就宣告了善意。令人驚訝的是，這些警官與市民確實進行了一場愉快的對話，有時甚至解決了人們的問題。在一次與低收入住宅區市民的互動之後，多布森聽到一位市民感嘆道：「這才是員警應該做的事情！」

多布森將這項解決方案稱爲**透明度聲明**（**transparency statement**）——在任何潛在威脅開始前，簡單、明確地聲明你的意圖。從某種程度上說，它的作用就像一條明智回饋說明。大家可以回想一下在明智回饋研究中，如何幫助學生在面對批評回饋時，感受到較少的威脅。由於學生往往會感到被評判、被評價和被羞辱，所以需要清楚聽到教師的意圖、明白教師不是在指責或批評他們，而是支持他們成長。多布森意識到執行社區警務的警官也需要克服同樣的顧慮。

一般而言，人們會對佩戴武器並向他們提出疑問的警官備感威脅，同時築起不信任的屏障，除非被給予明確的理由去想其他的可能性，否則他們會假定最壞的情況。

唯有清楚說明你的意圖，他們才有可能對新的和不同的敘述敞開心扉。

透明度聲明帶來的顯著影響

多布森、迪特曼和我決定透過一項嚴謹的實驗來驗證他們的觀察。我們招募了十八到二十五歲的年輕人（這個年齡層最常與執法人員接觸），參與一項關於「現實生活互動」的實驗。我們並未提前告知這些年輕人他們會與員警互動，讓他們分別處在社區裡可能遇到員警的地點。他們在手腕佩戴了生理壓力檢測設備，隱藏麥克風記錄了他們的對話。等待了幾分鐘後，多布森安排一名全副武裝、身著制服的員警走向這些年輕人，並開始向他們提問。

多布森指示一半員警（對照組）按照他們平常的方式與市民互動。（上面的對話記錄就是來自對照組的一個例子。）他指示另一半員警在互動開始時，使用簡短的透明度聲明，例如：「你好！我是〇〇〇警官。最近怎麼樣？我在附近走走，想多了解一下社區。我能和你聊聊嗎？」請參見下方圖5.1的研究內容。

這類聲明真的會產生影響嗎？在實驗之前，警官們告訴多布森，這樣做不會有任何效果，

圖5.1　多布森的透明度實驗

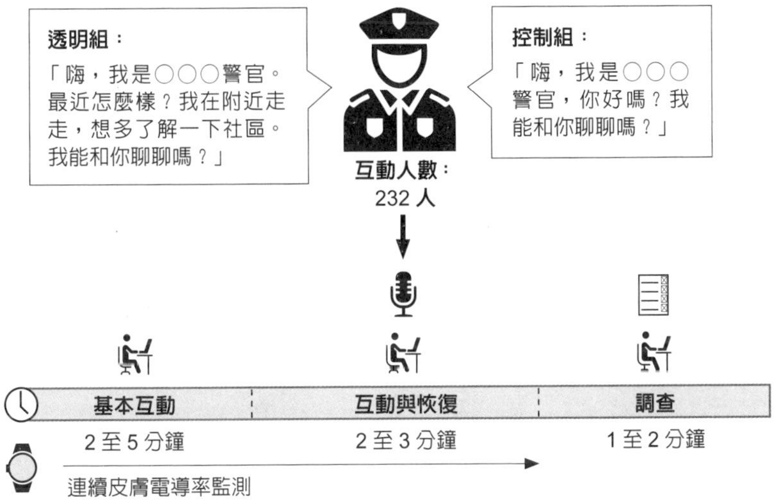
透明組：
「嗨，我是○○○警官。最近怎麼樣？我在附近走走，想多了解一下社區。我能和你聊聊嗎？」
控制組：
「嗨，我是○○○警官，你好嗎？我能和你聊聊嗎？」
互動人數：232 人
基本互動
互動與恢復
調查
2 至 5 分鐘
2 至 3 分鐘
1 至 2 分鐘
連續皮膚電導率監測

畢竟，他們認爲自己在努力了解社區，而不是騷擾人們這一點明顯可見，而且他們的警徽上清楚寫著「保護您、您的家人和社區的安全」，人們憑什麼認爲他們會有其他意圖？然而，如果市民在與員警互動時帶著不信任的障礙，也許無法彰顯警官們的積極意圖。

在對照組中，壓力監測顯示人們感受到威脅。透過分析來自皮膚汗液的電子信號，我們發現人們進入了戰鬥或逃跑模式——他們試圖逃離。我們還使用複雜的統計方法分析了他們的言語。在對照條件下，人們使用簡短、閃爍其詞、正式的語言——這些都是他們感受到威脅並希望盡快結束對話的跡象。在談話結束後的調查中，百分之七十的人表示自己受到了威脅。

不需要試圖操控他人

那麼預先提出透明度聲明的情況又是如何？以簡短的透明度聲明做爲開場，徹底改變了警官與年輕人之間的互動。壓力生理信號顯示參與者情感上更加投入。分析發現，在實驗組中有更多積極性詞彙，警官和參與者之間的對話更加複雜且互動頻繁（最終的對話時間是對照組的兩倍），雙方的語氣也更加隨興，就像朋友之間的對話，而不是互相交鋒。

下面是實驗組中一位警官和一位市民（兩位皆爲女性）之間的對話紀錄。（摘錄自進行透明度聲明的幾分鐘後的對話。）

市民：「妳整個夏天都會在這裡嗎？」

警官：「是的，看來我一年三百六十五天都會在這兒。」

市民：「那我可能會經常看到妳，因爲我每天都在（工作），輪值兩個班。」

警官：「（笑）是啊，那麼我以後得進來跟妳打聲招呼了！」

市民：「沒問題，我都在櫃檯這。妳直接進來就可以了。」

警官：「看來我眞的需要來跟妳打聲招呼！」

市民：「這樣我才能撐過一天，眞的。」

警官：「是啊，順便換換心情，調整一下。」
市民：「妳眞的應該來。一定要來，我都在。」
警官：「我會的。下次一定來，我明天上班。妳明天有班嗎？」
市民：「對，我有上班。」
警官：「那我到時候來跟妳打聲招呼吧。」
市民：「好啊，來打招呼，沒問題。」
警官：「嗯，和妳聊天很愉快。」
市民：「很高興認識妳，回頭見。」

注意到之間的不同嗎？大多數人都注意到警官和市民之間輕鬆、你來我往的互動方式。在這項研究之前，這位市民表示她不信任員警。但在透明度聲明的影響下，我們看到了顯著的變化——她甚至邀請警官去她工作的場所拜訪她！

人們可能會以爲：「哦，好吧，第二段對話中的警官只是比第一段的警官更和善。」但是事實上，兩個對話中的警官是同一個人。

在第二段的對話中，這位員警只用了短短幾個字的透明度聲明來說明她展開對話的原因。除此之外，其他一切皆沒有任何改變。

我經常聽到另一方相反的意見：「警官只是裝作友好，想讓市民放下戒備，再趁機利用她。」當然，這在現實生活中是有可能的。有時候，警官或許懷有不良意圖，然而，在這個案例中，這位警官在對話展開前，就表示她想與社區市民建立良好的關係，雖然她在對照組的對話中努力無效，但加入透明度聲明後，她成功達到了目的。一般來說，在你尋求實現積極關係的目標，而不是試圖操控他人時，透明度聲明能達到良好的效果。

請注意，透明度聲明並非一成不變，即使措辭不同，只要（一）**聲明在互動開始階段出現，以快速建立信任；**（二）**明確表達善意；**（三）**涉及警官自身的意圖和行爲，而不是對其角色的抽象描述，透明度聲明仍然奏效。**警官可以說：「我到這裡來是想了解社區。」而非「我是到這裡了解社區的警官。」

警務中的透明度聲明

多布森是一位執著的科學家。在完成透明度聲明的研究後，他開始計畫如何將透明度聲明推廣給更多的警官。他找到了一位合作夥伴——奧斯汀警察局的社區警務宣導者傑瑞米．博漢農警官。博漢農是名三十幾歲的黑人警官，對自己在社區中的角色有深刻的反思。他爲人公正、平等，反對刑事司法中的種族分裂。

博漢農在與市民的互動中，逮捕率最低。他的同事認爲這是一件壞事，因爲局裡會透過員警的逮捕數量來衡量成功與否。博漢農認爲這種態度源於執法者心態——認爲年輕人本質上需要被管理，因此將他們「收治」得越多，治安就會越好。可是博漢農並不這麼認爲，他相信許多年輕人之所以會犯錯，甚至陷入困境，有時是由於員警的到來而加劇的結果。面對警官時，年輕人可能會想要逃跑或表現得可疑，但如果警官以正確的方式展開互動，例如開誠布公地說明自己的導師心態，便能因此防止許多犯罪行爲的發生。

對博漢農這樣的警官來說，開誠布公的導師心態是什麼呢？某個星期五，我和多布森、博漢農警官、塞吉歐一起喝酒，想要深入探討這個問題，當時，博漢農講述了他和搭檔被叫到一家便利店的經歷。

看到可疑的客人，你會怎麼做？

事發當時有一名黑人青少年在店裡徘徊，店員因爲擔心他會偷竊或持槍械搶劫而撥打了九一一。接獲報案前來的員警會如何回應？他們所受的訓練教導他們要優先考慮安全，需要盡快使嫌疑人失去行動能力。典型的警官可能會在進入便利店時立刻大喊：「跪下！」或者「趴下！」或者，他們可能會從後面撲向嫌疑人，把他壓制在地並銬上手銬。一旦他們將嫌疑犯上銬並控制了威脅，他們會提出諸如「你在店裡幹什麼？」這樣的問題，並評估嫌疑犯是否有偷竊行爲。但是博漢農卻採取截然不同的方法。他與青少年進行了目光接觸，緩慢地走上前。他沒有觸碰或掏出武器，接著向對方解釋自己的意圖：「我來此是因爲接獲九一一的報案電話。但我想讓你知道，我沒有指責你的意圖。我的目的是了解你是否有什麼需要並提出協助。如果不介意的話，可以告訴我發生什麼事了嗎？看看我是否能幫上忙。」

他在言詞中並沒有碰觸一些敏感的問題，例如「你是否偷竊店裡的東西？」或者「你打算搶劫商店嗎？」這些問題會讓青少年處於高度警覺之中。即使青少年是無辜的，他也有可能擔心警官會不公平地指責他犯罪，進而逃跑。如果他逃跑，警官可能會開槍或逮捕他，相反的，博漢農的透明度聲明讓青少年感到放鬆。

接下來發生了什麼事？

青少年告訴博漢農，因爲下午臨時得爲媽媽跑腿，因而錯過可以返家的校車。他打算搭公車回家，但因爲沒有錢支付車費，所以走到商店裡，想等待有哪位好心人願意替他支付公車車資。

博漢農認眞地聽並說：「好的，謝謝你。不過我還是要檢查一下你的口袋，因爲有人撥打九一一電話報案，之後我們會想辦法帶你回家。」果然，孩子的口袋裡什麼都沒有——沒有偷竊的物品，也沒有武器。

請注意，因爲博漢農明確表示他的工作是幫助孩子解決問題，所以孩子對員警的例行搜查沒有任何意見。接下來發生的事情讓博漢農的搭檔感到震驚。

之後，博漢農開警車送孩子回家。當青少年下車時，對他說：「沒有員警像你這般尊重我。謝謝你。」

使用透明度聲明的最佳時機

透明度聲明在涉及權力差異和衝突，或惡劣的情況下尤為重要，這些情況會導致不信任障礙。

在警務的例子中，警官有使用致命武器的權力，也就是說，市民的生命掌握在警官手中，因此自然會感受到威脅並保持高度警惕——除非有非常好的理由讓他們完全感到安全和無害。不幸的是，公衆輿論調查顯示，市民對警方的信任度已降至歷史最低點。有鑒於此，警官需要藉由透明度聲明重新展開每次的互動。

同樣的，前述提到的新手教師安德魯也需要觀察校長的透明度聲明。因為校長和新手教師之間存在著權力差異，前者有權解僱（或獎勵）後者。此外，教師通常易於傾向不信任行政管理者，部分原因是他們並不會每天與孩子們在課堂上互動。當校長走進教室觀察一位教師時，教師自然會合理地懷疑校長想要利用他們的權力來評估或訓斥自己。透明度聲明可以消除這種可能性，並爲信任的互動奠定基礎。

同樣的邏輯也適用於高層律師珍的例子，她比起公司裡的初級律師擁有更多的權力。珍雖然沒有聘任或解僱初級律師的權力，但她可以向合夥人報告他們表現不佳，這樣的負面報告可能導致新進人員被解僱，或者至少在他們被裁員之前都無法參與重要案件。在律師事務所的毒性文化中，初級律師會合理地認爲，負面、批評性的回饋只是隱晦地傳達「你是個傻瓜」——除非珍明確表示她的回饋並不是一種侮辱。

簡言之，當缺乏額外訊息的情況下，低權力者感到脆弱，並對自己的地位感到不確定時，往往有正當理由懷疑更高權力者會對他們的聲譽或身體造成傷害，在這種時刻，就需要透明度聲明。

多布森的警務研究提供了一個教訓：**早期的不信任會導致未來的衝突或退縮**。透明度聲明使警官能打破威脅和不信任的循環，也能讓彼此在短時間內建立高品質的關係。爲了證明時機的重要性，多布森對警官和市民的對話紀錄進行了額外分析。當警官在三分鐘對話結束後，才做出透明度聲明，往往已經太遲了，也無法發揮作用。人們不會說：「哦，我現在完全可以接受在你解釋意圖之前，得先受到三分鐘的驚嚇。」他們需要在對話開始沒多久時，就聽到這些聲明。

透明度聲明演說

成年人如何訂定透明度聲明好跟年輕人溝通？過去幾年裡，我們從與塞吉歐的合作中尋找答案。我們的發現來自一項嶄新的實驗，稱之為**「開學第一天的課堂演說」**。

成績優異的學生為什麼無法面對高標準導師心態？

塞吉歐並不是一開始就表現得像是一位具備導師心態的超級英雄。有些學生看到他的異常高標準——推動學生到理解的極限，並要求他們對自己的學習負責以及糾正錯誤，就認爲他是位嚴苛的老師，畢竟，其他高中教師並不會對學生的期望那麼高。爲了避免失去學生，塞吉歐必須學會在課堂中融入他的高支持，解釋爲何他對學生的要求如此嚴苛，以及他的課堂怎麼爲每個人提供達標的機會，他從第一天起就這樣做，並且全年持續進行。

一名來自二〇二一至二〇二二學年度的大學預科物理課學生米婭，讓他深刻體會到透明度聲明的重要。

米婭．拉古納斯的家人都沒有上過大學，所以她非常看重自己在學校的表現，想以優異的表現回報父母。她每一科的成績向來全拿A，然而，在塞吉歐的課堂上，「前兩個月對我來說非常殘酷，」她說。「我從未在學術上受過像那樣的挑戰。」與其他課程不同，米婭在塞吉歐的課堂上常常只能獲得B或C，甚至更差。疫情後的第一學年，她難以適應實體課程。「回歸校園上課後，我的大腦只能以百分之二十五的效率運作。」返回學校上課後，僅有四分之一學習效率的大腦直接面對塞吉歐的高標準導師心態，她一開始非常討厭這門課。

五大關鍵問題講稿

塞吉歐從跟亞當的互動經歷（見第四章）學會傾聽學生，並反思問題，他決定改變自己的方法。在我與團隊的幫助下，塞吉歐撰寫了一篇演講稿，開誠布公且簡潔地闡述他的教學理念。與其讓像米婭這樣的學生猜測他的課堂為何與河濱高中其他課程不同，我們將明確傳達他的導師心態。塞吉歐以學生們會自問的五個關鍵問題來組織他的演講稿。

一，**「課堂的學習目標？」**：塞吉歐首先解釋，學習本來就不容易。不是所有分數都介於A和滿分之間。一開始我們需要付出努力，而且這份努力是值得的。他說：「每個課程單元結束時，那些曾經看似不可能的問題將變得迎刃而解。」

二，**「學習遭遇挫折意味著什麼？」**：學生們通常認為老師會因為錯誤而看不起他們。塞吉歐澄清：「在這門課程中，每個人都會犯錯，我們會把這些錯誤變成一場教學。你們犯下的錯誤將有助於我成為更好的老師。」

三，**「可以在課堂上提問嗎？」**：大多數學生會因爲害怕在全班面前展示自己的無知而不敢舉手提問。塞吉歐不得不解釋：「提問絕不會浪費課堂時間。不要四處張望說：『爲什麼沒有其他人提問？』我保證你不是唯一有這樣問題的人。」他甚至透過讚揚提問的學生來提高提問的地位：「你是班上唯一有勇氣敢提出這個問題的人。」

四，「爲什麼要反覆訂正錯誤？」：塞吉歐不會因爲一次測驗或考試成績就決定學生的能力，因爲他希望學生能學習糾正自己的錯誤。他說：「你可以重做任何課堂作業，因爲分析你的錯誤是學習中一個重要的步驟，這有助於你不再犯同樣的錯誤。」

五，「考試成績意味著什麼？」：最後，塞吉歐知道多數學生走進教室時會認爲，考試是確認自己是好學生還是壞學生的場合，但他解釋：「考試只是測驗你在某個時間點是否明白所學，並不能決定你的未來、潛力，也就是說，分數無法定義你。」

除了向全班發表演講外，塞吉歐還將演講稿列印出來，並時常重新閱讀。他在每個新單元開始前，以及每次大考前後都會一再對學生提出演講稿的內容。

秋季學期結束時，米婭和塞吉歐班上的其他學生開始接受他的導師心態方法。米婭告訴我：「當我們考試遭遇到失敗——相信我，我們一直都考不好，他不會直接給一個分數就了事，而是會在輔導課上叫我們進他的辦公室，然後說『好，我們來看看你們犯了哪些錯誤，並試著了解爲什麼會犯錯，然後修正它們。』」這正是所謂的協作解決問題！「現在我學會欣賞那些願意看重學生作爲的老師，」米婭說。「我知道他關心我們，會給我們成功所需的工具和資源。這是我之所以沒有退選這門課的原因。」

在塞吉歐的指導下，米婭獲取ＮＡＳＡ暑期實習生的資格。一年後，她被選爲探索橋梁（QuestBridge）的學者，並獲得波士頓學院的全額獎學金，現在她成了家族中第一個上大學的人。

訊息傳遞和機會

卡麥隆．赫奇博士是德州大學奧斯汀分校的獲獎學者，他曾在史丹佛大學的卡洛．德韋克和威斯康辛大學麥迪遜分校的茱蒂絲．哈瑞克維奇等頂級心理學家的旗下工作。我和赫奇博士與許多青少年一起進行關於塞吉歐的透明度聲明演講實驗。

赫奇讚許這類演講的兩個關鍵部分。

第一個部分是**訊息的傳遞——對於信念的陳述**。例如，塞吉歐說他相信所有學生都能深入理解物理，只要他們從錯誤中學習。

演講的第二部分是**機會——提供學生成長和改進的可能，以及促成這些可能性的結構性決**

策。以塞吉歐爲例，其中包括他的「錯誤訂正」政策——學生可以重覆訂正任何考試、測驗或作業的錯誤，以及他會在休息時間與學生討論功課。赫奇發現，在訊息傳遞之後提供機會至關重要，因爲若不這樣做，等同於空口說白話。如果一個老師說「每個人都有機會進步！」接著提出評分政策，讓學生整個學期都被困在低分的狀態，那麼這位老師並未兌現自己傳遞給學生的訊息。

這種雙管齊下的方法與我在觀察史黛芙妮．岡本擔任Service Now和微軟經理時所看到的情況一致（見第二章和第四章）。她直接且坦誠地向下屬解釋自己之所以提供批判性回饋，是因爲她認爲他們可以達到更高的表現水準。然而，機會總在激勵和獎金的鼓勵中展現，但如果人們只在第一次絕佳表現時獲得獎勵，將導致訊息與機會的不相吻合。當我們要坦誠表達導師心態時，務必記住訊息和機會兩者的重要性。

重複訊息的重要性

泰絲．史帕克斯博士每年教授將近三千名大一新生基礎化學。她在課堂上明確表達她的信念（「在這門課上，每個人都有能力達到高標準」）以及成長的機會（「你可以在辦公時間來討論你的困惑或錯誤」）。但當第一場考試到來時，學生們卻避開了提出問題的機會，覺得泰絲只是把他們分成「可以上醫學院的料」或「不是」兩類學生。

泰絲帶著這個問題來找我。我們意識到，僅只一次澄清她的導師心態是不夠的，她需要在關鍵時刻重複她的訊息，比如在困難的考試期間。這些時刻是學生們最容易自我懷疑的時候，他們會感到脆弱，進而回到原有的默認假設——教授並不關心他們，只是想把他們歸類爲天才或蠢材。**及時且反覆傳遞的透明訊息可以讓學生相信我們的導師心態。**

之後，泰絲不斷重申她的導師心態的透明訊息後，她發現有越來越多學生開始在辦公時間來找她問問題，並因此取得進步。

第六章 提問的重要性

兩個挑戰

凱特的故事

凱特是兩個孩子的母親，住在芝加哥。一天晚上，她就讀高中二年級的人兒子傑瑞德，在參加完一個派對後，爛醉如泥地回到家，甚至還吸食了大麻。

凱特怒不可遏地指責他：「你在想什麼？上哪兒去了？你知道我有多生氣嗎？難道不知道我們有多擔心你嗎？知不知道你會被禁足多久？」她發動了一場審問，而不是雙向對話。

接下來發生了什麼事？傑瑞德知道他不可能和母親開誠布公討論酒精或大麻的問題，所以變得更想隱瞞自己的吸毒情況。他背著母親偷偷吸毒，結果難以戒除惡習。

幾年後，傑瑞德因為成績太差，遭到大學退學。

蓋瑞的故事

蓋瑞和十幾歲的女兒夏洛特一起生活，他的妻子搬出去，不再與他們連繫。

多年來，夏洛特一直在與飲食失調、自殘（例如割腕）、焦慮和憂鬱對抗。夏洛特掛在網上的時間越來越多，最終與一位住在加拿大的年長男子展開一段戀情。蓋瑞擔心這段關係的發展，希望夏洛特能找到一個更適合與她共組家庭的人。

他做了什麼？什麼也沒做。他害怕有關她的約會對話都會變成一場爭吵。

在夏洛特的母親離開後，他是唯一能與女兒建立積極成年人關係的人，一場爭吵可能會破壞這種關係，他不想讓女兒一下子失去與母親、父親和男友的關係。因此採取了保護者心態，完全避免談論這個問題。

在接下來幾個月裡，蓋瑞看到夏洛特失去了睡眠，犧牲了更多建立友誼的時間，對曲棍球的興趣也減少了，變得更加憂鬱。感到孤立和孤獨的夏洛特花更多的時間在深夜，與「唯一理解」她感受的人在一起，也就是她的加拿大男友。

羅瑞娜・賽德爾的故事

凱特和蓋瑞的故事有一個重要的共同點：**都是導師困境的例子**。凱特和蓋瑞，像我們許多人一樣，在選擇批評孩子與維持良好親子關係之間感到緊張。有趣的是，這意味著導師心態可以在兩種情況下提供幫助。事實上，凱特和蓋瑞從同一位導師心態的教養專家那裡學到了下一步該怎麼做。

教養專家羅瑞娜・賽德爾是教養界的「塞吉歐」，也是美國最受歡迎的教養教練之一。如果你迫切希望家中沒有摔門、恨意、羞辱、責備、內疚或尷尬等情況，就請羅瑞娜來幫忙吧！

不要成為像母親那樣的人

羅瑞娜出生在巴西，母親有著強硬的行事風格，羅瑞娜告訴我關於她童年時一段鮮明的記憶。

有一次和哥哥玩耍時，打碎了一件貴重物品。在一番口頭責罵之後，母親強迫孩子們親吻她的腳以示順從和尊重。就在那一刻，羅瑞娜發誓絕不要成為像母親那樣的人。

二十五年後，羅瑞娜住在康乃狄克州。她是兩位年幼孩子的母親，也是一位成功的教師、擁有碩士學位的專業人士，她自詡是教養專家。有一天，在她的孩子違反了一條規則後，她大發雷霆。「要尊重你們的母親！」她大喊道。

當平息了憤怒風暴後，她看到了後果：淚水、恐懼、屈辱。她變成了她的母親！從那天起，她決心弄清楚自己在孩提時期受了什麼影響，並忘掉這部分——她必須學會改變自己的心態。十年後，她成功了，現在致力於與他人分享她的經驗。

做爲一名科學家，我經常對教養專家持懷疑態度——實際上對任何兜售如何與下一代相處「祕訣」的人都持懷疑態度。

有時候，教養似乎是唯一比節食更糟糕的自助學習領域，而節食不過是眾所周知一種充滿時尚潮流和矛盾的話題，而非科學。當談到導師心態的教養方式時，我們如何區分常見思維與無稽之談？

在過去三年裡，我對羅瑞娜的建議產生了信心，這當中有三個原因。

首先，我親眼目睹她一位個案的家庭因此有了改變，並感到羨慕。他們有四個孩子，和我的孩子一樣精力充沛且難以管教，但在那個家庭中，孩子們展現出積極主動協助和尊重的獨立性。

其次，她的建議與導師心態典範和幾十年來的研究相吻合。她的理念並不是一種潮流——它是鮑姆林德（見第二章）幾十年來關於爲人父母者的導師心態（即權威型家長）的實踐版。

儘管如此，她更擁有一套全新的方式，將強大的理念連結在一起，形成一個合理的框架，因此即使是很忙碌、面臨巨大壓力的父母，也能做好教養。

第三，我在自己的孩子身上嘗試了她的建議，效果很好。當然，大多數父母，包括我在內，負擔不起或是不想花太多錢在教養教練上。因此，我試圖總結羅瑞娜的教養原則，讓每個人都能獲取這些資訊。

假想敵的出現

羅瑞娜對凱特的執法者心態和蓋瑞的保護者心態有何看法？

她首先幫助他們理解，雖然自己最初的反應是源於對孩子的愛，但這些反應卻是短期策略。

例如，凱特看到了毒品和酒精的危險，想將問題扼殺在萌芽階段，同時，也為兒子如此公然無視家庭規則感到憤怒。她想教他一堂關於尊重的課，然而，她的執法者心態教給了他錯誤的教訓——更不想受到束縛。長期來看，執法者心態適得其反。

蓋瑞想保護女兒免受失去父母的痛苦，因此迴避了父女間的艱難對話。但這種短期策略，卻從未幫助女兒應付她更深層的孤獨感或被遺棄的感覺。

羅瑞娜對那些依賴短期策略的父母充滿同情。她理解他們如何屈服於表現得像個好父母的緊迫感，而這種心態往往導致執法者或保護者思維。無論我們的孩子沉迷酒精、不健康的約會，還是其他問題——如自殘、飲食失調或自殺傾向等，我們會因爲孩子失控而覺得自己是糟糕的父母。

我們還害怕其他父母會在背地裡因爲這樣的失敗而批評我們，要麼因爲我們對不良行爲太過嚴厲（如凱特的情況），要麼因爲太過寬容（如蓋瑞的情況）。

從我們得知自己將有孩子的那一刻起，就開始將這些假想敵的批評內化。從選擇的奶粉品牌或是產前服用的維生素開始，持續到幼兒的每一個發展階段，從嬰兒推車中的塑膠含量，到孩子應該讀哪一所大學。

羅瑞娜認爲，父母之所以急於透過執法者和保護者心態來解決問題，部分原因是這些教養心態向我們的假想敵評審團發出了明確訊號：我們沒有忽視孩子的行爲。導致執著於孩子的行爲，而不是考慮孩子實際的需要來促進他們的健康發展。

當然，由於這群假想敵是**想像出來**的。因此，父母們往往會固執地猜測別人可能在想什麼，而不是實際聽到什麼。

羅瑞娜經常對她的個案說：「問題從來不是問題，而在於**我們對問題的看法**。」當我們認爲其他父母會因此譴責我們時，就可能陷入短期思維模式。

諷刺的是，羅瑞娜認爲父母經常像青少年一樣衝動行事。爲了在其他父母面前表現良好，選擇用執法者或保護者心態做出反應，就像孩子因爲想像同儕對他們的看法，而冒險做出一些危險的事或不參加聚會。

不需要壓抑感受

羅瑞娜解釋，我們**大多在爭論一件事情的意義，而不是事情本身**。對孩子來說，這意味著父母沒有滿足他們的需求；對父母來說，這意味他們無法取得孩子的尊重，與此同時，沒有人解決根本的衝突。

這個問題很容易理解，但也很難克服。這裡有一個例子，羅瑞娜的兩個孩子分別是十歲和十二歲，有時會在家大聲爭吵。起初，她並不在意這個問題。但當他們在公共場合爭吵時，她感到非常尷尬。一天下午，孩子們在一節擠滿陌生人的火車車廂裡吵了起來，她感到羞愧、驚慌失措。在執法者模式下，她命令其中一個孩子不要這麼自私，另一個孩子不要反應過度。史丹佛情緒科學家詹姆斯．格羅斯稱這種策略爲**「壓抑」**，羅瑞娜要孩子壓抑感受，因爲他們的衝突讓她感到不安。

壓抑是典型的執法者心態策略，它基於這樣的想法：孩子們的情緒是不合法的，所以你要命令他們停下來。在一個清醒時刻，羅瑞娜突然意識到：她又變回了她的母親！

羅瑞娜決定嘗試不同的方法。她以低沉的聲音對孩子們說：「我現在不知道該怎麼辦，我需要你們的幫助來找出解決方案。我感到不舒服、很尷尬，就像這裡的人都在想我不是一個好媽媽，我的孩子們在掌控局面。我知道你們現在的首要任務是弄清楚誰對誰錯，但我的首要任務是照顧車上的其他人。你們能幫我解決這個問題嗎？」她用一種困惑、好奇的語氣說，沒有一絲憤怒或諷刺。「希望我們達成一致共識，這樣都能得到我們想要的。你們有什麼想法嗎？」注意，**她向孩子們表達了自己的感受，然後詢問他們對自己行為的看法**。她邀請他們一起進入合作解決問題的模式，這彷彿是一次共同起草條約的會議，他們找出了如何解決衝突的方法，而不是走上羞辱、指責、懲罰和賄賂的道路。

提出問題——尤其是那些讓我們進入共同合作模式的問題，讓年輕人看到我們需要一起合作，以理解優先事項哪裡需要調整。

提出問題發出了一個尊重的訊號，表明做爲父母不是只會要求孩子順從和壓抑情感，相反的，我們認可孩子的觀點，並表現出願意與他們合作。總之，羅瑞娜向我們展示了，**提出問題比直接提供訊息的做法更好**。

提問與導師心態

傳奇ＮＢＡ教練奇普・恩格蘭在球員練習投籃失誤時會怎麼說？他不會大喊：「錯了，停下來，應該按照這個方式做！」而是問：「你的感覺如何？」然後等待答案。

當學生做錯物理題目時，塞吉歐不會說：「你做錯了，因爲你忘記乘以力。」而是問：「你能告訴我你是怎麼得出這個答案的嗎？」接著他會以基於學生的理解力範疇，以合作方式解決問題。

岡本會對即將面臨糟糕績效評估的員工說什麼？她不會宣稱：「你做的一切都錯了。」而是會問：「能告訴我你卡在哪裡嗎？你目前試過什麼方法，我們可以嘗試一起解決問題。」然後她才進行干預。

我一再看到提問而非直接做出指示所構成導師心態的核心實踐。這讓我想起與絕佳管理者珍妮佛．吳認識的經過。

高標準和高支持的提問法

珍妮佛．吳現在是矽谷最具影響力的教育科技創家投之一。她掌控著創投公司Reach Capital價值數億美元的創投金。十五年前，珍妮佛在舊金山灣區一家致力於公平教育卻面臨資金不足窘境的一所非營利組織「學校創新合作夥伴」任職。當時我在那裡實習，那也是我一生中收穫最多的一個夏天，珍妮佛當時是我的經理。

是什麼原因讓珍妮佛如此出色？以下是她的做法。

儘管她是經過培訓的專案經理，她也不會每天早上就出現在辦公室，告訴我該怎麼安排這一天，但她也不會讓我隨心所欲地做任何想做的事，那樣將會是一場災難。做爲一名二十五歲的博士生，我通常對自己的時間擁有完全的控制權——因此沒有人強迫我做事必須要有條理。

我的辦事效率極低且不切實際，儘管我不需要經理像個保姆一樣照顧我，但在面對團隊工作事項的最後期限，我的確需要幫助。珍妮佛決定在我爲期十二週的實習期間，每天早上和我見面十五分鐘，幫助我確認優先事項。

我們的會議通常是這樣進行：

珍妮佛：「大衛，你今天打算怎麼安排工作？」

（我描述了一些不切實際的事情，約需要三週才能完成。）

珍妮佛：「好的，那其中哪一部分對現在來說最重要？」

（我提到我剛剛提到的事情都不是那麼重要，但有另一件事更重要。）

珍妮佛：「很好，那麼如果你做了那件更重要的事，你有完成它所需的資源嗎？」

（我說自己根本沒有所需要的資源。）

珍妮佛：「有意思。如果我爲你提供所需的資源，而你開始進行這個大項目的第一步，今天你能完成多少？」

（我終於理清了思路，訂定一個組織良好且合理的計畫，並說明需要哪些資源來完成。）

珍妮佛：「試試這個，然後回來找我。如果遇到困難，我再看看能否提供爲了推進進度所需的幫助給你。」

在這之後，我提前幾週完成了專案，而且幾乎沒有壓力。更重要的是，我學會以珍妮佛的問題向自己提問。她給了我一份「腦中經理」的大禮。

爲什麼這方法有效？看看珍妮佛在對話中的問題。它們聽起來好奇而眞誠，沒有任何批評或給人高高在上的感覺。她根據我的回答建構框架，直到完全理解我的意思。

此外，珍妮佛絕不是一個軟弱的人。她很有態度——當我說一些不切實際的話時，她會瞇起眼睛、斜眼看著我——但她從不站在我的對立面。她的態度讓我清楚地知道，她只是想弄清楚我究竟打算如何把所有事情擠壓進八個鐘頭內完成。

她所提出具有挑戰性的問題讓我覺得她是認眞對待我，就像我有能力訂定一個強有力的計畫，而不是削弱我的能力。這些問題激勵了我，因爲我想讓她對我刮目相看。

這種提問風格便是一種導師心態實踐。珍妮佛展現了高標準（因爲她期望我能合乎邏輯地解釋思路）和高支持（因爲她與我一起解決問題時沒有給予批評，而是努力理解我的思路，直到我有了一個切實可行的計畫）。

真誠、開放式問題的重要性

爲什麼珍妮佛的導師心態提問在現今尤其重要？許多畢業生在就讀大學時，可以自由安排時間，在新冠肺炎疫情期間以及之後，直接進入一個居家辦公的職場。他們需要一位擁有導師心態的管理者，但這樣的機會可遇不可求。

當我爲這本書採訪數十位Z世代員工時，我經常聽到關於經理人對他們採取漠不關心的心態。新進員工表示，經理有好幾個月的時間忽視他們的存在，卻在最後因爲績效不佳而解僱他們。許多管理者採取極端的執法者心態，甚至使用監控軟體來追蹤員工的工作效率，以便懲罰那些偷懶的人。如同馬斯克這類嘲諷型的執行長會指責在家工作的員工只是假裝工作。

我想或許我們只需要一位像珍妮佛這樣傑出的管理者，年輕人便沒有藉口偷懶。如果一位導師每天（甚至每週）花十五分鐘時間，提出眞誠、開放式的問題，幫助你改善時間管理，你會感到受到激勵；而一位不能勝任職位的管理者或對你缺乏關注的經理，則會讓人失去動力。倘若新進員工能夠得到珍妮佛這類管理者採取的方式，企業將可以節省下大筆經費，年輕員工也能因此感受到尊重，他們將在工作時更有效率，甚至超前完成任務，並願意長期留任。

大家都會重蹈覆轍

當羅瑞娜回到學校完成碩士學位時，她閱讀了許多教養方面的研究論文——一九二七年，阿爾弗雷德．阿德勒提出的個體心理學、一九七八年，瑪麗．安斯沃思的依附理論、一九八一年，珍．尼爾森的正向教養、二〇〇〇年，馬汀．塞利格曼的正向心理學理論等。羅瑞娜在教養研究歷史中的探索浮現了兩個主題。

首先，幾乎每位專家都在不同程度上說著同樣的話：理解並解決孩子行為的根本原因，而不只是回應行為；其次，父母很少能做到這一點。羅瑞娜注意到，正向教養和成癮者有很多共同點——**大家不時都會重蹈覆轍**。

一個世紀以來的教養研究為我們提供了重要理論，但這些理論往往過於複雜，難以應用在日常生活中。很大程度上，二十世紀兒童心理學家的重大理論洞見並不是在爐子上的燒焦通心麵、修理工人敲門、四個孩子在爭搶 iPad 的時候發現的，他們的啓示通常是在安靜的辦公室裡、在書籍的包圍中產生的。

因此，他們提出的教養建議，往往是為那些有無限耐心和時間不受限制的假想父母所量身定制，這些人的孩子顯得邏輯清晰且順從。然而，這並不是大多數父母所面對的現實。

我非常欽佩像羅瑞娜這樣的人，她不僅接受科學證據，還會問：「如何實際運用這些理論？」以及「我如何能讓其他父母也能辦到？」她走訪許多家庭，看到父母們最眞實、最脆弱的一面，而不是他們在治療中所描述的自己。羅瑞娜對於以提問方式做爲實踐導師心態的做法深信不疑，因爲她在各種家庭中見證了它的效果。

專注於心態

羅瑞娜如何指導父母有效提問？首先，她專注於父母的心態。

在我向她說明本書主題之前，羅瑞娜就對我說：「我們都知道應該做到既善良又堅定，但我們天生就偏向其中一方，不是扮演白臉，就是令人恨得牙癢的黑臉，很難同時做到既善良又堅定。」羅瑞娜明白我們不是傾向成爲執法者，再不就是成爲保護者。當一切相安無事時，父母會迎合孩子的需求。

我們將父母的善意儲蓄起來，希望孩子們會在我們第一次開口要求時，就聽從我們的話，來表達他們的感激，因此成了保護者。然後，當我們需要孩子守規矩（例如穿好褲子或停止打架）時，會開始要求他們注意言行，並發出一次又一次的警告，到了第三次，我們還是被忽略，最後我們徹底崩潰、大發脾氣，發出咆哮、威脅、批評、羞辱，於是剝奪孩子的權利，不准他們使用電子產品。接著，我們又表現回和藹可親的狀態，因爲我們感到內疚。

我們從善良轉變爲令人恨得牙癢癢的人，在保護者與執法者的身分之間轉換，一再循環。

有時，當父母雙方一位是執法者，另一位是保護者，將加劇問題的嚴重性。兩人成爲黑臉與白臉雙搭檔。

羅瑞娜認爲，轉變思維方式是擺脫執法者與保護者心態的關鍵，因爲她看到父母被困在扮演黑臉與白臉的二元對立中——這是教養中的固定思維模式。父母們會想：「我參加研討會，也讀了書，但還是會對孩子們發火，我大概是個糟糕的父母。」於是又回到保護者的心態。

然而，保護者的縱容阻礙了孩子們學習如何自我引導，不可避免地導致他們重蹈覆轍，接著是另一次執法者心態的爆發，導致隨後而來更多的內疚感。

打掉重練

羅瑞娜希望透過一個簡單但深刻的概念解放父母：**打掉重練**。她教導父母，在陷入保護者或執法者模式後，可以打掉重練。因爲他們並非被困在「壞父母」的標籤中，他們可以敲孩子的房門，爲沒有維護家庭的標準、沒有幫助孩子達成標準而道歉；他們可以解釋，應該嘗試弄清楚孩子的需求，因爲他們關心孩子的福祉以及家庭的健康。

採用這種方法，父母會不會把太多控制權交給孩子？不會，因爲父母會以既嚴厲又充滿愛的導師心態引導對話。

在打掉重練的過程中，羅瑞娜指導父母提出確實的問題並尋求回應。

例如：「我知道你大喊『討厭哥哥』，雖然不希望家裡出現這種行爲，但我知道你之所以這樣做不是沒有原因，能幫我理解你當時眞正需要的是什麼，以便下次幫助你嗎？」這種方式爲合作解決問題和達成協議打開了大門。

有時孩子的反應很固執。他們可能會說：「我眞希望哥哥得到報應，因爲我討厭他。」你可以輕鬆反問他：「是什麼原因讓你說出這樣的話？」這很重要，因爲大多數孩子生氣的原因不是因爲表面的事，而是背後另有隱情。例如，家長可能會發現，孩子往往會因爲父母放縱他使用電子產品（因爲這個孩子需要分散注意力），但對另一個孩子過於嚴格（因爲這個孩子更有自制力），而開始爭吵。這時，父母可以問：「既然我明白了你的需求，那麼我可以怎麼做來確保你覺得公平？」在那一刻，孩子感到被傾聽、被肯定和被支持，但同時也會開始思考。

接下來，羅瑞娜指導父母爲未來訂定計畫，以便孩子下次能夠主導這個過程。「下次我可以怎麼對你說，讓我們能快速弄清楚你的需要，而不是發生爭吵？我想以一種不會冒犯你的方式說這些，所以能告訴我，你希望我怎麼說嗎？」

現在，父母和孩子都有了直接切入解決問題的捷徑，省去手足之間的爭吵。採用這種策略遠比以父權式的命令口吻更有效。

不再做爭吵的裁判

我在此想要強調關於羅瑞娜提問的深刻之處。她並不認爲父母能夠在爭執發生當下，突然變身爲瑪麗・包萍以及《梅岡城故事》中阿提克斯・芬奇的混合體。她認爲絕大多數父母，甚至是優秀的父母，也不能盡信自己的直覺，去使用執法者或保護者的心態。這在很大程度上是因爲他們成長的文化只提供他們兩個糟糕的選擇。因此，大多數父母都需要爲更有效解決下一個危機奠定基礎而打掉重練，這麼做通常只需要花一點時間——五到十分鐘，比起每週發生四次持續四十五分鐘以上的崩潰來說，是更好的替代方案。

這樣做的次數夠多，孩子們就會慢慢了解你的用心。你可以給他們一個自己的「腦中教練」，就像奇普或塞吉歐的做法。這種策略並不能杜絕所有衝突，但確實讓局勢緩和下來變得更加容易。

如今，當羅瑞娜在兩間房外聽到爭吵時，她會大聲說：「女孩們，我會問妳們什麼？」經過一陣停頓、歎氣或抱怨，她們會說：「妳會問我們爭吵的目的……以及我們能不能找到方法讓彼此都能得到各自的需求……而且在我們家，就應該以尊重的方式解決自己的問題……因爲妳愛我們，希望我們長大搬出去後能成爲成功的成年人。」羅瑞娜回答：「好的，妳們可以進行那個對話並解決問題嗎？」「可以！」她們喊著，然後氣沖沖地走開，關係卻比之前更好，也爲未來做好了更多準備。

過去得耗四十五分鐘在崩潰，緊接著是感到內疚的時間，現在變成了只需十五秒就解決了。透過提問，長期來看省下了更多的時間和煩惱。

「我厭倦了做裁判。」她告訴我。孩子們從前彼此大打出手時，她會把玩具或其他東西拿走。但她的心態是錯的，因爲她剝奪了孩子們學習像韌性和責任感等技能的機會。「我決定再也不做爭吵的裁判。」她說。這個決定讓她轉向了導師心態，並開始在衝突中（主要是在打掉重練時）提問，爲她節省了無數的頭痛時間。這個領悟啓發她教導家長們**在衝突中提問，而不是直接下達命令**。

儘管提問非常有效，但很多人本能地採取另一種相反的做法，我稱之爲**指點迷津衝動**。

指點迷津衝動

指點迷津衝動是指**傾向於直接告訴年輕人該怎麼做**。雖然這種衝動出於好意，但它阻礙了對年輕人的尊重。不但未能表現出尊重，反過來加劇了青少年的困境，擴大了代溝。

指點迷津衝動從何而來？向他人直接傳遞訊息是一種高效的做法。如果成年人擁有相關知識背景或智慧，透過直接告訴對方該怎麼做，可以快速傳授我們的知識，而不是透過提問逐步建立年輕人的理解。

指點迷津讓人覺得是種基於禮貌的舉動，當有人感到困惑、卡住、犯錯或遇到困境時，我們會急於告訴他們所需的訊息。例如，如果一名陌生人在附近迷路了，多數人會告訴他們如何找到方向；或者，如果一名孩子詢問如何做某道數學題，多數人會向他們解釋該如何解題。倘若不告訴他們怎麼做，似乎顯得冷酷，也就是說，相比之下，提供有幫助的訊息讓人感覺良好。

指點迷津在很多情況下確實效果顯著。但如果我們認爲這總是件好事，就是在自欺欺人。試想，雖然指點迷津通常讓人感覺良好，但被指點的人往往感到不自在。尤其是當別人告訴你在個人選擇的領域該怎麼做時，感受就更爲負面。

如果有人告訴你該交什麼樣的朋友、該講什麼笑話，或者該如何穿衣打扮，你會有什麼感受？很多人會覺得不被尊重，覺得自己被當作孩子一樣對待吧？當我們把自己的意願強加給青少年時，就等同於阻礙了他們成爲自主學習者的願望，通常他們希望能自行找到有意義、值得尊敬的角色，融入自己的文化環境。**他們需要學會如何獲得和保持地位與尊重、如何在環境中贏得威望**。

接收訊息卻削弱了這種能力。你不能告訴青少年要怎麼做，別人才會尊重他們，就像你無法光憑紙上談兵就教會孩子如何騎自行車。地位和尊重需要透過許多微小的互動來體驗和調整，就像騎自行車時那些需要微調的小肌肉。許多情況下，指點迷津可能剝奪了年輕人寶貴的學習機會。此外，它可能令人失去動力，因爲它讓人感到不被尊重。

凱特指示他人的衝動，並沒有幫助她的兒子找到其他方式來滿足他透過派對行爲試圖達到的需求，比如在朋友群中獲得社交地位的需求。

父母無法抹除青少年的歸屬需求，就像他們無法讓哭泣的嬰兒停止需要牛奶或是睡眠。凱特只想告訴兒子怎麼做，而沒有向他提出問題，所以她並未了解兒子的需求如何驅動了他的行爲，結果反而使他的行爲變得更糟糕。

該如何克服指點迷津衝動？

羅瑞娜認爲，我們**必須承認這種衝動的來源**，比如我們想要將知識傳遞給年輕人以確保他們安全的需求。這是件好事，確實應該保留這一點，接著，必須選擇一種更符合青少年需求的方式來滿足我們的需求：**提問**。

當我們選擇提問而非指點迷津時，可以間接實現傳遞知識的相同目標。年輕人較不會將我們的幫助解讀爲對他們的控制，使他們更容易接受我們的（間接）建議。儘管提問一開始可能感覺不自然，因爲這違背了指點迷津的本能，但它最終會變成潛意識的習慣。

問。

事實上，我與大多數具備導師心態的人交談時，他們甚至沒有意識到自己有多麼頻繁地提問。

爲了培養這種潛意識的習慣，我們需要了解哪些是能有效吸引年輕人的提問方式。

提問的科學與實踐

提問有許多目的，最明顯的功能是**資訊交流**——知識淵博的回答者教導無知的提問者。提問還有一個不爲人知的雙重身分，當用於社會目的時，提問既能讓人感到困惑和受到貶低，同時也能提升他人的無知；提問可以是騷擾，或者賦予權力，形成有意義的關係基礎。

柏拉圖著名的哲學作品《美諾篇》，展示出不同的社會目的。對話錄中，一個自以爲是的角色美諾向蘇格拉底提出一道難題：美德究竟能否被教導（經由老師傳道授業），還是可以主動獲得（透過經驗學習）？

蘇格拉底在接下來的對話錄中並未回答這個問題。相反的，蘇格拉底提出連串的問題，挫了挫他的銳氣，直到美諾承認自己不知道什麼是美德。

蘇格拉底的目的是在揭示美諾的無知，藉此提升自己在他人心中的智慧形象。他用提問達到了一個社會目的：讓美諾體認自己的錯誤（作者柏拉圖知道美諾後來判處蘇格拉底死刑）。

柏拉圖的《美諾篇》還展示了提問的另一個更有益的社會目的。在其中一段令人難忘的部分，蘇格拉底對一位未受教育的僕人提出問題，直到這位男孩理解一個幾何定理的複雜證明。

蘇格拉底宣稱，我們每個人心中都已經擁有先備知識，透過正確的經驗——在這個例子中，透過適當的引導提問——可以在已有的基礎上成長，變得更聰明。蘇格拉底說：「他內心一直存有的想法是，我們只需要透過向他人提問來喚醒這些知識。」蘇格拉底的提問提升了男孩的地位，揭示了在他身上未被重視的知識。

展示勝於命令

柏拉圖本來可以讓蘇格拉底直接回答美諾的問題：「美德來自我們已經擁有的知識和經驗，經由稱職的老師或導師所引導。」這個結論原本可以用兩句話來簡要說明。然而，柏拉圖將其寫成對話錄，旨在展示提問能做爲一種引導深層學習的經驗。

他透過示範如何建構知識，使聽者擺脫強烈的「指點迷津」衝動。一般來說，人們的指點迷津衝動往往根深柢固。因此，《美諾篇》的連串提問成爲教師口中常說的**「展示勝於命令」**這一建議的經典例證。

但並非所有提問都一樣有效。儘管一些流行心理學品牌傾向於傳播簡化、萬能的提問方法，然而，我們的常見思維，不過是尋常的道聽塗說。

想想凱特這位來自芝加哥的母親，她的兒子因派對喝醉回家。凱特確實問了問題，但不是以導師心態的方式提出問題。「你在想什麼？」這是一個提問，但不是一個眞誠的提問。當我們問，「你在想什麼？」意思是指「你眞是個傻瓜，根本沒在思考。我不在乎你的藉口是什麼，因爲你是錯的，你應該聽我說。」年輕人對我們話中的意思做出回應，而不是我們說的話。

想想青少年在有缺陷的社區警務拓展活動中被員警盤問，如同在第五章中，多布森描述的對照組情況。以各種問題盤問人們的過去、現在和未來，通常不會讓員警贏得社區的好感，反而使市井小民感受到威脅。

爲了解決提問的難題，我們可以借鑒幾十年來語言學領域的研究成果。龐大而多樣化的語言學領域確立了一種具有特殊力量的提問類型：**積極回應與眞誠提問**。

積極回應與眞誠提問

在眞誠提問中，提問者並不知道答案，因此眞心想知道答案。

凱特對她的兒子大喊「你在想什麼？」並不是眞誠的提問，因爲她認爲自己知道答案（她根本沒有認眞思考），而且對兒子的回答不感興趣。

一個眞誠的提問應該是請孩子解釋自己的想法。眞誠提問意味提問者受了回答者的影響，或者理解從回答者那裡獲得的資訊。提問者會針對當下的對話調整問題，理想情況下也會將回答者的需求一併考慮進去。

積極回應與眞誠提問可以啓動合作解決問題的契機。好比說，如果凱特問兒子：「我知道你今晚特別想跟朋友在一起，但你能解釋一下爲什麼當時你覺得打破家裡的規矩去找他們是合理的嗎？」這就是一個積極回應與眞誠提問。爲了能有最好的效果，她還可以利用這個問題做爲切入點，展開關於同儕群體中地位和尊重的深入討論。

積極回應與眞誠提問之所以有效，部分原因在於它能建立起彼此的關係。史丹佛大學教授，語言學家朵拉·登姆斯基指出，**積極回應與眞誠提問能夠創造共同的基礎和合作的感覺。**這點很重要，因爲年輕人經常嘗試理解他們是如何被對待。當被問及問題時，年輕人會想：提問者是想收集對付我的「彈藥」，還是希望我們做爲平等夥伴關係一起合作？積極回應與眞誠提問暗示了後者，這爲建立更好的關係打下了基礎。

眞誠的提問對認知也有益處。年輕人在回答眞誠的問題時，必須更加深入思考，讓他們動腦也有助於學習，並且對這些想法產生歸屬感。

請注意，這兩種好處是相互作用的。

眞誠的提問建立信任，反過來讓年輕人感到安全，能夠接受深入思考的挑戰。這有助於解釋爲何積極回應與眞誠提問是導師心態的做法，提供高度支援（因爲這些問題不會直接挑戰或威脅年輕人的地位，也不會告訴他們是錯的），以便年輕人能達到高標準（因爲這些問題要求年輕人回到他們最初的想法）。

積極回應與真誠提問如何彌合跨世代鴻溝？

在意義之爭中，提問是協議（而非休戰）的起點。一個成功的協議是建立在雙方需求的理解之上，提問能夠引發這種理解，而單方面訂下的規矩則無法做到。

當我們告訴他人怎麼做時，我們是在發起意義的征戰：我的意義比較重要，而你的不重要。這使得孩子在順從與反抗之間做出選擇，沒有開啓任何協商，而是發出最後通牒。當孩子不尊重這個通牒時，下達的通牒就會失效。他們會在我們轉身後做自己想做的事，因此傷害自己或讓我們丟臉。

因此，需要談判出一項雙方都能接受的協議。提出深切感受的眞誠問題對於這個過程至關重要，因爲這能讓雙方成功進行協商。

這是爲什麼談判專家擅長提問的原因。

克里斯·佛斯就是一個很好的例子，他曾被認爲是世界上最優秀的人質談判專家。在他廣受歡迎的著作《FBI談判協商術》和他出色的大師課程影片中分享了許多祕訣。

佛斯最有趣的做法之一是**鏡像提問法**。在進行這個做法時，你會重複對方最後說的幾個字，並將其轉化爲問題。（如果你現在正在對我進行此法，你可以對我提問：「轉化爲問題？」）佛斯的鏡像提問法構成了一個最純粹、最簡單的眞誠提問範例，毋須耗費太多精力，只需將聽到的話重複說出。因此，這對於忙碌或焦頭爛額的談判雙方來說十分有效。

鏡像提問法還能夠建立關係，傳達出「我一字不漏地聽到了你說的每個字，因爲我剛剛重複了你說的話。」佛斯說。這樣的做法能讓對方思考，因爲他們必須解釋自己所說的話，它是一種簡單的導師思維做法，任何人都能做到。

鏡像提問法之所以有效，是因爲它基於社會語言學家蓋爾·傑佛遜在一九七二年提出的一個基本溝通原則。

傑佛遜觀察到，將一個單詞或短語重複或鏡像地回饋給某人，會被對方解讀爲一種糾正或請求澄清的訊號。她舉了一個例子，兩個小孩正在交談。第一個孩子還在學數數，說：「六、十一、八、九……」第二個孩子注意到錯誤，簡單地說：「十一？」——這促使前一個孩子更正爲：「七、八、九……」**以疑問的形式表達重複的話語，是一種間接而微妙指出錯誤的方式**。即使是很小的孩子也能理解這一點。

佛斯利用鏡像提問法促使對方告訴他，他們的想法可能有誤。然後，對方會揭示出在談判中真正想要的是什麼，這樣佛斯就能提出一個他們願意接受的協議。

透過重複對方的話語，佛斯巧妙地暗示對方之前的解釋不夠詳細，促使對方在毋須請求的情況下說得更多。

鏡像提問讓人站在更有利的談判位置

佛斯認爲鏡像提問法之所以有用，是因爲在談判中，雙方經常對所涉及的利益有不同的理解，使得雙方無法接受進一步提供訊息的要求。

例如，想像一個家長說：「你爲什麼這麼在意和朋友一起消磨時間？」這種說法明顯帶有侮辱性。孩子可能會反應：「你怎麼質疑我的優先事項！」但如果家長採用鏡像提問法向孩子提問，則可避免直接挑戰孩子解釋自己的行爲，因爲孩子會理解未說出口的問題（爲什麼你說……）。當孩子受到這種方式提問，他們會察覺到父母隱含的期望，即清楚地溝通。他們會配合父母，並分享對談判至關重要的關鍵訊息。

鏡像提問法可以在成年人與年輕人之間架起溝通的橋梁，幫助他們避免因誤解對方想法而產生跨世代鴻溝。

以下是一個母親與青春期女兒談判的例子：

青少年：「媽，妳爲什麼不讓我去派對？我需要和朋友們在一起！」

母親：「（鏡像提問法）和朋友們在一起？」

青少年：「對啊，我擔心他們會進行一些好玩的事而我沒有參與，這樣下次他們就不會邀請我參加了！」

在開始這段對話之前，這位母親以爲她的孩子想從派對中尋求一些瘋狂的刺激，像是自我放縱、做出不負責任的行爲，也或許是喝酒或吸毒。但看看她從鏡像問題中學到了什麼！鏡像提問促使她的女兒坦承自己害怕錯失社交機會。她擔心朋友們會玩得很開心，留下無數回憶，然後在一個沒有她的小圈子裡重溫那些回憶。對於終結社交生活的恐懼，讓她的女兒覺得這個派對是個非去不可的選擇。

在提問後，這位母親獲得了有助於談判的重要訊息。接下來，她可能會試圖解決女兒強烈害怕錯失社交機會的根源（透過如同蘇格拉底式的提問來質疑她的假設），或者提出一個折衷方案，比如讓女兒只參加派對一段時間，或者當晚邀請一些女孩過來。

一個簡單的鏡像提問讓母親處於更有利的談判位置，同時也讓女兒感到被傾聽、受到了重視和尊重。

家教的真誠提問

提問不僅適用於教養，在其他場合也能奏效。史丹佛心理學家馬克·萊珀率先提出了**「內在動機」**的概念，他在一九九〇年代中期，對專業家教做了一個有趣的觀察。

專業家教以兩種方式展開積極回應與真誠提問。

首先，他們總是從詢問孩子的近況和他們正在做的事開始家教課程。對於新手來說，這類閒聊似乎是在浪費時間，但資深家教知道，他們需要在向學生施加壓力之前先建立起信任的關係。積極回應與真誠提問幫助他們做到這一點。

其次，專業家教會透過提問來共同解決學生的錯題，他們不會直接指出學生的錯誤，對他們說：「錯了，重做一遍。」相反的，當學生題目寫錯時，家教會間接地說：「嗯，這樣行得通嗎？」這類的問題，鼓勵孩子們自己嘗試換別的方法；或者家教會說：「這很有趣，但這是正確答案嗎？」這樣的提問實際上與「錯了，重做一遍」的溝通意圖相同，不過不同的是，學生雖然很清楚自己算錯答案了，但不會因此感到被冒犯。

家教採用這種間接提問法，讓學生承擔了思考的責任，這有助於學生在未來培養出他們的「腦中教練」。畢竟，多數家教每週只與學生單獨相處一小時，而學生卻要花很多時間做作業，家教不可能為學生做所有事情。因此，如果家教能正確地履行職責，就能教會年輕人養成自己運用技能的能力。

教師的真誠提問促進學習

對課堂教師的評估同樣發現，提問可以促進學習。

一九九〇年代中期，威斯康辛大學麥迪遜分校的研究人員馬丁．尼斯特蘭德和亞當．加莫倫觀察了超過一百一十堂語文課程，並在兩年間觀察八次。他們檢視了數百小時的錄影內容，追蹤教師花在詢問學生並認真對待他們回答上的時間。

研究發現，教師向學生提出這類問題越多，學生的學習成效越好。然而，尼斯特蘭德的研究並非只是一個實驗。

二〇二三年發表的一項實驗中，朵拉．登姆斯基和她的團隊隨機指派教師使用一個結合自然語言處理技術的線上工具，該工具為教師提供一個簡單的統計數據：他們在課堂上花費多少百分比時間提出真誠提問。

這項工具增加了教師使用這類提問的頻率，並且使學生的學習效果有所提升。登姆斯基的實驗證明了積極回應與真誠提問對學生學習有何直接影響。

導師心態提問法

我們可以在導師心態代表人物塞吉歐的教學中看到提問的力量。我經常看到塞吉歐向學生提問，而不是直接提供訊息給他們。當學生問：「這是正確的嗎？」他並不會直接回答，而是反問他們的看法。即使在與那些感到壓力重重、接近崩潰的學生交談時，他也是這樣做。

某個晚上，一位認真但容易受挫的物理系學生透過班級的線上通訊工具聯繫塞吉歐。「我感到很迷茫和困惑。我完全不懂這個問題，只能不停地哭……」她在鍵盤上打下這些字。

塞吉歐回覆她：「好，讓我看看妳目前做了哪些步驟。」她上傳了一張截圖。然後，塞吉歐回覆：「我看到妳已經完成了第一部分，但如果妳嘗試把物理概念加進來會有什麼結果？」

她沉默了十五分鐘，然後回覆：「好，我明白了，非常感謝。我剛剛大概是壓力太大了，現在沒事了。」

克制自己不告訴學生該怎麼做！

塞吉歐是怎麼做到學生在晚上哭著向他求助，但他卻不直接告訴她答案，而是進行提問？如何做到提問，而不提供訊息？

塞吉歐向我解釋：「我永遠不會剝奪學生自行了解物理學中最困難概念的機會。」

三個月後，新冠肺炎疫情使世界陷入停擺，這名學生被困在家裡，遠離了朋友和老師。儘管如此，她透過塞吉歐的課程，成為家裡第一個獲得大學學分的人。

塞吉歐的例子展示了為什麼積極回應與真誠提問是一種任何人都可以掌握的可行做法。他並未花費太多時間和精力上對學生做出回應，甚至只是在和妻子一起坐在沙發上看網飛時，在手機上順手打出一個問題而已。然而，在心理效果上，他的支持卻是巨大的。這個提問使得他的學生避免整晚因焦慮而失控、擔心會讓老師失望，並且在大學級別的課程中失敗，反而更能帶著自信從容入睡，如同透明度聲明，**提問表明了導師心態經常依賴於小而強大的行動。**

謙遜提問

岡本這樣的管理者同樣使用積極回應與真誠提問方法。

她的前直屬部屬薩洛妮·沙河描述了自己在微軟初期與岡本的一次對話。

岡本當時給了薩洛妮一個對初級員工來說要求很高的重大任務：負責為每年招募進公司的八千名微軟新進員工辦理入職流程。

岡本早已看出，組織的後勤工作無法滿足薩洛妮這位追求卓越的員工。在她們共事大約一個月後，岡本問薩洛妮是否遭遇到什麼挑戰。一開始，她感到相當驚訝：自己不是已經在一條通往優秀績效的道路，做了對公司有益且令人印象深刻的工作嗎？但岡本解釋，她可以勝任的工作不只如此，因爲她目前手頭的工作最終會讓她感到沒有挑戰性。

岡本問道：「有什麼是妳想在績效評估中炫耀的？妳想要什麼樣的技能？又有什麼技能是妳想要進一步發展的？」經過一番協商，她們決定開發一個新的數據分析平臺，這將使微軟能更確實地追蹤每位新員工的入職進度。

薩洛妮負責擔任領導者，開發了這項新工具，這不僅改變了局面，還節省了成本，更重要的是，這個專案奠基在薩洛妮之前做爲教師時，對數據分析平臺的經驗，同時也讓她在領導軟體開發專案方面獲得了寶貴的嶄新經驗。

後來，岡本確保了薩洛妮向高層主管展示這項新工具的機會，並讓她得到應有的讚譽。

試想，「提問」在這個案例中所扮演的重要角色。

如果岡本只是直接告訴薩洛妮：「我要在妳已經滿滿的工作量上，再加很多任務。」那麼額外的責任可能會讓她感到壓力沉重且感到不公平。

但由於岡本向她的屬下提出了問題，她們才能一起設計出一個新專案，這個專案既能建立在薩洛妮的興趣和經驗之上、符合她的目標，也讓她有機會贏得聲望。**提問成爲岡本尊重型導師心態的核心**。

組織學專家埃德加·沙因和彼得·沙因將這種提問方法稱爲**「謙遜提問」**（另稱「尊重提

問」）。沙因將謙遜提問定義爲「一種引導他人說出自己想法的高超藝術，透過問那些你事先不知道答案的問題，來建立一種基於好奇和對他人興趣的關係。」許多成功的管理者經常實踐這種探詢方式。

父母提問的日常技巧

羅瑞娜教給父母一個簡單而有效的日常步驟，幫助他們在與孩子發生衝突時處理問題。她提供了一項包含六個問題的指南，說明如何在爭論時達成協議。這項指南反映了臨床心理學建議（例如認知行爲療法和動機式訪談），簡單到任何父母都可以在孩子生氣時使用。請參見下方的表6.1。

前面三個技巧幫助孩子意識到他們的觀點存在問題，後面三個步驟幫助他們找到一種更好、更具激勵作用來看待問題的方式。

羅瑞娜認爲，改變我們看待事情的方式有助於解決問題，因爲孩子（以及成人）往往會對於所處的情境作出反應，而不是對現實情況作出反應。

他們認爲：「我很生氣，因爲這個情況在客觀上看來非常糟糕。」他們很少考慮：「我很生氣，因爲我看待這個情況的方式有問題，但如果我選擇以不同的方式看待這個情況，將有助

表6.1　父母在危機中對青少年使用的提問方式

第一部分：對於當前情境的典型反應	
問題：這對你意味著什麼？	**典型回答**：你覺得我是壞的＼你是壞的＼他們是壞的（過度概括）
問題：這種想法讓你感覺如何？	**典型回答**：它讓我感覺更糟
問題：這種想法有助於實現你的目標嗎？	**典型回答**：沒有，這反而阻礙了我的目標

第二部分：在另一種情境下更好的回應	
問題：還有其他可能的意思嗎？	**典型回答**：是，你因為愛我，所以才會拒絕我的要求
問題：如果你這麼想，會讓你感覺如何？	**典型回答**：我會感覺好多了＼更樂觀
問題：這樣有助於你達到自己的目標嗎？	**典型回答**：是的，這會激勵我

於我實現目標。」

然而，在羅瑞娜的引導下，我們可以訓練孩子進行這樣的思考，從而達到改變他們看待事情的方式。這種方法不僅可以幫助孩子，還可以幫助父母和孩子建立更緊密的親子關係。

雖然不能立即解決問題，但它能讓孩子在未來以更加樂觀、以朝向解決問題導向的方式思考問題。

正如我所說，我對大多數教養建議抱持懷疑態度，因此我必須親自試驗。

我選擇了我的第三個孩子小傑做為我的測試對象。請參見BOX 6.1。

BOX 6.1

我使用羅瑞娜的提問技巧與小傑互動後，所出現的變化

如同皮克斯《超人特攻隊》中可愛角色的名字，小傑是我的第三個孩子。他平日非常可愛，但在被激怒時會變成噴火的野獸。

在我與羅瑞娜進行一次訪談的隔天，我帶著當時六歲的小傑去市中心的一座繁忙公園。當我們要離開公園時，他要求我買一個玩具給他。我告訴小傑：「絕對不行，你剛剛玩了世界上最好的玩具：一堆沙子和一座溜滑梯。」

「我想要玩具！」他尖叫道。

小傑的特長就是高分貝音量。我們曾經帶他去看醫生，看看他是否有聽力障礙。醫師向我們保證這不是身體上的問題，只是性格上的缺陷。

每一個育兒本能都在告訴我：「趕緊把他抱起來，直到他不再哭為止，或者買給他那該死的玩具！」

我決定全盤使用羅瑞娜的方法，即使我覺得自己有點虛假。

以下是我們當時的對話紀錄：

我：「小傑，我看到你眞的很生氣。你覺得我拒絕給你玩具意味著什麼？」

小傑：「意味著你討厭我！」

我：「嗯，好吧。那還有什麼其他的意思嗎？」

小傑：「意味著你是一個糟糕的父親！」

（在座十到十五名旁觀者可能開始上網搜尋兒童保護協會電話。）

我：「好吧，當你這樣想我為什麼不買玩具時，讓你感覺如何？」

小傑：「我覺得很傷心，因爲我唯一的父親不愛我！」

我：「哇，這樣的想法有助於你實現目標嗎？比如說，有幫助你感到更快樂嗎？」

小傑：「嗯……（音量下降）」

（哈！他沒有準備好這個問題！）

我：「這裡有一個問題。我很好奇，這還有什麼其他的意思嗎？例如，我不買玩具給你，不代表我不愛你是吧？」

小傑：「好吧……（長時間沉默）……也許你想要我成爲一個好人，感恩的人，珍惜我已經擁有的美好事物……而且也許你不想讓我再買一個會壞掉、然後我會因此大哭的塑膠玩具……還有，也許你不想把更多的塑膠放進垃圾掩埋場……」

（我之前確實用過這些話責備過他，但突然間這些都成了他的想法？）

我：「很有趣。如果這些事情都是眞的，那讓你感覺如何？」

小傑：「我想這意味著你非常愛我，關心我怎麼成長……而且你還關心環境，因爲你希望地球對我來說是乾淨的。」

我：「哇，如果這是眞的，那麼這有助於你實現目標嗎？會幫助你更快樂嗎？」

小傑：「是的，知道我爸爸是一個好人，總是關心我，會讓我感覺很好。」

（比賽結束，羅瑞娜獲勝！我不敢相信這眞的有效！五星好評！）

我：「太好了！想吃霜淇淋嗎？」

小傑：「想！」

有些時候，父母也需要被問及眞誠的問題，而不是孩子。

爲什麼呢？因爲在導致代際鴻溝的意義爭奪戰中，父母也可能會誤解孩子。有時候，父母需要改變看待事物的方式，以便幫助孩子改變行爲。

對孩子的行為進行另一層解讀

一個極端例子來自加州大學聖塔芭芭拉分校的達芙妮．布根塔博士進行的研究。布根塔博士在二〇〇二年的研究中，關注的是具有較高虐嬰風險的新手父母。她將這些父母分爲三組：一組是對照組，未接受任何治療；第二組是標準的實驗組，每年接受大約十七次醫療專業人員的治療；第三組則是在標準實驗組的基礎上增加一項加強措施，這包括對家庭訪問者進行培訓，讓他們提出眞誠的問題，以促進溝通。

布根塔設計這些問題是爲了讓父母在遇到問題時，能夠對自己或孩子的行爲進行另一層解讀。

例如，當孩子過度哭鬧，媽媽可能會認爲孩子哭，是因爲自己是一位糟糕的母親，或者嬰兒在鬧脾氣。這些負面的想法可能導致無助感，或者對嬰兒的反感，隨後可能導致忽視或虐待。

在加強措施的家庭訪問中，受過專門訓練的醫療專業人員會提出問題，直到父母能夠提出不同與更好的解釋來理解他們的孩子的行爲。當父母最終得出如「嬰兒累了」或「嬰兒生氣」或「我沒有及時回應嬰兒」這樣的解釋時，家庭訪問者會在此基礎上進一步發展，直到父母自己訂出下次改進的計畫，每次訪問都持續進行這種協作式的問題解決方式。

一年後，當研究人員再次訪問這些家庭時，發現對照組和標準實驗組都出現了嚴重的虐待情況：虐待率爲百分之二十三到百分之二十六，兩組之間沒有差異。而在加強措施的實驗組中，虐待率僅爲百分之四。顯示出，提問所帶來的顯著改變。

用提問的方式預防青少年自殺

向父母提出正確的問題可以預防兒童虐待，那麼它能否預防青少年自殺？這正是我在猶他州鹽湖城的LGBTQ+課後中心同愛天空觀察到的情況（見第三章）。

同愛天空一位高層告訴我：「我們希望全世界最虔誠的父母走進我們的機構時，說『我想讓我的孩子來這裡。』」爲了實現這一目標，同愛天空團隊在一開始不以提供訊息的方式，而是以提問的方式來進行交流。

「我們不會說，『你爲什麼認爲孩子是同性戀會有問題，這眞是愚蠢！』」一位輔導員告訴我。相反的，他們會從建立共同的基礎開始：**家庭的重要性**、**彼此相愛和幸福的關係**。對於那些懷疑同愛天空想向他們的孩子灌輸反家庭觀念的父母而言，對這些價值觀的重要性達成共識非常重要。

輔導員不會用講座的方式來迎接懷疑的父母。「我不喜歡別人告訴我該相信什麼，」一位輔導員告訴我，就像父母不想被告知該怎麼想一樣。「所以唯一有效的方法，就是給人們空間去提問。」

輔導員會問父母：「當你考慮到你的孩子是同性戀（或跨性、非二元性別等），這對你來說意味著什麼？」通常，父母的反應會非常極端：他們會認爲這意味著他們不會有永恆的生命，或者孩子的性別認同「完全是錯的」。

但是同愛天空團隊會持續提問，就像在布根塔的研究中一樣。他們不會表達批評，只會展現好奇心、給予積極回應。最終，他們會問類似於「你對於孩子是同性戀懷有什麼恐懼？」的問題。

此時，父母通常會敞開心扉說：「我的孩子永遠不會幸福，因爲他們不會結婚組織家庭。」或者「這意味著我十五年的教養都是錯的、浪費和失敗，因爲他們沒有了道德感。」這類回答意味著大多數父母感到恐懼。

同愛天空團隊接著進入羅瑞娜指南的第二階段，藉由問題來改變意義，同時保持眞誠。輔導員會說：「好吧，你是否能想像未來你的孩子（同性戀／跨性／非二元性別）過著幸福的生活？那會是什麼樣子？」通常，父母會描繪出他們孩子在一段充滿愛與承諾的關係中，並且對父母的接受感到自信的畫面。

一位在摩門教信仰中長大的同愛天空輔導員告訴我：「在健康的環境中，父母若對孩子有正確的觀感，並設立界限，給予無條件的愛，孩子自然能獲得幸福。」同愛天空的內部座右銘既深刻又具有智慧：「基於你對孩子的愛，依著這樣的理由去做正確的事。」

蓋瑞和凱特

蓋瑞和夏洛特後續的故事

夏洛特越來越晚才睡覺，都是因爲和她的加拿大男友在線上聊天。她開始錯過更多的作業，缺席更多的曲棍球練習，有時甚至會留在家裡睡覺。「她會放棄曲棍球，失去獲得大學獎學金的機會嗎？她會考試不及格嗎？」蓋瑞的本能告訴他要避免這些問題，但他懷疑這個本能是錯的。他向教養專家羅瑞娜尋求幫助。

羅瑞娜首先問蓋瑞，爲什麼他的女兒會對這段戀情如此投入。

他們意識到，由於夏洛特有社交焦慮，這種一對一的線上關係對她來說感覺相當安全和舒適，讓她很容易感受到被接納。

一旦蓋瑞明白女兒與男友的線上交友關係是出於合理的原因，他便知道用羞辱、指責、喊叫和命令來跟她談是不會有效果的。他不能透過要求她停止想要被接納的方式來貶低她。這是一種強硬的手段，無法消除她的社交焦慮。蓋瑞必須找到另一種方法。

羅瑞娜和蓋瑞計畫對夏洛特說兩件事。

蓋瑞首先需要承認她的網路關係帶來的所有好處。他不必擔心她和酒駕的人約會或感染性病。「我很高興妳沒有出去聚會、喝酒和開車。妳是個負責任的青少年。」透過這樣的方式，他沒有讓她感到被指責。

第二步是蓋瑞要對她提問。

不是直接命令她和男朋友分手，而是圍繞在她的健康和幸福，進行合作解決問題。「你知道我多麼愛妳，」蓋瑞對她說，「因爲我如此愛妳，所以我需要妳獲得充足的睡眠、提升成績，並且對曲棍球感到自信。我想確保妳在生活上和網上都有朋友和人際關係。我擔心妳失去在這裡結交朋友的機會。我們可以談談一些解決方案嗎？這些方案讓我感到安心，同時也能讓妳快樂。」蓋瑞在談話開始時並不怎麼有自信。

令他驚訝的是，談話進展得出乎意料地順利。他們共同訂立一些適合夏洛特的上網時間和面對面交友的方式。

六個月後，她與那位加拿大男友分手，並與一位在現實世界中讓蓋瑞感到滿意的人約會。不僅如此，因爲她自己行使了自主權，因此她在關係中變得更有主導權和負責任。他們甚至還訂定了令蓋瑞感到滿意的宵禁規則。

他們的進展提供了一個良好的例子，這正是我所稱呼的「共創條約」，而不是「簽署休戰協議」。沒有任何一方占據主導地位。根據佛斯的說法：「提問在讓另一方隨你的意願行事的藝術中至關重要。」

凱特後續的故事

凱特知道，她的問題才剛剛開始。

她的二兒子達米安比傑瑞德年輕幾歲，並且很快就要上高中。凱特找了羅瑞娜進行指導。他們對傑瑞德的經歷進行了總結，並訂定了一個更好的應對計畫。果然幾年後，達米安重複了他哥哥的行爲。

這一次，他的父母覺得已經做好萬全準備。「是的，我們可以處理這個問題，」凱特的丈夫說。「我很高興這件事發生在他還住在家中時。」大多數父母，包括我自己，都害怕出現不受控制的青少年從派對上喝醉回家的可怕情景。但凱特和她的丈夫卻樂於接受這個機會。爲什麼？因爲他們的導師心態爲達米安的未來鋪展了一條道路。他們透過協作解決問題，使用具有實質意義的眞誠提問來實現這一點。

凱特和她的丈夫把喝醉的達米安送上床睡覺。第二天早上，他們開始對話，通常他們會要求他禁足兩個月，然後結束對話。然而如果這樣做，他就不會學到任何有助於他以不同方式處理類似情況的技能。

他們說自己太愛他了，不忍心讓他繼續以同樣的方式行事，所以在接下來的兩個月裡會和他進行一系列的對話。

「你可能希望我們只是讓你禁足就好，而不需要談論這件事。」他們告訴達米安，他必須誠實地面對自己，但這有可能會讓他感到不舒服，但他們承諾會傾聽他的意見，一起尋找解決問題的辦法。

接下來的兩週時間，達米安並沒有被正式禁足，但他實際上被禁足了。他必須誠實地與父母溝通，回答他們關於他爲什麼要出去喝酒、違反宵禁的問題。這一系列的對話幫助凱特和她的丈夫看到達米安的派對行爲，來自一個好的出發點。他是一個非常喜歡社交的小孩，喜歡與朋友們建立關係。達米安擔心他的朋友們會在他缺席的情況下玩得很盡興，並意識到他們不再需要邀請他參加活動。對他來說，錯過派對的意義是社交死亡的開始，慢慢地導致他一生中沒有任何人可以依靠。

凱特告訴我：「告訴青少年不要想去派對，就像告訴嬰兒不要玩玩具一樣。」有了這樣的理解，她和丈夫並沒有陷入典型的好員警／壞員警、保護者／執法者的動態關係中。相反的，他們尋求指導達米安，讓他能找到其他方式來滿足社交需求，同時遵守家庭規則。

首先，他們告訴達米安，他們很欣賞他喜歡社交的這一面。凱特提到去年的一場新年派對，達米安與一位有自殺念頭的女孩交談，成功地幫助她度過難關。女孩的母親打電話給凱特，感謝達米安幫助她的女兒活下來。因此，凱特並沒有羞辱或責怪達米安喜歡社交這一面，而是尊重他的這一項特質。

其次，凱特和丈夫進入了合作解決問題的模式。

他們告訴達米安，他們的目標是讓他重新贏回他們的信任。「我們希望晚上能安然入睡，不必擔心你偷偷溜出去、面臨危險。我們無法承受這種壓力和恐懼。而你也許希望得到我們的信任，以便擁有更多的自由。因此，我們準備好和你談話、理解你，直到弄清楚這一切。」

他們在事情發生一、兩天後，回顧那個決定性的夜晚來解決問題。他是在什麼樣的情況下喝醉的？真誠的問題讓他們得到了新的回應。

達米安喝醉晚歸的那晚，帶了一只裝滿氣泡酒的背包去派對。通常，他的褲子只能放幾罐氣泡酒。但那晚，背包的額外存儲空間讓他更容易喝過量。

他們提出了一個解決方案：永遠不要帶背包參加派對。還提出了一些很輕易和事後能做到的原則，達米安也表達願意配合。

幾週後，當他再次和朋友們外出（在嚴格的限制下），他們繼續回顧並重新談判規則和期望。三人開始進行有史以來最誠實的對話。達米安不再隱瞞、撒謊或偷偷溜出去，而是開始分享。

在整個高中期間，他沒有太多其他問題。他成長爲一名快樂、健康、成熟的孩子。這種與父母的互動方式最終使他在進入大學時，比多數同齡人更有準備，更能夠應對自由奔放的生活。

達米安的哥哥傑瑞德過得如何？

羅瑞娜幫助凱特意識到她可以獲得一次打掉重練的機會。凱特抓住了這個機會。當傑瑞德在新冠肺炎大流行期間搬回家時，她不再責怪、羞辱、咆哮或是發出命令。他們開始對他提出真誠的問題、了解他的計畫以及什麼地方進行得不太順利。現在，三人之間的相處是他們有史以來最好的時期。

「我非常感激他能回到家裡，」凱特告訴我，因爲「父母與孩子的關係在那段艱難的高中階段會變得僵化，而你從來沒有時間和空間在輕鬆的環境中一起生活成爲成年人」。

他們有了治癒的時間。凱特的導師心態帶來了全然不同的影響。

第七章
壓力

淺談壓力

過去十年，壓力科學經歷了一場革命，揭示出大多數人對壓力的思考和談論方式是錯誤的。要了解舊有和新的思考方式，可以參考二〇二二年春天一位名為哈薇的大學生寄給她大學教授的郵件：「我寫這封郵件是為了讓您知道，經過九個月的抗爭，癌症在這個週末戰勝了我的母親，奪走了她的性命。回到家裡，看到我的家人狀況不佳、母親剛剛去世的打擊，讓我的情緒降到最低點。她是我生命中最親近的人。我這週可能會有很長一段時間不會去上課。我已經告知了我的小組，他們表示理解。我將無法完成任何每日指派的作業（包括昨晚截止的作業），而真誠希望這不會對我的課程成績造成負面影響。請您諒解。」

如果你收到了這封郵件，你會如何回應？

顯然，第一步我們需要承認哈薇確實經歷巨大的悲痛和失落。但我們也有專業職責，需要顧及繳交作業的最後期限、期望和成績。學生在任何時候都有可能經歷許多與課程無關的外部壓力——失去摯愛無疑是其中最罕見和極端的例子。

在哈薇的悲傷經歷中，應該如何平衡我們對於學業壓力的責任？

許多人覺得他們只有兩個選擇。

我們應該告訴哈薇不必擔心課程以減輕她的壓力嗎？這個選擇表現出了同情，但如果讓學生把壓力做爲免責的藉口，將會導致情況陷入混亂；我們應該要求哈薇完成作業嗎？陷入這個艱難的困境，我們感覺要麼選擇適應年輕人的壓力（同時損害他們的學習和成長），要麼幫助他們沿著專業軌跡前進（同時承受更差的心理健康）。但我們似乎無法兼顧兩者。

急迫的幸福感問題

領導者越來越頻繁地面臨這種兩難的境地，不僅因爲學生面臨的悲痛經歷，還有許多其他嚴重的外部壓力。自二〇二〇年秋季以來，我和我的大學同事們收到關於非學術壓力問題的郵件數量增加了三倍，這些問題很可能會破壞一位前途看好的學生的人生。

美國的心理健康科學調查顯示，自二〇〇八年（正值金融海嘯）以來，青少年出現心理健康問題的比例每年都在上升。在新冠肺炎疫情大流行開始的兩年內，臨床上顯著的焦慮症發病率又增加了百分之三百。這是一個驚人的變化。一項由雲端運算公司賽富時贊助的國際調查發現，百分之七十六的學生將幸福感列爲他們最關心的問題；在美國教育委員會的一項調查中，幸福感也是百分之七十三的大學管理者所指出的最緊迫問題。

岡本描述了在微軟管理層中同樣的擔憂：年輕員工頻繁地因壓力或心理健康問題而發送電子郵件給管理者，要求在最後期限、責任或工作時間等方面上通融。岡本告訴我，許多微軟管理者對如何適當回應都感到相當困難，以至於她的團隊不得不建立緊急管理者培訓。

壓力是削弱性的

即使是受過專業訓練的心理學家也很難處理像哈薇這樣的問題——我在給一大群擁有博士學位的社會心理學家演講時學到了這一點。這些專家花了多年時間研究人類情感和社會關係的細微差別。我問他們會對哈薇說些什麼，毫無例外地，他們給出的答案都是些老套的話：「不要擔心課程，只專注於你的家庭和心理健康。先申請休學，之後再完成課程。」我明白，這似乎是最保險的回答。但如果你了解哈薇和她想實現的目標，就會明白這根本不是正確的答案。

之所以知道這一點，是因爲我在一年後採訪了哈薇，請教她對教授們回應的感受，她說她不想要遵從那些博士級社會心理學家提供的建議。

有趣的是，當我們從強烈、改變生活的壓力轉移到日常壓力來談時，人們對壓力的觀念也可能同樣是錯誤的，例如感覺被他人排斥、批評或受到忽視。在這種情況下，我們所處的社會對壓力的認識也是不足的。

當代西方文化傾向於認爲壓力對人們有害。史丹佛大學心理學家艾莉雅．克拉姆博士是研究壓力科學革命的關鍵人物，她稱此爲「削弱性壓力」（stress-is-debilitating）信念。這種信念認爲，壓力必然會損害人們的表現和健康，進而導致我們應該盡可能避免壓力。

通常，這樣的信念會引導人們採取保護者心態。如果關心的人正在經歷壓力，而我們認爲壓力是不好的，那麼鼓勵他們採取行動來減少壓力（例如縮減野心）似乎是合理的，或者我們可以介入，試圖保護他們免受壓力（例如減少他們的責任）。社會心理學家的做法試圖透過建議哈薇專注於心理健康，而不是課程來保護她免受壓力。

有時候，削弱性壓力的信念會讓我們變成強硬執法者，說出類似：「我知道你正在做的事情非常有壓力，但你需要堅持到底（或放棄），因爲我無法幫助你。」壓力要麼是我們應該避免的壞事，要麼是一個人必須獨自承受的事。

克拉姆博士的研究表明，削弱性壓力信念既不符合現實，也毫無益處，因爲壓力通常是人們選擇做某些對自己來說重要且困難的事情時的自然產物，例如，獲得大學學位、在工作中進行重要的演講，或與摯愛進行艱難的對話。事實上，**壓力往往能夠幫助我們變得更好**，例如，通過考試、進行良好演講或進行艱難對話的擔憂，促使我們更加徹底地準備。

「削弱性壓力」信念對人們毫無益處。由於我們相信壓力是削弱性的，當注意到壓力時，會感到更加擔憂，這時會想：「爲什麼壓力會這麼大？」

壓力是增強性的

那麼，什麼樣的觀念可以取代文化中「壓力是削弱性的」信念？克拉姆博士提出了**「增強性壓力」**（stress-can-be-enhancing）信念。持有這種信念時，壓力可以成爲促進表現的能量來源。這項信念鼓勵人們接受壓力——將其視爲一種資產。這不是降低標準，而是幫助他們看到身體壓力如何成爲一種資源，幫助自己達到更高的標準。

壓力是增強性的信念，可以讓年輕人認識到某些形式的壓力是積極的資源，更重要的是，當我們強調壓力能夠增強能力，並且實際上有助於人們表現得更好時，他們會願意接受這一點。

這種對壓力的觀念是一種導師心態——**擁抱壓力，而不是逃避或被壓力擊垮，長期下來有助於強化一個人的韌性**。我曾在與女兒史嘉麗的教養過程中嘗試應用這種方法，見BOX 7.1中的範例。

BOX 7.1

在教養中應用壓力是增強信念的方式

在史嘉麗六年級大提琴考試的早晨，她上車對我說：「爸爸，我擔心考試表現不好，覺得壓力好大，緊張到肚子好痛。」我不希望她受苦，但我應該告訴她不必參加考試嗎？不，這樣她就無法在經過數月的練習後，體會到完成任務的滿足感。保護者模式不適用。

我應該告訴她忽略這些感受嗎？不，壓抑不好的感受，將它們壓下去，通常對你沒有幫助，甚至可能會帶來傷害。此外，我們的文化已經太頻繁地告訴女孩們要忽略強烈的情緒。我不想延續這種做法。執法者模式也不適用。

我該如何用導師心態來回應？

我轉向史嘉麗，問她：「妳認為我應該怎麼說？」令我驚訝的是，她回答：「哦，你會告訴我，緊張意味著我真的在乎這次考試的表現。我選擇了做一件很重要的事情。你還會說，我的心跳加速只是為了讓更多的氧氣和腎上腺素進入我的血液，供應我的肌肉和大腦，這樣我就能記住練習的內容並做到最好。」我感到震驚。她說得比我還好！

「是的，這正是我想說的。妳怎麼知道這些？」我問。史嘉麗說：「哦，兩年前我準備滑水時你就告訴過我這個道理，那時我也很緊張，浮在水中，感覺肚子一陣翻騰。你說，壓力會讓我的肌肉足以強壯到能抓住繩子。接著我站了起來，滑得非常開心。」

我說：「好吧，哇，那麼妳覺得今天考試時能記住這一點嗎？」她說：「應該可以吧！」結果你猜怎麼樣？她成功通過了考試！

正由於壓力是削弱性的觀念十分普遍，而壓力可以增強能力的信念則相對不為人知，教師、父母和其他青少年專業服務人士面臨著一個看似不可能解決的導師困境。這一困境的核心問題正是如何因應哈薇面對自身遭遇與兼顧學校課業。

導師心態如何因應壓力？

一方面，許多年輕人面臨的強大壓力源來自學校，或通常來說，也來自於在不斷變化的勞動市場中，擁有一項技能的相關挑戰。年輕人需要努力工作，獲取先進的技術技能，這不僅是為了職涯發展，也是為了在任何工作中打下邏輯推理和解決問題的基礎。

圖7.1　三種因應年輕人處於壓力情境下的備選方案

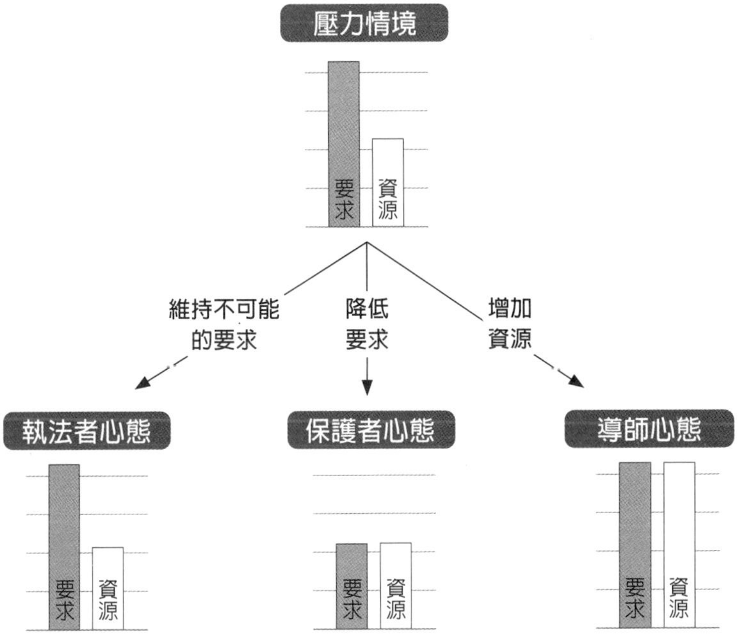

我們不應告訴年輕人放棄最具挑戰性的課程。但是，如果我們維持不可能的要求，正如執法者心態（圖7.1左下角）所示，這種慢性壓力可能會壓垮他們。

另一方面，當今的年輕人正面臨著異常高壓和心理健康問題。

在削弱性壓力的文化驅使下，成年人感到有必要減輕壓力要求。教師、管理者和父母採取自我保護的語言：休息一下，專注於正念，降低完成目標的優先等級；保護者心態的反應（圖7.1中間部分）通常與年輕人需要聽到的內容相反，這對他們在學校或工作中，因應成長和發展時，堅持面對正常和不可避免的困惑或挫折的負面情緒並沒有幫助。

倘若我們不必做出選擇呢？如果我們能夠維持嚴格的標準，而不造成難以忍受的壓力——例如，透過增加支持（圖7.1右下角）來實現？讓我們回到哈薇的情況，看看導師心態如何因應壓力。

哈薇還在念小學時，她的家人從衣索比亞北部的阿姆哈拉地區，移民到德州達拉斯郊區的一個社區。

她的高中表現相當出色，每學期都進入榮譽榜單，同時擔任辯論隊隊長，並在室內樂團中演奏，甚至還當選學生會主席。當哈薇被德州大學奧斯汀分校的一項精英榮譽計畫錄取時，她的母親感到非常驕傲。

哈薇在大學期間全心投入學業和領導者的角色：她加入了大學領導網路、黑人商業學生協會以及其他許多社團，甚至還在南非學習城市經濟發展。當時她與病重的母親住在一起，並在照顧兄弟和父親之餘，完成了榮譽論文和一項獨立研究項目，旨在幫助黑人學生在海外學習時感到舒適和成功。

她已經獲錄取在一家大型金融服務公司工作，進入其競爭激烈的兩年計畫。這將使她在每個主要消費部門輪調，使她的職業生涯推向高峰。

做充滿意義感的事

哈薇具備能力、動力和目標驅動性，並對未來有著清晰的願景。這門課程是她畢業所需的最後一門課，她希望能如期畢業，以便開始工作。畢竟，哈薇的母親不會希望她的去世阻礙了女兒光明的未來。當然，哈薇仍在哀悼中。她需要對作業進行靈活安排，並且希望獲得保證，不會因爲落後或讓團隊失望而感到內疚或羞愧，她不需要施捨，也不需要虛假的A級分。哈薇將這門課以及她的畢業論文視爲實現工作目標和對世界產生影響的 個步驟。

哈薇的教授如何回應她的遭遇？這位教授在課程中最重要的部分——畢業論文，保持了高標準，但同時透過減免大部分每日指派的小作業來支持哈薇。換句話說，這位教授在提供後勤的靈活調度同時，仍保持對學業的要求。每日指派作業的目的是讓學生保持進度，但哈薇本身已經具有自我鞭策的能力，因此只需強調完成高品質的畢業論文所需的工作是合理的。

這位教授沒有要她忽略這門課，而是**強調在危機時期，做一些對你和周圍世界有意義的事情**，藉此提供一種意義感，幫助你因應壓力。這位教授將導師心態的高標準與高支持結合在一起：教授多次與哈薇和她的同學會面，提供回饋給他們的小組計畫，並分享資源以幫助他們完善各個項目。

事情接下來如何發展？哈薇在幾週後回到課堂，開始著手進行一份出色的畢業論文。

她和團隊開發了一種新穎的方法，旨在指導教師以更具理解和同理心的方式對待中學生的紀律問題，這讓他們有機會早於一般大眾約一年的時間，就開始使用大型語言模型技術（例如OpenAI的GPT-4）進行實踐，這份小組報告隨後成爲學期新生在課堂上展示的典範。

哈薇的貢獻對這份報告至關重要，課堂上學到的內容也幫助她完成了畢業論文。幾週後，她以優異的成績畢業。

她期盼許久的畢業慶祝活動終於到來，儘管眼中含著苦澀的淚水，但她明白母親會爲她感到驕傲。這就是導師心態如何看待壓力、擁抱而不是恐懼它的成果，如果她的教授採取了保護者的方式來處理壓力或心理健康（「如果壓力太大，不必在意學分」）或以執法者的方式（「忍耐一切」），哈薇是不可能迎向最後的甜美果實。

嶄新的壓力科學

我們並未意識到壓力系統基本上是爲人類著想，讓我們得以保存性命。想像一個人在繁忙的路口過馬路時，有一輛車突然朝他駛來，如果這個人沒有經歷任何壓力反應，他不會馬上跳開以脫離危險。

一個運作良好的壓力反應能夠動員能量，幫助我們逃到安全的地方，也就是說，**經歷壓力**

就是尋求生存的表現。人們談論壓力的方式模糊了這一點，因爲它混淆了不同的術語。專門研究壓力和情感的專家小心地區分壓力源和壓力反應。

壓力源是指任何使你的身體或心理作出反應的需求，你可能遭遇具體的壓力，例如一輛快速向你駛來的車；或心理上的需求，例如在工作中爲你的老闆做一份重要的報告。壓力反應是你的身體或心理對壓力源的反應。

壓力源（特別是心理壓力源）通常沒有好壞之分，然而，我們對壓力源的反應卻有好壞之分。

一個人可以呆立在馬路中央遭車輛碾壓（負面反應），或者可以選擇跳開（正面反應）。同樣的，有人可能會因爲上臺報告而感到完全不知所措（負面反應），或者他們可以專注於取得成就的興奮感（正面反應）。

人們談論壓力的常見方式混淆了這兩者。當人們說「我感到壓力很大」時，通常是指「我對此一壓力需求的反應是負面的」。然而，聽者可能錯誤地解讀該陳述爲「這個人的壓力源是壞的，需要被消除」。由於這種誤解，人們往往默認削弱性壓力的信念，以及由此而來的保護者心態。

圖7.2　壓力源經過評估後，才會表現出不同的壓力反應

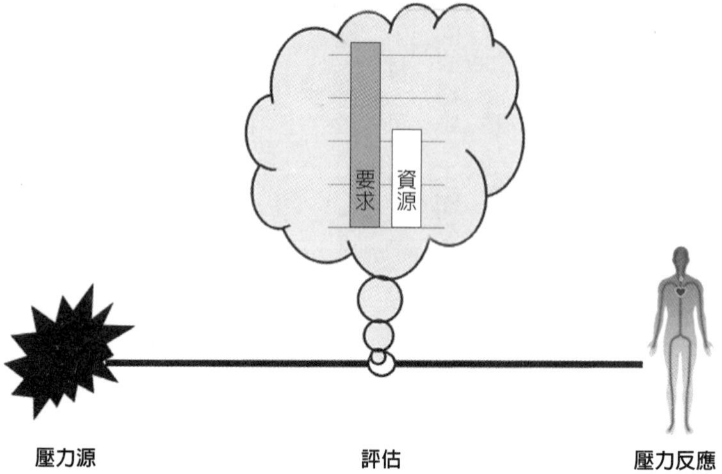

做出負面壓力反應的原因

做出負面壓力反應的原因是什麼？人們對壓力情況的評估或解釋會導致他們朝向正面或負面反應的方向發展。

根據史丹佛大學情感科學家詹姆斯·格羅斯的研究，圖7.2顯示壓力源到壓力反應的簡單路徑。

首先，當人們面對壓力源時，他們必須評估任務的**要求程度**。壓力源變得沉重的因素包括任務所需的努力程度、結果的不確定性以及我們需要處理事務的數量。

其次，人們還會評估因應壓力需求所擁有的**資源**，包括技能、準備、時間或從他人那裡獲得的幫助。

重要的是，人們對需求和資源的評估並不

完全取決於當下的客觀情況。這些評估是主觀的，而主觀感知可能會因人而異。例如，對於剛學習微積分的人來說，微積分考試可能感覺非常具有挑戰性，但對於一位專業數學家來說則不然——試卷裡的題目是相同的，但主觀的需求程度卻有所不同。

人們對資源的感知也是主觀的。一位害羞的學生可能認爲自己無法向同學尋求幫助，而一位外向的學生則可能持相反的看法。雖然兩位學生周圍都有相同數量的同學可以一起學習，但對這些同學是否爲有用資源的評估可能會有所不同。

是什麼原因使評估成爲良好或不良壓力反應的關鍵？在評估了需求和資源之後，人們通常會以兩種方式回應壓力源：**威脅型或挑戰型反應**。

威脅型與挑戰型反應

當一個人評估到壓力源的高需求超過了可應對的資源時，壓力系統會顯示出威脅型壓力反應（圖7.3左側）。這種威脅型壓力會使身體和心理出現因應損害和失敗的準備。

首先，血管會變得更加收縮，將更多的血液集中在身體的核心，並減少四肢的血流，這種血管收縮是祖先在演化過程中所遺留的特徵，主要是在面對實質威脅時所產生的身體反應，因應損害和失敗的準備意味著將更多的血液保留在身體核心，避免血液流往他處。

接下來，在威脅型壓力反應中，人們會釋放更多的皮質醇，它可以減少受損的身體組織產

圖7.3　對需求／資源的壓力評估，導致威脅型或挑戰型的不同反應

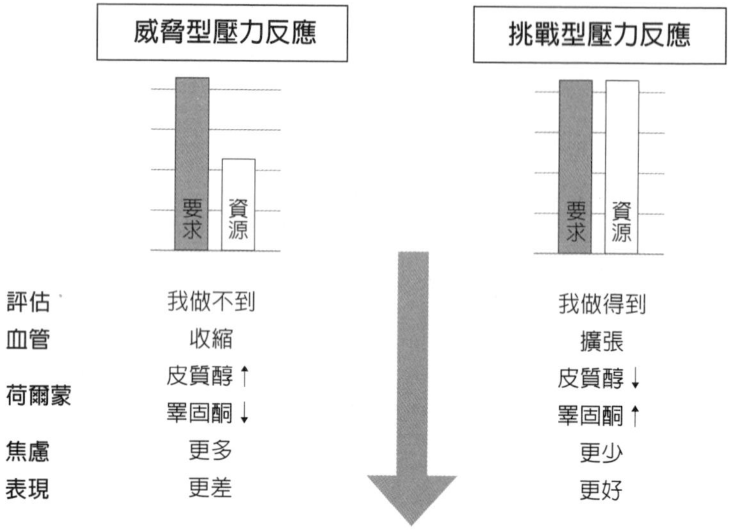

	威脅型壓力反應	挑戰型壓力反應
評估	我做不到	我做得到
血管	收縮	擴張
荷爾蒙	皮質醇↑ 睪固酮↓	皮質醇↓ 睪固酮↑
焦慮	更多	更少
表現	更差	更好

生炎症。由於心理預期將遭受實質傷害，威脅型壓力會引發皮質醇反應，因此需要處理受損組織。威脅型壓力還會降低睪固酮水準，因爲遭遇失敗會導致男女的睪固酮水準下降。

此外，人們會經歷更多的負面情緒，例如焦慮，因爲他們擔心自己的生存。最終，由於大腦中的神經元得到的血液氧氣量較少，使得人們的表現不佳。

如圖7.3右方所示，人類的壓力系統也會顯示出挑戰型壓力反應。當人們評估自己擁有足夠的資源來因應高需求壓力時，就會發生這種情況。

當心智預期能夠迎接挑戰，心臟會向全身輸送更多血液，將更多富含氧氣的血液送往肌肉和大腦。

由於心智不再預期會受到損害和失敗，身體不會產生過多的皮質醇。相反的，身體會產生更多的睪固酮，因為心智預期將從完成艱難任務中獲得榮譽。

挑戰型壓力反應往往使人感到更少焦慮和更多的自信，如此一來使得內在的驅動力和表現隨之提升。這就是為什麼情感科學家尋求促進挑戰型壓力反應，做為解決威脅型反應的方案，以做為放棄努力來徹底消除壓力源的替代選擇。

簡單但強大的干預措施

傑瑞米．詹森是羅徹斯特大學的心理學教授，成長於波士頓地區的工人階級家庭。

他是一位科學家，擁有將他顯著的工作倫理，應用於對大多數人來說過於平凡瑣碎細節的罕見能力。他將這一性格特徵應用於自己的兩項熱情所在：波士頓的職業體育團隊，以及人體心血管和神經內分泌對壓力反應的細微差別。

當他在波士頓取得博士後研究獎學金，並與哈佛大學一位頂尖情感科學家溫蒂．曼德斯合作時，他獲得了巨大的成功。詹森來到哈佛，渴望驗證一個簡單但影響深遠的想法：為什麼不直接告訴研究參與者，他們的壓力反應是改善表現的燃料？

詹森的推理與克拉姆博士關於壓力可以增強表現的信念如出一轍。

這與社會上一般的觀點相矛盾，即當我們感到有壓力時，心跳會加速、手心會出汗，這意味著我們沒有足夠的資源來因應需求。詹森想知道：如果他能說服人們，他們的壓力反應不是額外的需求，而是額外的資源？透過改變人們對自身壓力的評估，或許可以幫助人們意識到自己擁有因應壓力需求所需的資源。也就是說，如果他給人們一個挑戰型的壓力**評估**，這可能會導致生理上出現挑戰型的壓力**反應**。這個想法實在太好了，值得一試。

詹森爲研究參與者撰寫了一篇科學摘要，讓他們在進行壓力測試之前閱讀。該訊息基本上與本章中所說的內容相同（見BOX 7.2）。

BOX 7.2

傑瑞米．詹森博士〈壓力可以是增強表現的科學〉文章摘要

- 人們通常認為感到焦慮會使表現不佳。然而研究表明，緊張並不會傷害表現，反而有所幫助，因為我們的身體會釋放名為兒茶酚胺的激素，這些激素與更好的認知功能相關連。
- 當人們感到壓力或焦慮時，交感神經系統會指示身體釋放能量，導致心率增加。這很重要，因為氧氣會因此被輸送到大腦。也就是說，心率加快表明你的

身體正在將血液移動到所需的地方。

- 交感神經系統還會影響呼吸。由於身體需要更多氧氣，呼吸會變得更快且更深。有時，呼吸可能變得不規則，並引起無害但不愉快的症狀，例如呼吸急促。
- 最後，交感神經系統的活躍會增加出汗，這有助於降溫，以防止身體過熱，使個體能夠在面對引起焦慮的情況時，不至於因為過熱而崩潰。因此，在緊張情況下出汗是完全正常的，並且幫助我們的祖先生存下來。
- 在今天的測試中，重點是記住你對壓力的身體反應，它不但對你有幫助，而且是正常的。如果你發現自己很緊張，請不要忘記這一點。

詹森對兩組不同的學生群在閱讀完〈壓力可以是增強表現的科學〉摘要文章後，對他們的影響進行了評估，並分別在兩篇論文中發表。

其中一組是哈佛大學三年級和四年級學生，他們正在爲研究生入學考試做準備，必須通過考試才能進入研究所而備感壓力。另一組則是來自俄亥俄州凱霍加郡一所社區學院，一群參與高中數學課程的老人。這些低成就的學生經常經歷信心問題，並提到自己有「數學傷口」，因爲多年來他們一直覺得自己在數學方面表現得很差，或有「糟糕的數學腦」。對這些年長者來說，數學課程帶來的壓力遠超出他們所能因應的資源。

但當詹森說服這兩組群體，他們的生理壓力反應實際上是資產，而不是負擔時，出現了什麼樣的結果？

研究結果令人驚豔。

對於哈佛的學生來說，強調壓力是增強表現的文章使他們的GRE分數從對照組的平均七百零五分（滿分八百）提高到七百七十分。這意味著他們從一名普通學生成爲一名頂尖研究生。

在社區學院對長者進行的三次實驗中，詹森在三次主要課堂考試中的第二次考試之前讓他們優先閱讀同一篇文章。他發現預先閱讀文章的學生在最後兩次考試中的表現優於對照組學生，而對照組的學生則表現得越來越差。

詹森還分析了學生的唾液以測量皮質醇水準。他發現，強調壓力可以增強表現的文章在整個學期內降低了皮質醇水準（並提高了睾固酮水準），而對照組的皮質醇則保持升高。

詹森的研究顯示，凱霍加郡學生本可能陷入成績惡化、皮質醇飆升、威脅感加劇的惡性循環中。然而，他的治療讓學生們將壓力和焦慮視爲一種資源，而非缺陷。這減緩甚至逆轉了威脅循環。綜合兩項研究，詹森展示如何將壓力是增強表現的評估與壓力的生理機制結合，進而對高成就者和學習困難的學生都產生強大的益處。

評估的力量

詹森只需要約五分鐘就能完成他的干預措施。這麼短的時間如何產生如此大的影響？原因來自於**評估的力量**，當人們面對壓力事件時，他們的評估決定了他們的反應（見圖7.2）。因此，我們可以針對某人的評估，打破壓力源與威脅型反應之間的連繫。在無法避免的壓力源（如艱難考試）中，評估法開啓了強大的潛在干預措施。

然而，針對壓力源評估的益處通常很有限。例如，在詹森的研究中，他發現他的干預幫助人們以不同的方式看待考試焦慮。但相同的訊息不一定對其他類型的壓力源同樣有效，如在工作中進行演講或在大學感到孤獨。

我們的文化不斷灌輸壓力是削弱性的信念，因此人們最終會回到這種信念中。克服文化中繼承的信念系統的挑戰被稱爲「移轉問題」。

最近，我與詹森和其他科學家合作，嘗試在壓力中克服移轉問題。爲此，我們開發了一種「協同心態」干預法。

協同心態

二〇一八年，我接到來自谷歌創意設計師丹妮爾·克萊泰克·科布的電話。幾年前，她在谷歌的機器智慧部門建立了一個名爲「共情實驗室」的小型團隊。共情實驗室將哲學、藝術、文學與技術相結合，加上丹妮爾充滿感染力的能量、在科技界有著令人印象深刻的經歷。她曾是谷歌X，即谷歌「登月工廠」的設計師。在此之前，她曾在蘋果的強尼·艾夫和史蒂夫·賈伯斯旗下工作，協助推出**iPad**等標誌性產品。而在這之前，她在**Nike**與菲爾·奈特合作，參與了**Air Jordan**系列的設計。

二〇一八年，丹妮爾看出人工智慧的願景（這是在ChatGPT和其他生成式ＡＩ語言技術公開發布的前四年）。丹妮爾擔心，急於創造能夠替代人類工作的機器，可能忽視了我們做爲人類的本質。

她認爲ＡＩ應該做爲一個支持性的夥伴，幫助我們成爲更好的人類，而不是取代人性。共情實驗室的員工T恤上寫著「未來是憑感覺」，並宣揚自己是「人類團隊」（TEAM HUMAN）的一員（有些谷歌工程師則挖苦說他們隸屬「機器人團隊」）。爲了在谷歌的機器智能團隊中推動「人類團隊」的議程，丹妮爾選擇了一個案例研究。她決定運用共情實驗室來設計一套ＡＩ系統，幫助人們預測和因應壓力。

要怎麼更妥善因應壓力？

丹妮爾思考：如果某人配戴的電子裝置（智慧手表、手機和應用程式）能夠檢測出負面壓力，並提出反應，幫助我們在壓力失控前處理它會如何？丹妮爾推理，如果能夠實現這種可能性，就能創造出一個將機器智能與人類同理心相結合的強大案例。

但丹妮爾遇到了一個問題，所以打電話給我。

她問，假設你的個人ＡＩ能夠檢測到負面的、威脅型的壓力反應，那麼它應該對你說些什麼，才能幫助你做出更好因應？它應該告訴你不要在意龐大的壓力？指引你最近的瑜伽館？還是提醒你呼吸，好像你的腦幹已經無法自動完成這件事？

丹妮爾拒絕了這些顯而易見的、膚淺的想法。

她明白文化中存在的「壓力是削弱性的」信念系統，可能會產生各種關於壓力的荒謬建議，但她需要我的幫助來確定一個可行的替代方案。

我也不知道該如何回答她的問題。因此，我們與情感科學家傑瑞米·詹森、詹姆斯·格羅斯，以及頂尖社會心理學家克里斯多夫·布萊恩組織了一個團隊，以促成基本的科學突破。

我們共同發展出「協同心態」理論。這項理論不僅成爲我們所開發最有效的治療方法之一，也成爲擁有導師心態的教師、父母和管理者們的重要實踐。

壓力可以幫助我們成長

當我們回顧文獻時，發現有兩種訊息可以幫助人們在壓力情境中茁壯成長。其一是**「壓力可以幫助我們成長」**。這個想法源自卡洛．德韋克的研究，我們可以透過努力和指導來發展我們的能力。這種成長思維讓人們將困難視為一個可以學習、成長和改進的正面挑戰，而不是威脅。

而克拉姆博士指出的壓力是增強表現的信念，給了我們第二個想法。正如我們在詹森的實驗中所見，該信念使人們將自身的壓力反應視為資產，可以幫助他們因應壓力需求，從而促進挑戰型壓力反應。

丹妮爾想知道的是，我們應該考慮哪一個想法。

有一天我們領悟到：兩者皆是！因爲這兩種信念是相輔相成的，將它們相結合，可以幫助人們克服兩個不同的發展障礙：第一個障礙是「老天，我做不到」，第二個是「即使我做到了，也會因爲壓力太大而失敗」。成長思維幫助人們正面因應壓力可能帶來的挑戰；而壓力是增強表現的信念則幫助人們引導壓力所引發，一連串不可避免的負面情緒。

想像你是一名大學生，正在修習艱難的課程，或者是一名年輕的員工，準備向領導高層進行彙報。倘若你擁有成長思維，相信並願意接受智力上的挑戰，同時卻仍抱持「壓力是有害

表7.1　協同心態框架

	壓力信念	
能力信念	壓力是有害的	壓力可以增強表現
成長思維	如果我應付得來，我就能從挑戰中成長；但壓力注定讓我失敗	**協同心態：** 我能將壓力反應當成學習和表現的資源，並從挑戰中獲得成長
固定思維	這項挑戰之所以艱鉅，是因為我缺乏能力，我的壓力反應讓自己的表現很糟糕	我或許能將壓力反應當做資源，但它們無法幫助我成長，因為我的能力有限

的」信念，你的成長思維驅使你在能力範圍內努力時，所面臨的壓力需求會因此增加。

如果你認爲這種巨大壓力是件壞事，很有可能會因此應對不當，你也許會開始拖延、自我設限，或者乾脆選擇避開壓力。「壓力是有害的」信念很可能會因此削弱你的成長思維信念。

現在想像相反的情況。

假設你抱持「壓力可以增強表現」的信念，但同時停留在固定思維。在此情況下，你相信壓力可以成爲提升表現的資產，但不願努力嘗試，因爲你認爲自己無法改進弱項。固定思維阻止你將「壓力可以增強表現」的信念付諸實踐。參見表7.1。

「協同心態」是一次科學上的突破，因爲它展示了這兩種思維模式如何互補（如表7.1所示）。但在我們準備傳播這一理念（或將其融入產品）之前，我們需要強而有力的證據證明它有效。令人高興的是，透過社會心理學中最具沉浸感的實驗方法之一，我們獲得了此一證據。

模擬生活的社會情感壓力

一九九三年，生物心理學家克萊門斯·基施鮑姆發表了一種巧妙的方法來研究社會壓力。社會壓力指的是那些威脅我們地位或尊重感，讓我們感覺社會自我受到評價和批評的壓力源。當時，研究人員已經設計了更多用於研究身體壓力（不是社會壓力）的方法。

在冷水壓力測試中，參與者將手浸入冰冷的水桶中，持續一分鐘或更長時間。在二氧化碳挑戰中，參與者使用吸入器將肺部充滿二氧化碳，暫時產生窒息感。但是，研究人員該如何研究在現代社會中，普通人所面臨的社會壓力？

爲了解答這個問題，基施鮑姆設計了一套獨特、就社會角度而言令人痛苦（但最終無害）的「特里爾社會壓力測試」。

特里爾社會壓力測試運作方式如下（見圖7.4）。

研究人員將參與者帶進心理學實驗室（在此研究中，參與者年齡通常介於十八到二十三歲之間），並接上監測設備。這些設備會追蹤他們的血流、呼吸速率、皮膚汗液中的電荷活動和血壓等，而這些數據提供了壓力的測量指標。

參與者首先會休息片刻，以獲得穩定的測量數據（基準期），然後研究人員會讓他們完成

圖7.4　特里爾社會壓力測試與相應的生物心理測量

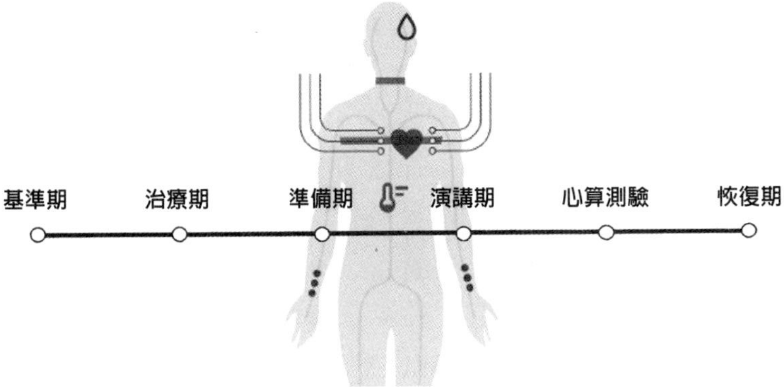

任何干預（或對照）材料（治療期），在過程中，他們完成了協同心態干預。

接下來，開始社會壓力的測試：參與者必須在兩位評分員面前發表演講，主題是「在你這個年齡，什麼樣的人受歡迎且討人喜歡」。研究人員告訴參與者，評分員將根據內容來評斷他們的演講，而參與者並不知道，這些評分員是我們的研究人員，且目的是讓他們留下壞印象。

接下來，參與者有三分鐘的時間準備發言內容（準備期），並有五分鐘進行演講（演講期）。在演講期間，兩位面無表情的評分員會坐在他們面前，手持評分板，評估他們的一舉一動。演講期構成了雙重的社會壓力。

多數人認為即興公開演講非常具有挑戰性，此外，這個主題強烈暗示如果你講得不好，很有可能會不受歡迎或不討人喜歡。因此，這些面無表情的評分員似乎進一步證實了你的社會地位受到了威脅。

演講結束後，我們再給參與者一個驚喜：心算時間！

從數字九百六十八開始，每次減去十七，並盡快計算出結果。如果中間出了錯，兩位評分員會毫不留情地立即打斷你，並讓你重新嘗試。這是一個強大的社會壓力源，因爲多數西方國家的人（如美國人）不喜歡在他人面前進行心算。五分鐘的數學測試之後，參與者會稍作休息，恢復精神。

基爾施鮑姆設計特里爾社會壓力測試的目的，是模擬現實生活中，高度集中的社會情感壓力。

假設在滿是高層的會議上，你的直屬上司當場要求你提供一個複雜問題的分析報告，如果你失敗了，可能意味著你不再有升遷的機會。這種情況就類似特里爾社會壓力測試模擬的情境。另一個類似情境是你在大學的微積分課堂上，教授突然點名，要你回答一個具挑戰性的問題，似乎想讓你當衆出糗，揭露你的微積分計算能力不屬於這個群體。

這些情境如同特里爾社會壓力測試測驗，之所以使人害怕，是因爲這些情境承載著令我們遭受羞辱的風險，但同時，它們也是研究「積極的挑戰型壓力」與「消極的威脅型壓力」的絕佳方法。如果你能以積極的評估方式正確看待這些情況，反而能提供機會，讓你在那些眞正重要的人面前留下正面的印象。

壓力成為最佳表現的燃料

對於特里爾社會壓力測試（及其所代表的情境）來說，健康的反應應該是挑戰型壓力反應。在挑戰型反應中，參與者願意接受代表情境的壓力經驗，積極參與演講並盡力完成數學測試。相比之下，有威脅型反應的參與者則是會退縮、避免面對挑戰。

為了判斷人們表現出的是哪種反應，研究人員會觀察參與者血管收縮的差異，由此可以看見挑戰型或威脅型反應的明顯跡象。具體來說，研究人員會觀察總周邊血管阻力，即周邊血管的壓力量，當血管收縮時（如威脅型反應），壓力上升；當血管擴張時（如挑戰型反應），壓力下降。因此，較低的周邊血管壓力量表明你擁有足夠的資源，來應對演講和心算的需求，這意味著你擁有挑戰型反應。

特里爾社會壓力測試是一個評估協同心態干預（即成長思維加上壓力可以增強表現的信念）的絕佳方法，這使我們能夠在推薦給谷歌的抗壓產品之前進行驗證。因此，在二〇二二年，我們在《自然》期刊上發表了一項研究，讓數百名年輕人參加了我們的特里爾社會壓力干預測驗。其中一半的參與者完成了協同心態材料（見BOX 7.3中的摘要），而另一半則在進行特里爾社會壓力測試的演講和心算任務之前，就完成了對照組方案。

BOX 7.3

協同心態干預摘要

協同心態干預包括兩種類型的訊息傳遞：壓力可以帶來成長和壓力可以增強表現。克里斯多夫·布萊恩和我是主要作者；丹妮爾·克萊泰克·科布、傑瑞米·詹森、詹姆斯·格羅斯和梅根·約翰遜則為觀念貢獻者。

傳遞成長思維訊息：

當你不斷努力面對困難的挑戰，直到表現更好時，你的大腦會產生新的連結，並在未來更擅長應對新的挑戰……當某些事情確實感覺非常棘手時，你的大腦學會了如何更有效地因應這項挑戰。這就像嚴格的體能鍛鍊在一開始會讓你的肌肉感到非常痠痛，但隨著訓練，你的肌肉不僅變得更強壯，還能在極限後更快從中恢復。

壓力可以增強表現訊息傳遞：

人們經常將身體壓力反應誤認為是一種無法應對當下情況的行為，類似心跳加速、呼吸急促、出汗的情況很常見，這些同時也是我們處於緊急情況下的身體反應。對於壓力反應有錯誤的認知，實際上只會使你表現得更糟，如果你認為自己的壓力反應是一個問題，更有可能會為此感到擔憂，並因此分心……當你下次感受到壓力反應時，試著提醒自己，這是身體在幫助你迎接挑戰的方式。這樣做能幫助你減少焦慮感，使自己專注於當下正在做的事，讓身體的壓力反應給你所需的額外推動力。

我們研究的結果非常明確。在對照組中，我們觀察到未接受協同心態干預的年輕人，周邊血管的壓力顯著增加，這也是一種威脅型反應，有些人若在演講時覺得飽受威脅，可能會在過程中停頓下來，寧願沉默，也不想冒著說錯話的風險。然而，在接受協同心態干預的參與者中，我們看到一種截然不同的結果：他們的周邊血管壓力反應明顯較低。這意味著有更多血液能通過他們的血管（見圖7.5），將更多的氧和血液輸送到大腦和肌肉，促進更好的表現。

這些結果很重要，因爲實驗組的壓力並未消除。那些參與者仍然出現盜汗，心跳加速的現象，他們看起來一樣很緊張，但這種壓力在他們身上產生的是積極的反應，也就是說，**壓力成爲最佳表現的燃料**。

協同心態干預具有持久的效果

這種情況發生的原因出於成長思維和壓力，可以增強表現心態之間的協同作用，使參與者能夠對自我進行挑戰性評估。成長思維的信念幫助參與者將演講和數學心算視爲可以接受的自我挑戰，與發展新技能的機會。在這基礎上，壓力可以增強表現信念，幫助參與者將身體壓力反應視爲可以引導自我的額外資源，以因應眼前的挑戰。

協同心態干預幫助參與者將他們被要求進行的艱鉅演講視爲可以應付的挑戰，讓他們不害怕失敗，而將注意力集中在成功的願景（見BOX 7.3）。

當我們去除成長思維或壓力可以增強其中一項信念時，並未看到同時結合兩種心態的協同干預相同的壓力反應效益。因此，差異在於兩種心態之間的互補性（需要注意的是，在其他研究中，單獨的心態能夠產生其效益；只是針對特里爾社會壓力測試的極度社會壓力反應，需要同時擁有這兩種心態）。

協同心態干預是否克服了移轉問題，並顯示出持久的效果？在另一個實驗中，我們將干預措施（或對照組）提供給紐約羅切斯特區的一所公立學校裡，生活在貧困社區的黑人和拉丁裔國三和高一學生。這些學生面臨許多身體和社會壓力，包括暴力威脅、食安問題和文化刻板印象。一個專注於學業壓力的短期線上干預能否幫助他們因應日常壓力？結果是可以的。

圖7.5　協同心態療法對特里爾社會壓力測試中，威脅型壓力反應的影響（縱軸為周邊血管的壓力量反應）

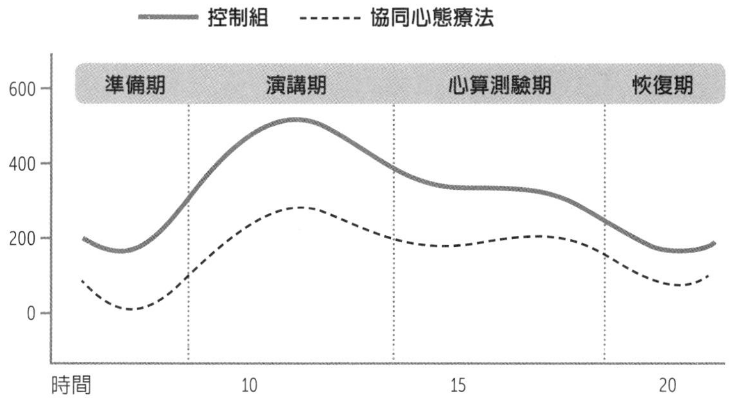

我們測量了情緒健康，並在干預後的五天內每天收集三次唾液樣本（以分析皮質醇水準）。我們發現情緒健康的水準提高、皮質醇水準降低，這與威脅型壓力反應減少的現象一樣。

我們還發現，學生在學業成績通過率的表現上有所提高，尤其是最具挑戰性的科學和數學課程，這一效果持續到一年後。

因此，當我們針對提升他們對壓力源和壓力反應的整體信念進行干預時，學生將他們的協同心態移轉到未來的新情境中。

協同心態的支持語言

研究表明，儘管只持續二十或三十分鐘，協同心態即使在短期干預內（見BOX 7.3），也能發揮很大的影響力。然而，這其中仍然存在一個問題：是否有更簡短有力的語言來支持年輕人的心態？

接下來，我們檢查了能幫助年輕人應對壓力的自然語言。我的研究機構的博士後研究員卡麥隆．赫奇博士主導了一項探討協同心態的支持性語言研究。

他展示一種短期的線上協同心態干預，當它伴隨教授的支持性聲明時，其效果是缺乏支持性聲明的兩倍。那麼，這項支持性聲明是什麼呢？教授解釋，他們設計了困難的定期測驗，以幫助學生建立技能，並學會在充滿壓力的環境中從容應對——儘管這樣的環境對他們的成績影響並不大。

當學生收到教授的支持訊息時，即使在備感壓力的情況下，也會覺得自己可以在課堂上獲得眞正的成長和學習，個人信念與課堂文化理念之間相契合，使得協同心態的好處翻倍；當教授沒有這樣做時，學生感受到他們的協同心態與課堂文化之間的不匹配，使得干預的效果減半。

赫奇博士的研究讓我們了解到，學生在面對困難的測驗之前，應該對自己說些加油打氣的話，這麼做的結果非常具啓發性：在整個學期中有效運用協同心態，且更能因應壓力的達標學生（見BOX 7.4的例子）傾向聚焦於接受壓力，而不是逃避壓力。相反的，在協同心態實驗中表現不佳的學生並沒有這麼做，他們抑制壓力，告訴自己要假裝不緊張，或對自己說不應該感到有壓力。

當人們保留「壓力是有害的，應該被壓抑」的舊觀念時，參與者便無法從干預中受益。

BOX 7.4

達標學生在參加困難的限時測驗前，對自己打氣的內容

- 「每次測驗前，我提醒自己：緊張是正常的，我已經準備好了。我告訴自己：『任何緊張或心跳加速都是身體在幫助你的方式。盡力而為，結果如何並不代表你這個人。』」
- 「我不再因為心跳加速而陷入焦慮，而是開始把這種感覺視為身體在面對挑戰時所釋放的腎上腺素。我曾經非常在意測驗前後的緊張感，但我開始認知到這是一種學習經驗，而且自己可以從中成長。」
- 「當我在測驗中感到有壓力或焦慮增強時，我會提醒自己，這些都是為了自我挑戰。透過這種挑戰，它會強化我的學習和筆記習慣。我的成績將會不斷提高。」
- 「每次測驗前，我都會開始恐慌。我會想自己是否有效地學習了，或者是否記住了任何重要的資訊。然而，現在我知道這種感覺其實對我有好處，它會幫助成長、強化大腦，讓未來的學習更有效。而這種想法讓我感到安慰，而且它

幾乎幫助我在測驗時放鬆。以前當我恐慌時，會希望快速讀完題目以求趕緊結束，但這會導致我無法理解題目、浪費時間。所以現在的我不會再這樣了。」

赫奇博士的研究表明，領導者需要將自己的語言與「協同心態」的訊息保持一致，而年輕人在面臨壓力情境時，也需要重複此一訊息。那麼，當領導者自由地與年輕人交流時，「協同心態」語言在現實世界中會是什麼模樣？爲了弄清楚這個問題，我們研究了年輕人在現代社會中最具壓力的挑戰之一：申請大學。

塞吉歐三部曲

每年都有數百萬名高中生申請大學，每年也有數百萬人面臨被哪所學校錄取的壓力，這是因爲大學錄取通知通常被視爲對孩子能力和潛力的評估結果；對父母來說，這似乎像是對他們教養成果的最終判決。如果年輕人被這種壓力壓垮，他們可能會在申請過程中陷入困境，甚至放棄，也有可能會摧毀他們的夢想，使得潛力得不到充分發揮。那麼，成年人可以說些什麼來幫助學生克服申請大學過程中的壓力？

這正是進入協同思維模式的下一階段時，我們要自問的問題。

人工智慧能回答得比人類更好嗎？

我們研究了許多面臨龐大壓力的高中畢業生，利用人工智慧應用程式提供申請大學的建議，如果一個針對大學生申請大學的AI驅動應用程式能夠有效運作，那將是天賜良機。

如果欲申請大學的青年是家族中第一位申請者，就無法依賴某位家庭成員來指導他們完成這項艱鉅的任務。如果人工智慧能解決申請者的一部分問題，就能幫助成千上萬想登上更高社會經濟階梯的人，但是，如果AI提供的建議無效，這些人將無法從中受益。

申請大學的人通常會問一些日常問題，例如：「選擇主修的截止日期是什麼時候？」人工智慧很容易回答這類問題，因爲它只是重複網站上現有的資訊，或者是由人類預先撰寫一些常見問題的答案。

然而，值得注意的是，申請者經常提出一些網路無法輕易解答的深刻個人問題。應用程式會將這些問題交給人類顧問處理，而不是讓人工智慧來解答。以下是一些例子：

- 「如果我不夠好，無法上大學怎麼辦？」
- 「我是第一代大學生。我的父母都是高中輟學生。申請大學令我手足無措。」

- 「我最近失去了一位重要的人，讓我很難繼續保持動力完成工作。」

你會如何回覆這些訊息？希望你能回答得比我們的資料庫顧問還要好。

對於以上所列的第三則訊息，一位顧問寫道：「嗨，你已與一名大學顧問和一位現場工作人員連線。聽到這則消息我感到非常遺憾。我們希望你能得到所需的支持。如果有需要，可以透過發送『你好』至７４１與危機熱線連繫。他們全天二十四小時待命，可以回應各種危機狀況。我理解你此刻的感受——在這樣的時刻，有時確實很難集中注意力，但非常關鍵的是，你要繼續盡最大的努力。這裡有一些如何保持動力的建議。如果你有任何後續問題，請告訴我。謝謝！」

對困境與負面情緒的有效回應

一般來說，這些人類顧問遵循以下框架：

一，以一種淡化申請人感受的方式表示同情

二，提供一堆建議，但沒有具體指導

三，讓學生自己去處理事情

這些回應並未針對申請者潛在的恐懼和信念給予有效的建議。

申請者擔心的是：（一）**他們的困境**——缺乏自信、支持或動力，即使提出申請，也深怕申請不到學校（即一種固定思維的信念）；（二）**他們強烈的負面情緒**——自我懷疑、孤獨或悲傷，意味著他們會被壓倒，並在大學中失敗（即「壓力是削弱性的」信念）。

什麼樣的文本訊息適合做為回應？

爲了找出答案，我們請來最可靠的導師心態專家塞吉歐來回答這類訊息。我稱他的回應爲塞吉歐三部曲。

正如BOX 7.5所示，這個回應有三個部分：（一）**確認壓力源**；（二）**嘗試理解**；（三）**提供合作**。

BOX 7.5

塞吉歐三部曲：促進協同心態的語言

一，確認壓力源：塞吉歐會先確認一個人的壓力來源，以及此壓力來源是否合理。他從不貶低、不看輕，也不要求你隱藏自己的感受。通常，他會找出造成壓力的外部原因，例如，社會或文化對你的期望。他這樣做是為了避免冒犯年輕人，也讓他們更容易重新思考自己的壓力。他希望年輕人不會把壓力的原因看成是永久和固定的。

此外，他會找到讚美年輕人的方式，讓他們明白有壓力是一件好事，例如，壓力表明了他們在乎目前所做的事。

二，嘗試理解：塞吉歐從不提供年輕人「消防栓式」的建議——以無法消化的方式給出大量建議。相反的，他會提出問題，試圖了解他們已經嘗試過的事情裡有哪些行不通，以及下一步該怎麼做。他這樣做的目的是為了避免他們嘗試徒勞無功的方法。

三，提供合作：最後，塞吉歐告訴年輕人不要獨自面對。他主動提出合作解決問題，就像他在物理課堂上解決學生的問題。

一旦獲得了塞吉歐的回覆方式，我們便與心理學家合作，使這些回覆更深入根植於協同心態的理念。

與開發成長思維的德韋克，以及共同開發協同心態的布萊恩、詹森、丹妮爾、梅根和格羅斯一起，我們提出了如BOX 7.6所示的回覆，展示塞吉歐三部曲的實際應用。

BOX 7.6

以協同心態回應申請大學者的問題

申請者：我夠資格進入大學嗎？

塞吉歐／德韋克／布萊恩／格羅斯／葉格博士：我很高興你向我提出這道問題，這是一個深刻的問題，我認爲以正確的方式思考這個問題非常重要，而且許多學生在這個階段可能都會問自己這題，但並不是每個人都敢向別人徵詢意見。

我認爲這麼多人擔心的主要原因是社會會根據你進入哪所大學，來衡量你有多優秀或有多聰明。然而，大學並非用來評斷或測量你，它是爲了提供機會給你，讓你成長和發展你的知識和思維（**確認壓力源：成長思維**）。

別誤會我的意思。那些擔心的感受是眞實存在的，有時甚至讓人感到不堪重負。但是從我的角度看，你之所以擔心這件事，說明了一個重要的訊息：你非常關心這件事，且希望在這方面做好，而這正是成功的關鍵。我要你試著把擔心看作是對於所關心事物的一個提醒，然後利用這種關心，專注於爲在大學學習和成長的機會做好準備（**確認壓力源：壓力可以增強表現**）。

我能請你分享更多想法嗎？當你開始懷疑自己是否夠資格念大學，你主要會想些什麼（**嘗試理解**）？讓我們看看能否幫助你專注在更有信心的事情上（**提供合作**）。

在米卡拉·瓊斯和麥克·克拉伯主導的一項研究中，我們向一千名年輕人分享了原始顧問的回應和塞吉歐的三部曲回應。他們認爲塞吉歐三部曲的回應更具優越性，比其他回應更有效提供有力的支持。

現實中的共情

我想聽聽那些經歷過壓力和悲傷的年輕人的看法，於是我連繫了哈薇，問她對塞吉歐三部曲回應的看法。

哈薇告訴我：「我認爲塞吉歐的方法很棒。」她喜歡塞吉歐讓人感到被認可和傾聽，同時建議以更好和更樂觀的方式去思考壓力的方法。哈薇認爲，塞吉歐的提問幫助那些陷入壓力或憂鬱的年輕人的聲音能夠被外界聽到，進而在他們的思維聽起來過於絕望時糾正它。

哈薇稱塞吉歐三部曲爲**「現實中的共情」**。她的意思是指，塞吉歐並沒有試圖讓年輕人相信一切不會有事，他誠實地談論他們面臨的挑戰，讓年輕人的處境變得合法化，他也利用這份誠實，讓對方到達一個更有希望、更樂觀的地方。

我問哈薇，她在母親剛去世時，是否曾收到任何令她感到無助的回應。她確實收到同學和教授給她的一些空洞建議，無非都是些制式答案；他們給哈薇的樂觀回應陳腔濫調且虛假，她討厭那些口號，比如「一切不會有事」「妳需要時間平復」和「這一切的發生其來有自」。

她認為這些安慰的話語是為了說服他們自己表現出對他人的同理心，但這些話實際上對她並沒有幫助。她想要的是誠實和直言不諱，而不是空洞的安慰。「我要的是眞實的安慰。」她說。

最後我問她，是否認同當初教授對她不假詞色的回應。我想知道這一點的部分原因，是因為哈薇也曾是我的學生。因為當時我只能猜測，沒有證據佐證，我不免納悶自己在學業上的嚴格要求，加上後勤的靈活調度是否是正確的決定。

「這對我的幫助很大，」她說，「這傳達了一個訊息：『我理解你正經歷的事情，但我仍然希望你能從這堂課學到有用的知識。』」最終，畢業論文給了她一個努力的目標。「雖然得付出心力，但對我來說這麼做是值得的，讓我在母親去世的創傷中稍微分散注意力。」

哈薇的例子十分啓發人心。

經歷了這一切後，她在快速發展的金融服務業有了不錯的職涯發展。雖然心中仍為失去母親感到痛苦，但她知道母親會爲她所取得的成就感到驕傲，哈薇也從自身的故事得到安慰，因爲這能夠幫助未來具有導師心態的領導者學會更有效地談論壓力。

第八章
目的

爲何要學習

戴蒙．孟丘斯現爲摩根大通機器學習部門的領導者，在他的職業生涯早期，曾在住房貸款部門擔任經理。孟丘斯的團隊分析市場趨勢，以幫助銀行設定合適的貸款利率。這是一項需要關注細節的工作，主要由剛從大學畢業的二十二至二十五歲分析師進行。

孟丘斯告訴我：「他們在電子表格上埋頭苦幹、努力工作，加班時間很長。」會如此專注在工作上是因爲這攸關許多人的生計：想像一個家庭坐下來準備簽署房屋買賣合約，認爲他們將支付百分之四的利率，卻突然被告知需要支付百分之六的上升利率，每月的付款金額因而提高，進而影響人們依據利率來規畫整體財務，對他們的生活造成重大的影響。所以孟丘斯的事實核查員對房屋購買貸款申請必須做到百分之百精準。

他如何激勵員工認眞對待每一份申請，而不會讓自己看起來像個專制的老闆？

如何給予年輕人更有意義的學習理由？

父母（包括我自己）經常會面臨同樣的問題。我們坐在餐桌旁，試圖讓孩子做作業，更不用說要他們全心投入完成論文或社會科報告。青少年會直視我們的眼睛，帶著強烈情感說出：「爲什麼要寫作業？」他們讓我們成了瞠目結舌、毫無說服力的傻瓜，只能想出一些蹩腳的理由，比如「因爲我說的」或者「因爲你的老師說的」。我們還有更好的做法嗎？

如果應用了書中目前爲止的所有方法，你生活中的年輕人會知道他們在適當的支持下可以達到高標準。但是，他們可能仍會問：「爲什麼我需要達到你的高標準？」畢竟，成長是艱難的一件事，正如我們所看到的，它可能會帶來壓力。如果我們無法幫助年輕人找到一個令人滿意的答案，他們很可能會覺得不值得承受成長的壓力或不適，最終變得冷漠。

我們能否發展導師心態的做法，給予年輕人更深層、更有意義的成長和學習理由？

不只是機械化地學習

佩拉在她的數學課堂上面臨的正是這項挑戰。

她在德州東北部一個小鎮教國中二年級的代數課，該鎮位於德州泰勒和路易斯安那州什里夫波特之間，人口約四千兩百人。我在州代數測驗前六週見到佩拉，她還有六週的時間向校長、社區和自己證明今年的學生會比去年表現得更好。

儘管她戴著大大的粉色框眼鏡，並用粉紅色圖案的窗簾裝飾課堂，但是沒有人會說「佩拉是個溫柔的老師」。

「我是軍人妻子。如果你問我一個問題，那你最好做聽實話的準備。」她告訴我。雖然佩拉熱愛學生們，但她還是無法控制自己——她太過在意這幾十名學生在州測驗中的表現，甚至還影響到她的自我價值感。

「成功通過佩拉的代數課」這件事，對學生來說代表著一個關鍵的分岔路口。如果他們在代數課上表現不佳，就無法進入高要求的高中課程（如高級科學或以微積分為基礎的數學課程），而嚴格的高中課程能「預測」誰將來能獲得大學學位。

不幸的是，在她的社區裡，大約只有百分之十的國二學生在州測驗中達到或超過該年級的水準。

這項測驗不僅是一項評估的手段，還決定了她是否能為班上這些十三、十四歲的學生創造一個充滿機會的未來，而她不知道最終結果會如何。

佩拉希望能保持她去年取得的進步，當時她的勞工家庭學生——特別是那些學習英語做爲第二語言的學生，表現達到了多年來的最佳水準。她將去年的成功部分歸功於課堂文化的轉變，這項轉變來自一個名爲「科學參與研究獎學金」計畫，她的學生是參與該計畫的首批學員。

這是一個利用參與科學，來推廣和發展像塞吉歐這樣的導師心態實踐者而開發的計畫。她喜歡這項計畫，因爲它幫助她改變孩子們對數學的厭惡態度。「我不是一個感性的人。」她這麼告訴我，但這項導師心態計畫鼓勵她開始重視學生的觀點。

佩拉讓學生在課堂上討論困惑和錯誤，這是以前從未做過的事，因爲她很害怕把話語權交給一群學生。佩拉甚至會詢問學生對課程的看法，以及她要如何支持他們達到她的高標準。對於一個像她這種以前不願採取這些步驟的人來說，這些變化代表著微小但重要的進步，並且促成了有史以來最佳課堂文化表現。

但當她的第二批學生的考試日期臨近，一個問題依然存在：學生們似乎忘記他們在一開始學過的概念——比例、比率、指數函數、多項式。她懷疑孩子們只是死背硬記算法，然後在每次單元測試後就忘得一乾二淨。佩拉需要激勵學生掌握數學概念背後的深層意義，而不只是機械化地學習一門科目。

看不見學習的意義

爲什麼佩拉的學生只停留在學習的表面層次？

她告訴我：「他們看不到學習數學的意義。」雖然她的導師心態文化成功讓學生相信自己**可以**學會數學，但他們仍然不知道爲什麼**應該**學習數學。

佩拉試過所想到的一切。她告訴學生這些考試對她、學校、他們的未來有多重要。她還舉辦了職業日，邀請當地成年人來解釋如何在工作中運用數學。

可是，這麼做還是沒什麼作用，她能激勵學生交作業，但無法讓他們深化學習。時間所剩無幾，氣餒的佩拉向我尋求建議：「如何讓數學變得有意義？」她呼出一口氣，差點泛淚。「他們根本看不到數學有什麼用途。」而且，她任職的學校的孩子們並不是唯一例子。「我在十個州的十所學校教過書。所到之處都是一樣的情況。」

即使是優秀的教師也會爲支持那些尚未找到學習目的的學生而苦惱。回想一下先前提過的亮點教師（包括塞吉歐教師帶領的學生），當我們調查他們的學生時，看到了強烈的導師心態文化——百分之八十三的學生同意「我們可以犯錯並感到困惑」，百分之七十六的學生同意他們的老師「在我感到困惑或氣餒時，仍能激勵我繼續堅持並努力嘗試」。但當我們問到有關學習和記住最難內容的更深層次目的，而不只是記住簡單的內容時，這些數字下降了——只有百分之五十一到百分之五十七的學生願意接受學習帶來的挑戰。即使是在擁有最佳課堂文化的班級，仍有將近一半的學生未能看到學習的意義。

做為成年人，我們意識到可以透過代數學習邏輯推理，這對最終的職業目標選項至關重要，但要建立這種連結需要一連串的抽象複雜認知。從因式分解多項式跳到邏輯推理的過程是一個大躍進。年輕人如何做出這樣的認知跳躍？

短期自我利益和長期自我利益

在另一項研究中，我們要求不論來自貧困或是精英學校的五年級到高中一年級學生，解釋為什麼學習和保留核心課程（英語、社會研究、數學和科學）中所教授的概念至關重要。沒有一位學生主動提到所學內容與未來想擁有的技能之間有所連結。相反的，學生會說著類似「我不知道為什麼我需要學英語」或「我的科學課毫無意義且無聊」的話。

當學生們偶爾被問及在學校努力學習的原因時，他們談論的是成功的等價交換價值，而不是實際獲得的知識，他們努力的理由像是「為了取得好成績」或「向小弟證明我能成功」。學生不一定需要學習和記住課程內容來實現這些目標。事實上，盡可能滿足每位老師的要求往往是獲得好成績的有效策略，這樣你就可以有更多時間專注於其他老師的作業。

在西方文化中，成年人常提供給年輕人兩種學習的理由：**短期自我利益和長期自我利益**。

短期自我利益可以表現爲一種誘因，例如「你學的東西很有趣，因爲它與你喜歡的事物有關連」；或是一種威脅，例如「如果你不好好學習，當心我會把你罵到臭頭，或是懲罰你，讓你感到無地自容」。

長期自我利益通常遵循這樣的模式：記住這些課程內容，然後在考試中取得好成績，在學校表現良好，然後進入一所好大學，最終在你成爲成年人的時候擁有更幸福的生活。

致力於將遊戲化元素引入課堂與教學的設計者，通常採用短期自我利益的誘因策略。這些專家把行銷人員藉由討好消費者的行銷方式運用在教學設計上，例如，如果行銷人員知道你喜歡藍色，他們就會利用你的偏愛，投其所好。

時間貼現

我曾參加一場亞利桑那州立大學與全球矽谷峰會合辦的座談會，這是一個針對教育科技的高層主管和投資者的會議。一位設計師驕傲地告訴我，他的產品是利用人工智慧，並根據學生的興趣改變數學題目，舉例來說，如果一位棒球迷要解出X，那麼電腦可以將X轉換爲某位球員的打擊率；如果一位學生喜歡抖音，X可以是他們最喜歡的明星一年賺多少錢，或者他們需要多少追蹤數來增加廣告收益。

但這種設計不怎麼有效，因爲這類相關性不具有感染力。只因爲一項解題任務與某些愉快的事物相關連，並不意味著可以製造出樂趣。打棒球非常有趣，但計算有關棒球的統計數據則不然——除非你本來就熱愛數學。經由表面相關性產生的吸引力道十分微弱，根本無法與其他諸如乾脆放棄學習、和朋友一起玩樂，甚至收看體育頻道的選擇相比。

訴諸長期的自我利益的策略效果更差，因爲其中存在著眾所周知的**「時間貼現」**問題。這是指未來的獎勵或懲罰往往比當前的價值更少。

你會選擇現在獲得五美元還是一年後獲得十美元？許多人會選擇現在得到五美元。經濟學家會說，這意味著你願意支付五美元以獲得立即擁有這筆錢的權利，也就是說，十美元的價值被折扣爲一年後的五美元。

但不同的人可能採用不同的貼現率方式。你會選擇現在得到五美元還是一年後得到五十美元？有些人會說現在五美元，而另一些人則會選擇一年後的五十美元。研究人員利用許多現在和未來的組合，重複這一系列的問題，直到他們能畫出一條曲線，指出某人在現在和未來之間願意接受獎勵的精確比例，這就是個人的時間貼現率。

經濟學家承認，一定程度的折現是合理的，因爲能夠現在使用金錢而不是等到以後才能使用，自有其吸引人的價值。例如，你可以現在投資會增值的資本，而通貨膨脹則會降低未來的貨幣價值。然而，參與研究的受試者往往會大幅折現未來的金錢價值，而這種計算遠超出合理化的範圍。此外，研究人員還發現年輕人的時間貼現率相比成年人來說，更具「雙曲線」特性——也就是說，他們更傾向於貶低未來獎勵的價值。因此，年輕人的思考方式與經濟模型認為的「不理性」方式類似，因為這涉及到當前獎勵、懲罰與未來獎勵、懲罰與價值之間的權衡。

更為具體的長期獎勵

在時間貼現研究的基礎上，可以看到為什麼傳統的長期自我利益理由對年輕人起不了作用：**成年人要求他們放棄當前的樂趣，以換取未來的不確定性**。這種論點是：不要和朋友玩耍、瀏覽網頁或試圖取悅你喜歡的人，這樣在你三十多歲的時候，才可能有一份只能勉強餬口的工作；不要現在就吃棉花糖，這樣二十年後才能得到兩顆棉花糖。我很難想像即使是最有自制力和最令人信任的青少年，會認為這是一筆不錯的交易。

但是等等。這些時間貼現的證據是否意味著青少年的大腦存在缺陷、目光短淺或不理性？是否意味著他們完全無法做出理智的決定？是否意味著過量的睪固酮讓他們變成衝動的快樂追求者？

其實並非如此。學習的長期獎勵（例如，大學、職業、薪水）對年輕人來說可能過於抽象，以至於他們無法理解。如果這些獎勵更具體，那麼年輕人或許會以更理性的方式延遲滿足感。

研究人員以前曾犯過這樣的錯誤，幾十年來，生物學家認爲非人類動物（如獼猴）是衝動的，只專注於眼前的獎勵。可是一旦提供給獼猴一種與日常生活（尋找食物）更相關的時間貼現任務，牠們就顯示出願意放棄適度的即時獎勵，以換取未來更多的獎勵。

同樣的，發展科學家認爲，透過向年輕人提供日常社交生活中常見的獎勵和懲罰，就可以克服他們的目光短淺問題。如果年輕人的大腦追求社會獎勵（如地位、尊重和威望），且希望避免社會失敗（如羞恥、屈辱和拒絕），就可以將這些動機轉化爲健康發展的資產，而不是負擔。

年輕人的社交敏感性推動著學習的引擎，幫助他們融入甚至改變社交環境。這一點部分來自於「探索體驗學習」教育模式的成功例證。

解決方案

在芝加哥的「北極星特許學校」，是一所從幼兒園到國中二年級的公立學校，在這裡，學生不會問「我爲什麼要這樣做」，因爲學校的座右銘提供他們對未來的抱負：「我們共同努力，爲此目的而變得聰明。」以及這一理念在課堂上如何具體展現。

艾米拉．羅林斯在北極星的國中一年級社會課探討美國憲法時，他們不僅背誦出《權利法案》，還會深入探討這份文件對當代公民身分的積極意義。在以公民身分探討這份法案之後，艾米拉的班級決定行使他們的權利來改善社區的槍枝暴力問題，這在她所處的芝加哥地區是一種常見的暴力，其中一位班上同學因此成爲受害者。

艾米拉的班級發起一系列計畫，採訪致力於和平的社區英雄，記錄他們的故事，並將其出版成刊物。接著，其他同爲國中一年級的學生負責編寫、導演並製作反暴力的公共服務廣告，在當地電視臺播放。然後，他們還組織了一個和平日，號召芝加哥市民在這一天放下槍枝並參與志工服務。艾米拉帶領的這群學生成功地在那一天停止了所在區域的槍枝暴力。

在這個過程中，學生們並沒有因爲得到關於如何使他們的文章更尖銳或更有說服力的批評回饋而抱怨，相反的，他們積極享受研究、採訪當地領導者、爲採訪準備詳盡的筆記、修改和編輯他們的草稿，以及計算公共服務廣告預算和成本。他們希望在歷史、寫作、演講和數學方面變得更加睿智，因爲每門學科都有其用途。

北極星特許學校只是探索體驗學習教育網路的其中一所學校，該網路在三十二個州的上千所學校中，服務超過四十五萬名學生。二〇一九年，代數學習系統Mathematica發表的評估研究發現，接受「探索體驗學習」的學生在三年內的數學學習進度，比起公立學校的同齡人快大約十個月。

然而，「探索體驗學習」突出的地方在於，學生們願意接受艱難科目帶來的挑戰。這種學習方式並非透過失敗的威脅、糖果的賄賂或將家庭作業變成影片遊戲來激勵孩子們，相反的，採取「探索體驗學習」的學校讓學生們完成有意義，且與現實世界相連結的專題研究，而這些研究報告也達到卓越的標準、服務更深層的目的，例如為社區做出貢獻。

即時的社交獎勵

奧克蘭一所「探索體驗學習」學校，讓學生結合數學和科學來測試梅里特湖的水質、調查公眾意見，並向市議會成員提出一項即將投票表決、價值一億九千八百萬美元的債券發行提案。

在佛蒙特州，學生們透過數學和訪談計算學校的碳足跡，做為報告的一部分，並向學校董事會提出使用風力、太陽能和生質能等替代能源的建議；在聖地亞哥，在上數學課的中學生寫了一部小說，幫助應用數學知識有困難的學生，在每一章解釋不同的核心數學概念；在阿什維爾，中學生掌握了比例和比率的概念，並使用一種不同於土地面積之外的指標來繪製世界地圖，以此展示諸如電力使用量、因愛滋病死亡人數或經濟發展等社會問題的規模；位於紐約基尼斯社區特許學校的六年級學生主持一項「重塑羅賈斯特」計畫，他們設計、進行分析，並報告公眾對該市重新利用伊利運河水道計畫的看法。學生們採訪了一千多名市民，在報告中產出了複雜的統計分析，並向市長展示這份報告。幾年內，該市採納了許多學生們的建議，並承諾投入數百萬資金做為城市振興計畫。

如同芝加哥的北極星特許學校，「探索體驗學習」學生不會問：「我爲什麼要用代數計算這些統計數據？」或「你爲什麼要批評我的學習態度？」他們清楚知道爲什麼需要學習困難的新概念，以及爲什麼需要接受不斷的批評性回饋。

採取「探索體驗學習」學校的青少年並非單純的利他主義者。這些項目計畫同樣充滿了社交互動、賦予地位和尊重。當他們在外面測試水質時，這項工作是有意義的，但他們也在其間開心地與同儕互動，並嘗試透過「看起來聰明和博學」來互相打氣。這些即時的社交獎勵可以激勵他們忍受學習新技能的艱苦，以實現長期的成功。

意義比起興趣，會更受關注

榮恩・伯格是「探索體驗學習」的設計者之一，也是一位著名的導師心態傳奇人物，其理念是賦予深度學習目的。在他一 十八年的教學生涯中，也曾因爲賦予學生艱難挑戰和標準過高而讓學生苦不堪言，但當他與學生們建立起深厚的關係之後，使得今天若有機會與學生們相遇，他們總會熱情地擁抱或握手。過去二十年間，伯格持續不斷闡述和傳播「探索體驗學習」的教育理念。

「意義比起興趣，會更受關注。」伯格告訴我。他認爲課程設計者過於依賴短期利益和長期延遲滿足，做爲激勵孩子的方式。在伯格看來，這兩者都不完全正確。「我們的社會經常發出這樣的訊息：『現在花時間學習，將來容易找到好工作。』我們每年都在告訴美國五千萬名學生要等待第二顆棉花糖。」伯格認爲，更有效的做法是立即給年輕人意義和目的，讓他們學習知識技能，以實現對社區和他們的社會聲譽產生直接影響的目標。因爲這些技能也是學生在中學或大學所需要的知識，所以對長期自我利益也有好處。

當這樣做時，學生會認眞對待學習，伯格是這麼解釋的：

> 「如果你告訴孩子們要學習二戰歷史，因爲這對未來的生活或是考試很重要，善於取悅他人的孩子會願意學習，但那些不在乎的孩子會說：『辦不到。』然而，如果你告訴孩子們，他們將在三週後訪問一位從未被採訪過的二戰老兵，而他們能夠透過首次挖掘這位老兵的故事來尊重他，就會產生一種巨大的學習壓力——如果你因爲沒有準備好，導致沒有尊重這位老兵，將面臨可怕的羞恥感。這是一項非常具有挑戰性的作業。孩子們必須閱讀資料、尋求回饋；進行小組合作，承擔艱苦的工作，這不只是因爲有趣，而是因爲這麼做具有意義。這是對於自尊和成就感的即時滿足感，無關乎糖果或分數。」

「探索體驗學習」教育理念源自受歡迎的「外展教育」計畫，該計畫帶領年輕人在荒野中進行生存探險。其核心信念是「年輕人的潛力遠超過我們對他們的評價」。

你是被需要的

此外，當我們把年輕人視爲能夠做出有意義貢獻的人時，他們會變得高度積極。外展教育計畫的創始人科漢是一位猶太人，二戰期間遭納粹俘虜，後來逃往英國，並共同創辦了多所成功的學校。伯格認爲，「探索體驗學習」教育的成功可用科漢的話總結：

「贏得年輕人的方式有三種：說服、強迫和吸引。你可以對他們講道，這就像沒有餌的釣鉤；你可以說：『你必須去志願服務。』這是來自惡魔的做法；你可以告訴他們：『你是被需要的。』這樣的呼籲總是能達到效果。」

「你是被需要的。」當我們這樣傳達時，等同於在對年輕人說：「你的技能、精力、才能和貢獻都是不可或缺的。」這些事情很重要，給了年輕人存在的理由，並幫助他們承受任何困難。

「探索體驗學習」教育的故事提供了一個簡單的解決方案來激勵年輕人。一般來說，成年人往往從錯誤的動機來源著手。我們訴諸於一些輕浮或實用的動機，例如即時享樂或長期的自我利益，這可能是因爲我們的社會對於青少年的神經生物學無能的集體認知所致。然而，這種文化世界觀讓我們忽視了年輕人其實願意爲了追求意義、重要性或貢獻而放棄許多樂趣，因爲這些追求提供了獲得地位和尊重的途徑。

伯格經常舉例，年長者去購物中心時，常常會抱怨那些懶惰、不成熟、無所事事的青少年。然而過一會兒，當他們坐在餐廳裡，獲得一位精明有禮、服務俐落的青少年提供的完美服務，卻幾乎沒有注意到其中的差異。

總體來說，伯格認爲我們對年輕人的文化信念是錯誤的，這讓我們陷入了錯誤的方法。這種具有缺陷的文化信念體系被稱爲**「自我利益規範」**。

自我利益規範

自啓蒙時代的哲學家湯瑪斯．霍布斯撰寫《利維坦》以來，西方社會一直相信人性本是自私的，但史丹佛大學商學研究所心理學教授戴爾．米勒教授提出了另一種觀點：如果人們是認爲其他人也是自私的，所以才選擇自私行事呢？所以他創造了「自我利益規範」此一術語。

米勒認爲，人們傾向於順從普遍認知爲常規的行爲，因此，對利己主義的感知會引發連串模仿利己主義者行爲的迴圈。

這一區別很重要。如果人們本性是完全自私的，那麼激勵他們的唯一方法就是訴諸人們的自我利益（見第四章中提到的X理論）。但如果人們之所以看起來自私，只是因爲他們想符合他們所認爲的規範，那麼我們便能提供其他超越自我利益規範的理由來吸引他們。

米勒舉了他在一九九〇年代進行的一項捐血研究，做爲自我利益規範的例子。

在徵詢潛在的血液捐贈者時，米勒的團隊向其中一半參與者詢問他們是否願意免費捐血，而另一半則被詢問是否願意爲了十五美元捐血。米勒甚至詢問所有參與者，提供報酬一事是否會讓其他人更有意願捐血。

結果顯示，利用報酬做爲自我利益的誘因——也就是提供金錢，並未影響人們捐血的可能性。然而參與者認爲，如果有報酬，其他人捐血的可能性會翻倍。基於這項研究及類似的其他研究，米勒得出以下結論：在美國，人們經常認爲自我利益的動機影響比實際情況大得多。

失去學習的深層動力

由於許多成年人，包括教師、家長、教練、管理者等，也同樣遵循自我利益規範，他們可能對年輕人的動機持有狹隘且不宗整的看法。

例如，教師若認爲學生本質上是自私的，他們可能會利用自我利益的理由來吸引學生學習。至於那些內心眞正關心社會正義和社區貢獻的學生，則會因此認爲老師只在乎自我利益，導致他們不再討論與自我學習相較之下更有意義的其他事，教師也因此不會提及學習的更深層次意義。自我利益規範限制了教師在激勵年輕人時所能使用的動機來源。

此外，學生可能會觀察到周圍同學從未在學校討論過正義或貢獻，他們可能會覺得自己與其他人在理性與自我利益的動機上格格不入。這些無效的理由無法激發學習動機，而感到挫敗的教師可能因排山倒海而來的壓力，提供更多的獎勵或更嚴厲的懲罰或威脅，從而加強負面回饋循環。如此發展下去，最終會導致學生幾乎完全失去了學習的深層動力。

這個循環是可以打破的！「探索體驗學習」教育的例子證明了這一點。我們進行的一系列科學實驗旨在激發年輕人的學習目的，這些實驗證實了青少年的「時間貼現」大腦，並不會讓他們短視近利。當成年人訴諸更深刻、更有意義且超越自我利益的規範時，青少年仍可以受到強有力且持久的影響。

促進健康飲食的方法

青少年肥胖問題已經持續增長數十年，並帶來嚴重後果：糖尿病、心臟病甚至早逝。一個人因飲食問題受到肥胖的影響比起缺乏運動大上五倍。加工、高熱量的垃圾食品（例如：奶油餡蛋糕、起司夾心餅乾、汽水和能量飲料）都是導致肥胖的主要原因之一。根據統計，即使能持續減少百分之一的高熱量食品攝取，都能阻止或逆轉肥胖危機。因此，公共衛生專家已經投入數百萬資金，開發了各種計畫，試圖改變青少年的飲食選擇。

不幸的是，這些計畫並未奏效。奧勒岡研究院科學家艾瑞克．史蒂斯博士研究了過去所有計畫的執行效果，發現平均來說，它們並未達到任何改善目的。事實上，參與這些計畫的青少年往往比那些未參與的人更容易增加體重。

許多傳統的反肥胖計畫與中學生的健康課一樣，存在著相同的缺陷，包括關於當今飲食的選擇對長期健康影響的講座，並試圖以獎勵的方式鼓勵健康飲食（例如積分、獎品、遊戲和比賽）。這些務實且自我導向的方法注定會失敗。

對青少年而言，「二、三十年後體重可能會超重」或「罹患糖尿病的風險很高」等敘述太過抽象，無法激勵他們改變飲食習慣。鼓勵健康飲食的微不足道小獎品根本不能與食品公司花費數十億美元，讓他們對垃圾食物上癮的努力相匹敵。

在我當中學老師的時候，親眼目睹了這一現象。

一位瘦高的國中一年級女孩伊莉莎白每天午餐都吃同樣的東西：辣味奇多，搭配一瓶麥根沙士。我告訴她，這些不健康的零食將來會傷害身體。「我知道，可是我現在很瘦啊！」她反駁道。「而且這很好吃。」爭論結束。

二〇一二年，克里斯多夫．布萊恩、辛蒂亞．伊諾霍薩和我問自己：「如果傳統的務實論點無效，那麼什麼才會有效？」這道問題引起了我們的興趣，因為它展現了本書討論的改變行爲挑戰。

實驗室中的食品科學家設計出使人上癮的加工食品，青少年食用這些加工食品能立即獲得明確的享樂回報，而不吃它們則需要承受喪失享樂的權利。

健康飲食同樣有社會成本。試想，一位十三歲的孩子端著沙拉和一杯水坐在餐桌旁——在學校裡，他們很可能會被吃著榛果巧克力棒、洋芋片、喝能量飲的朋友取笑。健康飲食的目的是什麼？這名健康的十三歲孩子難道要說：「我吃沙拉是爲了避免五十歲時得糖尿病嗎？」這種解釋可不會受到歡迎。

布萊恩、伊諾霍薩和我認爲，如果能解決這項挑戰，或許就可以將我們的方法廣泛應用於改變青少年的行爲上。

更溫和、友善的「習慣英雄」

我們第一次涉足改變飲食行爲的領域，來自布萊恩和我在迪士尼樂園的艾波卡特（或稱「未來世界」）主題公園進行的顧問工作，目的是設計一個促進健康習慣的景點。

當時，艾波卡特才剛經歷了「習慣英雄」此一景點的失敗。該景點是由傳統公共衛生研究人員支持設計的，在最初的展區中，遊客扮演一個體重超標的孩子，在健美訓練員威力先生和凱莉·史坦尼克的帶領下，穿越幾個房間，對抗反派角色（這些反派全都過重）——圓胖仙女會噴射出美味的小吃，而千斤臀是一位每次坐下都會壓壞沙發的過重男人。孩子們在迪士尼景點中透過「用水槍射擊他們的頭部，讓他們放下杯子蛋糕」的方式擊敗這些反派。最終，遊戲中的虛擬角色變瘦了。《蒙特婁公報》以「迪士尼的反肥胖景區成爲『駭人』景點」做爲頭版標題，迪士尼只得迅速關閉該展區。

不久，迪士尼邀請了布萊恩和我以專家的身分重新設計這個景點，利用行爲科學的觀點進行園區改造。我們有一段時間住在艾波卡特，與「幻想工程」一起合作，建立一個提倡健康的改良版景點。

我和布萊恩決定顚覆傳統觀點。與其圍繞在健康這個議題上，我們決定完全不談論它。我們嘗試增加健康飲食的社會地位吸引力，重新打造形象。健康飲食不再因爲成年人說了算而必須做出的犧牲，相反的，我們希望它變成一個能讓同儕欽佩的壯舉。如果能做到這一點，就能讓青少年因健康飲食而獲得一個即時、具體的社交獎勵。

我們修改了展區，將重點僅放在健康行爲（正確飲食）上，而非結果（體重）。接著描繪出不同體型的主角們，展示他們都在努力追求健康。然後，我們把反派角色設計成那些阻止市民實現健康願望的邪惡鬼魂，例如「阻礙者」會偷走你眞正想吃的有益食物，並用讓人上癮的加工食品取而代之。不像舊版「習慣英雄」描繪那些想吃杯子蛋糕，卻不得不靠自制力來吃水果或蔬菜的青少年，我們描繪的是市民們紛紛衝向健康食品，而像「阻礙者」這樣的鬼魂則試圖阻止他們前往。

我們想傳達的觀點是，那些吃不健康食物的人其實被剝奪了選擇健康替代品的自由，而健康飲食者則展示了自主性和獨立性。

結果，重新設計的景點大獲成功。報紙讚揚了這個景點以「更溫和、更友善」的方式呈現主題。接下來的四年裡，數百萬個家庭參觀了「習慣英雄」的新展區。

為社會正義而戰，讓世界變得更美好

儘管如此，我和克里斯多夫・布萊恩都認爲，將鬼魂（如「阻礙者」）描繪成垃圾食品公司會更好。畢竟，這些公司才是現實生活中的罪魁禍首，他們引誘孩子們遠離天然的健康飲食，轉向不健康的飲食習慣。如邁可・摩斯的《糖、脂肪、鹽：食品工業誘人上癮的三詭計》所述，這些公司花費大量金錢讓孩子對零食上癮，甚至還特別對出身自貧困社區的年幼孩子進行行銷。

布萊恩和我發現博古斯基在二〇〇〇年代初，針對青少年吸菸問題的「眞相」運動，獲得了極大的成效（見第一章）。根據這個想法，我們認爲可以賦予健康飲食一個更廣泛的目標——爲社會正義而戰，讓世界變得更美好。

在迪士尼樂園，我們不能破壞食品業的形象，因爲負面形象會激怒廣告商。因此，我和布萊恩與當時正在寫榮譽論文的大四在校生希諾赫薩合作，將這個想法延伸到可以更自由地表現的地方。

我們在迪士尼後期的干預計畫以揭露食品公司的操縱行銷手段為主。學生們可以在課餘時間閱讀並回應一篇揭露文章。文章標題為〈美國的食物：眞實的故事〉，解釋了「食品公司在背後做了什麼，以及青少年如何挺身而出，讓世界變得更美好」。文章描述了食品科學家如何創造像辣味奇多這樣的零食——融化的起司、結合香脆和辛辣口味，繞過大腦的飽腹機制達到最具成癮性的組合。此外，文章還報導了食品公司如何使用卡通形象和吉祥物向年幼的兒童推銷垃圾食品，例如「奇多獵豹」或「老虎東尼」。甚至還揭露了卡夫食品和百勝品牌的高層管理者——其中許多人曾任職菸草公司，經常禁止自己的孩子和孫子食用這些對健康有害的產品。

這揭示了食品公司虛僞的一面，希望能藉此激起青少年的憤怒，圖8.1提供了這篇文章的摘要。

我們的揭露文章有兩個目標。首先，它將健康飲食描繪爲「反抗權威」的一種方式。健康飲食變成了表達立場，阻止食品公司高層透過謊言來控制青少年選擇的行動；其次，它強調了食品行銷對社會正義的影響。我們將健康飲食化爲替弱勢群體發聲，做爲這次的干預行動。由於自主性和社會正義都是年輕

圖8.1　關於價值觀一致性的干預摘要

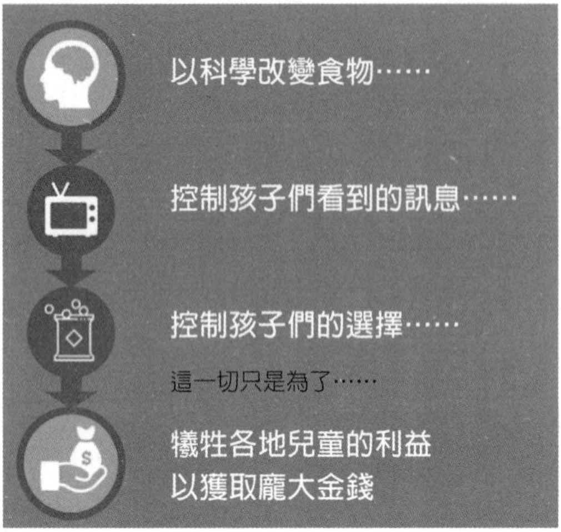
以科學改變食物……
控制孩子們看到的訊息……
控制孩子們的選擇……
這一切只是為了……
犧牲各地兒童的利益
以獲取龐大金錢

人的核心價值觀，我們推測這種新的框架會增加健康飲食的社會地位吸引力，從而激勵行爲改變。

總結來說，這篇文章旨在轉變健康飲食者的身分認同。健康飲食者不再是那些乖乖聽從成年人指示的書呆子所做的事，而是那些具有獨立思考，爲了讓世界變得更加公平而奮鬥的人。

反抗權威的顛覆性快感

這項干預行動包含了三個關鍵要素來強化訊息傳達。

首先，我們呈現了從高中生那裡收集到的引用語，並解釋如何將他們的憤怒轉化爲行動。例如，參與我們研究的孩子們讀到以下內容：

「那些人眞是虛僞透頂。我眞不敢相信那些高層靠製造讓人上癮的垃圾食品賺錢，自己卻不碰這些東西！他們變得富有，而窮人和小孩子卻吃著不健康的食物……我和朋友們立刻展開行動：再也不把錢花在那些操縱窮人和孩子去食用讓他們生病的垃圾食品公司。」——珍妮佛・H，國三排球運動員

其次，我們讓孩子們自己提出對抗食品公司的建議。他們描述了同儕如何應對這一問題。我們稱這個過程爲**「說服即相信」**練習：透過撰寫說服別人的論點，最終也會說服自己。

第三，我們設計了一個名爲**「以假亂眞」**的活動。這個活動讓孩子們看到一些具有欺騙性的食品廣告，並在廣告上塗鴉，把謊言改成眞實的敘述。

這項活動抓住了反抗權威的顚覆性快感，也將其引導至健康行爲上，圖8.2展示了孩子們的塗鴉例子。

我們將此稱爲**「價値觀協同」**干預法。將促進健康的長期行爲（正確飲食）與具有即時激勵作用的短期價値（地位和尊重）達成一致。這種方法背後的邏輯是，透過將行爲與人們已經關心的事物相結合，比起讓他們關心一些彼此不相干的事物，更容易改變行爲。

在這個例子中，與其試圖阻止國二學生的叛逆和獨立，我們向他們展示如何讓健康的選

圖8.2　一名青少年在食品廣告上塗鴉，企圖以假亂真。

說明：海報上的文案為「點沙拉時想要的東西」，青少年則在文案下面加上「就是沙拉」。

擇，與現有的叛逆和獨立價值觀相吻合。

提升健康飲食的社會地位吸引力

在這項實驗中，我們將價值觀協同干預措施與對照組進行了比較。對照組同樣專注於健康飲食，但使用的是傳統方法。對照組閱讀的文章來自中學的健康課本，以及政府推動透過健康飲食來促進公共健康的文宣。

第一項實驗評估了價值觀協同的揭露性干預，參與者爲德州的五百三十六名國二學生。我們要觀察干預對學生隔天對選擇食品的影響。爲此，校長在幾週前宣布，將發放一份零食包給國中二年級的學生，以獎勵他們爲州考試付出的努力。

在學生閱讀揭露文章的第二天早上，老師們分發了零食包選擇表，學生可以在表上選擇他們想要的獎勵，很多是加工的垃圾食品（如辣味奇多、多力多滋、雪碧或可樂），或是健康食品（水果杯、堅果、胡蘿蔔或水）。學生做出選擇後，我們的團隊當天就開始打包零食，並在放學時發放。

關鍵在於，學生們並不知道這份零食包與他們前一天閱讀的揭露文章有何關連。結果顯示，閱讀該文章後，實驗組的學生相比對照組更傾向於選擇健康的食品。

在第二項實驗中，我們追蹤學生在學校福利社購買的食品，直到學期結束。我們發現，接受價值觀協同干預的學生，尤其是男孩，購買垃圾食品的機率因此減少，且購買更多的健康食品。更顯著的改變是，這項實驗在我們追蹤的整整三個月內仍然發揮其影響力。

參與干預實驗的小孩在餐桌上更願意選擇沙拉或水果杯，而不是辣味奇多和可樂。分析顯示，這種改變的原因在於我們**提升了健康飲食的社會地位吸引力**。健康飲食不再看起來乏味，而是變得令人驚豔。

此外，我們分析睪固酮水準所得到的發現最爲有趣。

在研究之前，我們收集了國中二年級學生唾液中的睪固酮樣本（前提是經過他們父母的書面同意）。結果發現，當青少年閱讀的是對照組文章時，該文章僅提供典型的中學健康課本所列出的飲食和健康資訊，他們的睪固酮水準預測了有更多人願意購買垃圾食品，尤其是男孩；然而，當參與者閱讀的是價值觀協同的揭露文章時，情況恰恰相反，睪固酮水準較高的男孩——那些通常看起來最衝動和短視近利的人，做出了最健康的選擇。

這一結果確認了神經生物學無能模型的一個重大缺陷。

我們不應將青少年大腦視爲因青春期的荷爾蒙而存在根本缺陷，而應將其看作是能夠在獲得地位和尊重的前提下，發生變化的預備狀態。我們透過健康行爲與青少年的價值觀協同來充分利用這種預備狀態。

無聊但重要的任務

二十年前，我是一名中學英語教師，教學稱不上出色，但我所做爲數不多的幾件正確事情之一，是指導我的國中一年級班級閱讀《異鄉人》後，所發起的活動。

這部小說以衝突和死亡結束。我利用這本書的教訓來爲低年級學生設計一個解決衝突工作坊，由他們進行主題分析，分析每個角色及動機，並利用這些分析，撰寫和表演充滿人生道理的短劇。

如同「探索體驗學習」教育的學生，我的學生們進行了廣泛的研究，尋求批評性的回饋、堅持不懈，並達到了高標準。

這段經歷在我攻讀研究生學位期間始終留在腦海裡，我想知道：將學習任務與超越自我的目的相連結，能否激發深入學習的動機？

二〇一四年，我發表了一篇論文，顯示這是可以實現的。

關注細節背後的目的

這項實驗始於一個簡單的觀察。

許多幫助學習和掌握重要技能的任務都很乏味，我稱這些爲「無聊但重要的任務」，例如，在數學題中，展示你的計算過程、校對和編輯論文，或在電子表格中仔細檢查數據。這些都是在摩根大通的抵押貸款部門工作必須具備的特質。當年輕人沒有充分理由去努力完成這些任務時，他們會覺得做這些事像是被迫占用時間，所以也就不會仔細關注細節。

然而我們假設，即使這項任務並不有趣，但是**當年輕人看到關注細節背後的目的，可能會受到激勵而努力做好這件事**。因此，我們的目的干預旨在灌輸這樣的觀點。

這項干預以線上調查方式進行（大約二十分鐘），方法類似成長思維、壓力思維和價值觀協同干預。它傳達了三個訊息：（一）深入學習技能對未來的許多職業或角色是有用的；（二）你可以利用這些技能來改變一些超越自身利益的事情；（三）教師出了無聊但重要的作業，是因爲他們相信這麼做將有助於你培養改變世界的技能。圖8.3的圖表總結了這項目的干預的主要論點。

圖8.3　在目的干預中展示的訊息圖表

當你……時，大腦會進行學習
努力完成作文和數學作業……
獲得寫作和數學技能，以便將來用於……
這有助於……
為自己的家庭、社區或周遭的世界帶來改變

反思重要的問題

我們如何有效傳達這些訊息？有幾個步驟可以採行。

首先，我們的干預要求學生反思對他們來說很重要的社會或社區問題——他們在想到這些問題時（比如貧困、暴力或政治分歧）會感到憤怒。此外還反思了如何擁有更強大的思維能力，幫助他們解決這些問題。

接下來，我們需要克服「自我利益規範」。爲此，我們呈現了對學生的學習動機所進行調查的眞實統計數據。我們告訴孩子：「未來能夠賺大錢從來都不是你們努力學習的唯一動機，甚至不是主要原因」。相反的，我們表示：「大多數學生說自己是出於個人原因而努力學習，比如成爲一名受過良好教育的人、對世界能提出個人的見解、渴望學習以便對世界產生積極的貢獻，或者擁有選擇按照自己方式生活的自由。」這些統計數據都是真實的，但對學生來說卻很新奇，因爲自我利益規範掩蓋了這些訊息。

調查統計後，我們加進了一些來自其他學生的引述。

高年級學生給出了這樣的陳述：「在學校表現良好，完全是爲自己可以做一些有意義的事情而做準備，這才是我所關心的。」或「我想成爲一名受過良好教育的人，因爲能獲得更多的尊重和更大的自由，去按照自己的方式生活。」請注意，我們並不否認人們存在某種自我利益，儘管這會削弱我們的可信度。但我們確實指出，人們同時擁有自我導向和超越自我導向的混合動機，做一些艱難但有意義的事情則是獲得地位和尊重的一條途徑。

最後，爲了強化這些訊息，我們要求學生撰寫一篇說服性的文章，闡述爲什麼要努力學習，以及在學校學習與「你希望對周圍人或社會產生積極影響」的關連性。

這項目的干預有效嗎？

首先我們發現，無論他們就讀的是一所精英學校，或是資源較爲匱乏的學校，還是介於兩者之間的學校，幾乎每位學生都深入探討了他們的寫作主題，並交出了有深度的內容。結果向我們顯示，這項干預觸及到學生們平常很少被要求思考的深具意義之事。

目的干預解決了時間貼現問題

接下來，我們調查了目的干預是否能激勵學生更努力地完成無聊但重要的任務。我們將目的干預（或控制活動）提供給四百二十九名學生。隨後要求他們完成「勤學任務」，這是一項測量人們在誘因面前是否仍能堅守立場的工具。

勤學任務向受試者提出一個選擇：你可以選擇「算數學」（單位減法）或「玩遊戲或看電影」（即上網瀏覽）請見圖8.4。勤學任務的計算機程式可以計算出人們算數學與上網瀏覽的時間（如同觀察自我克制的棉花糖測試）。

實驗發現，在對照組中，儘管人們停留在任務上的時間很長，但他們做的數學題卻很少，在網上閒逛的時間卻更多。但當受試者完成目的干預後，他們能夠延遲滿足，隨著時間過去，他們做的數學題因此增加，觀看影片或玩遊戲的時間減少了百分之五十。也就是說，目的干預解決了時間貼現的問題。

目的干預的好處能持續一段時間嗎？

在我們對三百三十八名國中三年級學生進行的另一項實驗中，發現目的干預在幾個月後、學期結束時，改善了學生的成績。對於起初成績較差的學生——那些最需要這項干預、最無心學習的學生，得到的效果最爲明顯。

圖8.4　勤學任務

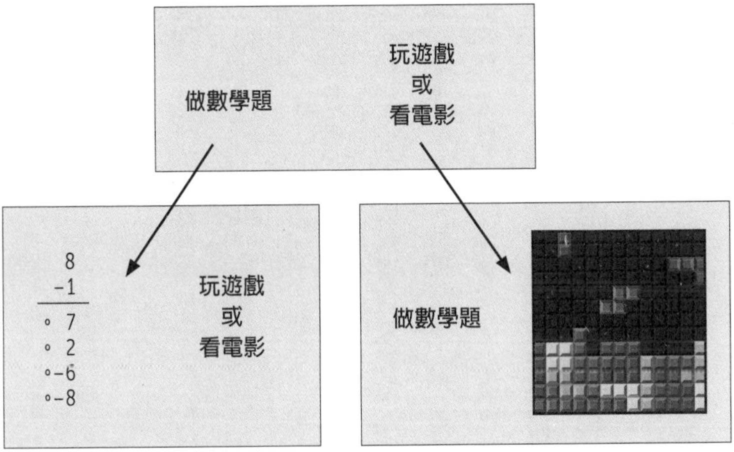

目的干預實驗顯示，如果你鼓勵學生尋找有意義的學習目的——這個目的不僅涉及對他人的貢獻，還包括透過提高技能所能獲得的地位和尊重，你就能激勵年輕人展現出成人無法在傳統方法下，所能見到的紀律和努力。

解決戴蒙．孟丘斯的目的問題

在摩根大通的抵押貸款部門，孟丘斯如何激勵二十歲出頭的員工不放過任何小細節——也就是說，如何讓他們以誠信來完成那些無聊但重要的工作？

如果孟丘斯是一位具有執法者思維的人，他會強調以自身利益爲出發點的短期目的。他會提醒員工，早上九點到下午五點這段時間，他們最好努力工作、爲他付出的每一分錢而奮鬥。**在這**

種執法者心態下，工作是交易性的，而不具有意義。

相反的，孟丘斯採取了導師心態。他向員工強調這項工作更宏大的目的：「他們必須與『客戶依賴我們做好工作』這樣的龐大敘事建立連結；必須了解自己的工作是如何幫助客戶，並且能爲他們盡一份心力。」他向團隊解釋，如果他們不幫助抵押貸款人了解他們的業務狀況，貸款人就無法配置合適且穩定的利率，這對於讓人們能購買房子來說至關重要——對許多人來說，房產是很重要的資產，而孟丘斯的團隊明白，他們的工作對一個家庭、第一次購屋者意味著什麼。

孟丘斯還強調如果團隊出錯，將會有什麼樣的後果：銀行的競爭對手最希望摩根大通讓人看起來不值得信賴，因爲這樣就能搶走業務。孟丘斯幫助團隊理解自己的工作是如何影響銀行在整個金融服務生態系統的聲譽，而且他需要在這方面特別透明。

他的許多員工剛從經濟學或金融專業學校畢業，在這些領域當中，自我利益規範占主導地位。他需要明確指出，即使在金融服務行業，他們也可以擁有超越自我的目的來幫助客戶。

孟丘斯**並非透過恐嚇員工促使他們努力工作**，**而是激勵他們對細節保持專注**。他創造了一種文化，積極支持每個人在努力滿足他極高標準的過程中，有所成長和發展。他的團隊不僅表現優異，還讓他成爲摩根大通對於培養多樣化年輕人才的頂級導師之一。

目的導向的技巧

我們如何將「目的」的科學應用於導師心態？以下是我在觀察教師、家長和管理者多年後學到的一些技巧。

目的不僅是Z世代的事

如今，所謂的新世代專家無處不在，他們似乎都重複同一套相似的說法：「現在的年輕人希望在學校和工作中找到人生的意義。」有時你會從老一輩的人那裡聽到針對此一論點的抱怨，因爲他們從來不在乎人生意義等無稽之談；他們每天準時上班，忍受那些無聊但重要的工作，然後領薪水。

人生意義這類「無稽之談」是建立在一個受到自我利益規範所啓發的童話故事。維克多·弗蘭克和科漢在大多數新世代年輕人出生之前，便已著手於有關意義和目的的研究。

我們在新一代身上看到的並不是年輕人的本性轉變，而是在人類歷史中激勵人們的因素轉變，以及他們這一代人對利己主義規範的淡化。當今年輕人更加清楚地意識到自己對人生意義的追求。

普遍而非狹窄的論證

成年人經常對年輕學子提出具體的論證，例如邀請專業人士描述他們在銷售或會計工作這類需要特定課程或技能的職業中如何運用數學。

然而，這只適用於特定職業，並不是所有學生都能從這些具體例子中獲得啓發。

學生們很可能會說：「我永遠不會從事銷售或會計，所以應該不需要加強代數知識。」通常，更普遍的論證會更有效。

例如在目的干預中，我們的論證是，代數或寫作可以教會你邏輯推理技能，將使得大腦變得更強大，然後你可以利用更強大的大腦來解決世界上的問題，並在爲社區做出的改變中，獲得良好的自尊。

我們並沒有說他們需要學習代數才能成爲一名會計師。

混合動機

在早期的研究中，我們了解到最穩定且最有意義的目的感來自於混合動機。

年輕人既希望爲世界做出貢獻，也希望擁有具有意義且受人尊敬的未來。他們並不是殉道者，單純爲了他人的利益而犧牲自己生活中的所有享樂，相反的，他們清楚知道如何讓自己和世界從他們更強大的技能中受益。

而能激勵他們「超越自我」的目的，不必僅限於社區服務，對藝術、科學或美的承諾同樣可以發揮作用。

不要引發焦慮

我經常看到的嚴重錯誤，就是以「引發焦慮」的方式來導入目的，告訴年輕人，全世界都依賴他們的學習和成長，如果他們失敗了，將會辜負所有人的期望，甚至讓人受苦——這種方式很容易適得其反。

事實上，研究焦慮如何干擾大腦運作的學者經常會在實驗室中這樣說，以引發人們的恐慌。因此，不要將目的變成一種非此即彼的命題。相反的，請借鑒「導師心態」的方法，強調你支持年輕人學習。**我們不希望激起充滿焦慮的威脅型壓力，而是要喚起能夠促進更好學習和表現的挑戰型壓力。**

第九章

歸屬感

兩個困境

克莉絲蒂娜是一名大學物理講師，她知道大多數學生並不想選修她的課程。這門課的內容複雜、作業繁重，許多學生因此感到相當吃力。由於物理課是醫學院的必修課，這使得學生的壓力更大。克莉絲蒂娜希望學生不要害怕接觸物理，但即使她嘗試過各種方法，但都沒有成功。她很友善，甚至還提供課後的討論時間，但都沒有人來找她。

她還發現，若學生來自貧困家庭或程度低下的高中，其表現遠遠不如其他同儕。克莉絲蒂娜想知道自己能做些什麼來改變這個情況？

英吉博格是一位才華橫溢的專業人士，她遍讀所有關於教養的書籍和文章。不久前，她告訴我，她就讀國中一年級的女兒諾拉在挪威學校裡遭受霸凌和排擠。諾拉的小學和國中早期的四個好友完全不理她：她們不邀請她參加過夜派對、看電影或生日派對，還把她排除在群組訊息之外。誰知道她們背後說了諾拉什麼壞話？前一刻，她還有一群接受自己的朋友；下一刻，就變成了被排擠的對象。

她的女兒感到無比沮喪，每晚都哭著靠在母親肩上問：「我怎麼了？」「爲什麼沒有人喜歡我？」「我會永遠是個失敗者嗎？」即使讀了那麼多書，英吉博格還是找不到合適的安慰話語。她想知道自己能說些什麼來幫助諾拉面對這一切？

儘管這兩個問題看起來截然不同，但它們的解決方案非常相似：都是基於新興的**歸屬感科學**。

過去十五年裡，由史丹佛大學社會心理學家葛雷格．沃爾頓領導的一系列科學突破，開啓了歸屬感科學的新紀元。他和合作者們推翻了一般人將歸屬感視爲讓人感覺良好的錯誤觀念，並提出一些經過驗證能有效促進成就和幸福的策略，尤其是對於那些被邊緣化、被刻板印象化或受到忽視的群體。

歸屬感需求

打從出生開始，人類就擁有基本的歸屬感和被接納的需求，例如，比起看非人類的臉或聽非人類的聲音，新生嬰兒更喜歡注視人臉和聆聽人聲，甚至在子宮內，嬰兒就能分辨出母親與陌生人聲音的不同。二〇一七年，心理學家卡洛．德韋克提出了一個具影響力的理論，主張這種原始的社會性來自於嬰兒爲了接受互動所做的準備——這種互動具有一種相互回應的同步性。接受這種互動有助於嬰兒生存，因爲可以拉近嬰兒和會照顧並保護他們的人之間的距離。

隨著人類的發展，我們從與照顧者的雙向互動逐漸過渡到與更大群體的互動，特別是在青少年時期，父母可能會無條件地接納我們，但同儕通常希望我們能有所貢獻。因此，被接受的需求與賦予自我能力的需求緊密相連，畢竟，向他人證明自己的能力，是獲得同儕尊重的基礎。

這一基本觀念不僅適用於同儕團體，也適用於任何制度化的情境。比如，一位在高級數學課受挫的青少年可能會說：「我不屬於這堂課。」他們的無能感決定了他們「不屬於」某處。另一方面，一名出色的花式溜冰運動員則會在錦標賽上說：「我屬於這裡。」他們各自的能力決定了個人的歸屬感。

根據德韋克的理論，這種互相影響的需求——想要擁有能力與歸屬感，最終會轉變爲青少年對地位和尊重的需求（見圖9.1）。當年輕人能爲群體帶來有價值的貢獻時——他們擁有能力且被接受，就能獲得地位和尊重，這就是所謂的**「贏得聲望」**。同樣的，歸屬感帶來的威脅將影響我們對自身能力的感受，並危及由睪固酮驅動對地位和尊重的需求。

圖9.1　德韋克的需求發展理論（二〇一七年）

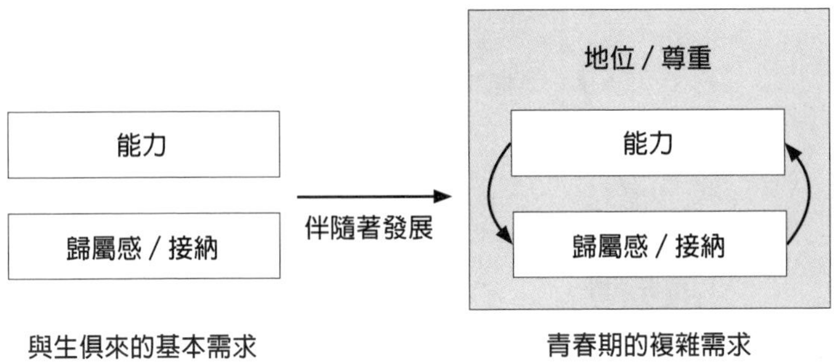

對青少年來說，失去歸屬感與嬰兒失去母愛依附的威脅一樣嚴重。因此，即使是看似微不足道的經歷，倘若年輕人覺得自己與某個群體或環境不合，就會讓他們感到自己在**智力**上無法與之相匹配，從而產生恐懼並退卻。

對環境的不確定感

當年仍在耶魯大學念研究所的葛雷格．沃爾頓在一次突破性研究中發現了智力契合與社會契合之間的連結。

沃爾頓發現，歸屬感的複雜性可以解釋讓年長一代感到困惑的青少年行爲：爲什麼有些年輕人會不惜一切，努力進入某所大學或獲得特定的工作，可是一旦事情變得困難時卻輕易放棄？

沃爾頓在後來的研究中證實，其中最大的因素是**他們對於所屬環境的不確定感**。這種不確定感促使人們去尋找那些可能暗示自己缺乏所需能力的證據，使他們無法從中獲得眞正的歸屬感。例如，受到教授的嚴厲批評、在課堂

圖9.2　對自身歸屬感和／或能力的不確定性，如何隨著時間導致更糟糕的表現

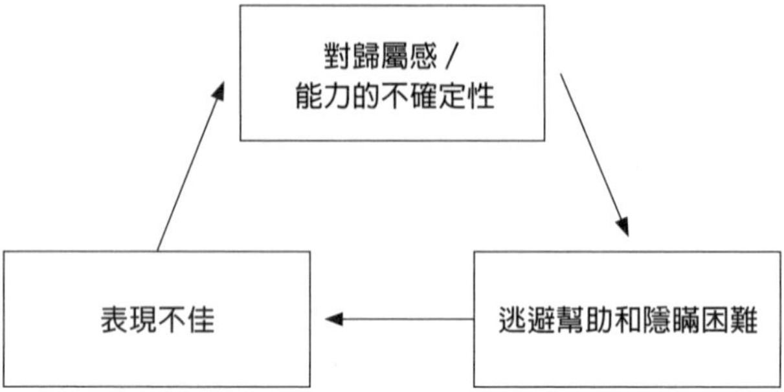

上無法弄清楚問題。如果人們擔心自己的掙扎會自曝其短，進而缺乏歸屬感，他們很可能不會尋求幫助來改善表現。結果在沒有採取自我提升措施的情況下，表現將因此不如預期，進一步加深對歸屬感和自我能力的懷疑。這個過程如圖9.2所示，表明最初對歸屬感和能力的不確定性，隨著時間過去，最後將轉變爲「讓自己打退堂鼓」！

沃爾頓的見解之所以重要，是因爲社會往往低估了歸屬感需求的重要性。舉一個顯而易見的例子，在新冠肺炎學校停課期間，全球各地都低估了隔離學習對心理和教育的影響。當人們認爲年輕人的觀點不具正當性（即神經生物學無能），便無法意識到歸屬感在青少年的福祉和生存層面上，扮演著至關重要的角色。一些懷疑論者甚至會將「我想要歸屬感」解讀爲「我希望對智力標準的要求可以降低」。

這種錯誤思維的例子出現在二〇二二年的一場學術論戰，當時紐約大學解僱了一位有機化學教授梅特蘭·瓊斯博士。

從學生的第一手描述來看，瓊斯教授是一位奉行「執法者心態」的教師，他設計的課程極為嚴苛，並嚴守教學哲學——當學生表現不佳時，教師必須有勇氣給予低分，而不必擔心遭受懲處。根據他的標準，無疑是位勇於給低分的教師（與其他教師相比，瓊斯給的分數明顯低很多）。

由於有機化學是醫學院的必修課，這意味有著更多學生無法成為醫師，而瓊斯並不為此感到遺憾。他告訴《紐約時報》：「如果你不能在分子層面理解這些（有機化學）轉化過程，我不認為你能成為一名好醫師、可以治療病人。」瓊斯的學生發起了一項罷免他的請願書，學校的管理階層也在隨後解僱了他。瓊斯的支持者以及他本人將解僱原因歸咎於當代年輕人未能達到高標準，並指責校方只為迎合一群追求拿A等成績的軟弱學生，而不是去追求學問。

然而，瓊斯的批評者則認為他設立的標準過高，況且年輕人不應該被要求記住過時的公式。雙方都錯過了關鍵點：**瓊斯在處理「歸屬感」方面的表現可以說是史詩級的糟糕**。

排他性的卓越

勞拉．揚達是一位全球公認的語言學教授，一九七〇年代曾修習瓊斯的有機化學課，她提到一個在課堂上提問的經歷。

瓊斯當時模仿了她的聲音，並要求全班同學一起嘲笑她。「五十年後，這件事仍讓我感到痛苦。」她寫道。對於瓊斯遭到解僱一事，揚達感到慶幸，因爲「所有學生都應該受到尊重」。

根據校方的報告，在紐約大學，當學生們向瓊斯尋求幫助時，他們遭遇到「輕視、不回應、居高臨下的態度以及對評分不透明」的待遇。

瓊斯的行爲在於他堅持年輕人的神經生物學無能模型，面對課業感到困惑的學生，他的典型反應是羞恥感，當被問到爲什麼這麼多學生表現不佳時，他將責任歸咎於學生不穩定的出席率、差勁的學業倫理和對電腦的依賴，而不是他未能尊重學生或與他們建立良好的關係。

他後來透過影片澄清自己在課堂上解釋不清的原因。

他認爲，學生未能通過這門課的事實，意味著他們不夠關心課業，或者不夠聰明，以至於無法成功。瓊斯從未考慮到他的課堂講座往往與考試內容無關，以及學生在課堂上感到受輕視，因此拒絕出席。

他有著典型的執法者心態：責備、羞辱、指示他人怎麼做、咆哮，但很少傾聽、肯定或回覆問題。

我讀了許多關於瓊斯博士事件的報導，每一篇抱持的基本論調不外乎：高標準是問題所在——而實際上，他失敗的原因是**「缺乏支持」**。瓊斯訂立難以達到的標準，在缺乏支持的情況下，導致大量學生質疑自己的能力，進而質疑歸屬感——這不僅出現在他的課堂上，也充斥整個醫學領域。

高標準、低支持的做法不會讓那些已經擁有所有優勢，和有家庭支持的學生感到難以應付。例如有少數家庭經濟狀況良好的表現優秀學生，對於瓊斯抱持正面的看法。倘若學生只可以運用自己的資源，來彌補教授眾多的缺陷，才能從教學中受益，那麼這**其實是排他性的卓越，而不是包容性的卓越。**

用贏得聲望來獲得歸屬感

社會心理學家瑪麗．墨菲曾對數百位大學教授進行調查。她發現，像瓊斯這樣具有執法者心態的教授，往往會創造出**「天才文化」**。這種天才文化常造就少數族裔學生和主要族裔同儕之間的成就差距。這段差距在那些對所有人都給予支持的教師眼裡有兩倍之多，而這將展開一個腐蝕性的循環，確立教師對少數族裔的負面刻板印象。倘若像瓊斯這樣的教授一開始就相信少數族裔學生無法成功，並以輕視的態度對待他們，那麼這種不尊重將會導致學生出現疏離和低成就表現，進而驗證他們的預言。

對瓊斯博士事件的偏頗報導——專注於標準，而非缺乏支持，讓我深信許多把關者對於支持歸屬感的能力不足，社會甚至不明白歸屬感是一個需要解決的問題。

即使領導者和組織意識到歸屬感的重要性，但他們根據常見思維的做法也有失偏頗，以學校行政人員設計的歸屬感宣傳活動爲例，這些出於善意的活動顯示出一種根本性的誤解。

創造歸屬感的訊息經常伴隨大學吉祥物的形象，或是找來一位年輕人拿著手板，上面寫著「你屬於這裡！」。然而歸屬感並非透過這些項目來實現。相反的，我們往往透過在重視的人面前展現出能力，來確保自己的歸屬感——也就是所謂的「贏得聲望」。

一位剛進入大學、對自己是否有能力取得較佳學業成績而感到緊張的學生，如果在入門課程中很快就遇到困難，並不會因爲學務處給他們一張「你屬於這裡！」的貼紙，就相信自己擁有歸屬感。

擁有保護者心態的人通常對歸屬感問題表現出同情，而他們試圖藉由積極思考的力量來淡化這些問題。不幸的是，這並無法發揮作用。

一切真的會更好嗎？

要理解歸屬感並克服這些無效執法者和保護者心態的方法，我們需要轉向對歸屬感的嚴謹科學實驗，它指出一個可以幫助年輕人感受歸屬感的關鍵因素：**改變和能夠改善的信念**。

我們來看一個由曾接受過卡洛．德韋克培訓的倫敦商學院社會心理學家艾妮塔．拉達主導的一項研究。

她考察了一項名爲「一切會更好」運動，它是爲了回應二〇一〇年LGBTQ＋青少年自殺潮而創立的計畫。在這項運動中，社會大衆和名人接連發布充滿熱情的影片，鼓勵酷兒青少年對未來抱持樂觀態度，因爲「一切會更好」。它展示了公衆對年輕人的同情和共鳴，同時揭示了我們的文化與同性戀青少年之間相處的困難。

拉達將這些影片進行編號並分析內容，她發現百分之七十六的影片提出了類似以下的觀點：你永遠無法改變刻薄的人對你性別認同的看法，因爲他們總是看不起你。但可以透過不同方式，找到不同的人來接納你，例如，你可以離開家鄉。

這些影片承諾了一種奇怪的悲觀視角，並告訴酷兒青少年，那些他們重視的意見，包括家人，將永遠不會接納他們。然而總有一天，他們能安心放棄現在的家庭和朋友，在其他地方找到一位可能接納他們的人。

在拉達向酷兒青少年展示這些典型的「一切會更好」的影片實驗中，參與者表示這些訊息並無法安慰人心（見表9.1左欄）。甚至還發現在少數情況下，僅有百分之二十一比例的人，針對「一切會更好」提出人們可以改變的不同論點影片（見表9.1右欄）。

這些影片主張，人們對酷兒青少年的偏見會隨著時間過去而轉變，或者，即使家人不理解你的性別或性取向，他們也能意識到自己可以無條件地愛你。在拉達的實驗中，研究參與者對這些「人們可以改變」的影片評價爲更具安慰感。此研究還提供了另一個例子，如同失敗的讚美三明治方法（見前言），提醒我們在與年輕人溝通時——特別是涉及到他們的歸屬感時，不能完全信任自己的直覺。

圖9.1　德韋克的需求發展理論（二〇一七年）

只說「一切會更好」，但未解釋人們如何改變	只說「一切會更好」，並解釋人們如何改變
你不能因所有的批評和負面評論而沮喪。如果你自己感到快樂，那麼別人怎麼看待你根本不重要。做自己並沒有錯，所以別讓任何人用這句話來責備你。如果你能學會認識並接納自己，生活就會變得更輕鬆。因為隨著時間推進，事情只會變得更好。現在看起來也許很辛苦，但只要知道「一切都會變得更好」，就能對未來保持希望和熱情。	你在年輕或求學時可能面臨的霸凌和嘲弄很快就會過去。當人們逐漸長大，他們對性取向等差異會變得不那麼在意，而是更關心個體的個性，因為他們不再需要貶低他人，才能讓自己感覺更好。一旦人們變得成熟並對自己感到自在，他們也會讓你在自己的生活圈裡感到自在。只要度過這艱難的青少年時期，一切都會變得更好。

把自己的歸屬感視為理所當然

爲什麼成人對歸屬感的直覺如此不可信賴？答案指向一條黃金法則：**我們希望別人得到我們所希望得到的東西。**

當我在就讀研究所時，已故的史丹佛社會心理學家李．羅斯曾告訴我們，黃金法則就像一條絕佳的生活準則，但並不適合遵循。這會使我們迷失方向，因爲別人不一定想要或需要我們所想要的東西，尤其是當我們比他們更感到自在和安全時。

假設你居住在紐約，一個從未來過紐約的人來拜訪你，你需要向對方說明如何搭乘大衆交通工具。假設你按照自己希望的方式給他建議，例如該搭哪條地鐵線、在哪些站上下車、是否應該搭計程車，以及應該走多遠到達某景點的詳細訊息……你傾向給予他人這樣的建議，是因爲你對這座城市有一張心理地圖；然而，這對來訪者來說卻不管用，因爲他的心裡並不存在這樣的地圖。他只需要了解一些基本概念，比如地鐵有幾條、何時乘坐或步行。總之，爲一位對公共交通系統非常熟悉的人設計的交通指南，與爲一位新手所設計的指南截然不同。

同樣的，當那些通常把自己的歸屬感視爲理所當然的成年人，試圖給處於不穩定狀況的年輕人提供建議時，黃金法則往往行不通。我們在執法者和保護者兩方面一再陷入混戰。

如同瓊斯教授這樣的執法者心態，很容易根據自己希望的學習方式來設計有機化學課。他不但是教科書的作者，還領有紐約大學的薪水！他對自己的能力和歸屬感感到安全，但他完全忘記他的學生並非如此。

同樣的，持有保護者心態的大學管理者，很容易忽略對歸屬感的潛在威脅。他們是校方人士，上過大學，而且在大學工作！當人們並未受到這種恐懼威脅時，常常淡化對歸屬感感到恐懼的重要性。

透過故事，支持歸屬感

身處於社會中，如果無法相信自己對歸屬感的直覺，那該何去何從？

我們不必依賴黃金法則，可以選擇使用導師心態。請記住，在導師心態中，我們**不會假設年輕人的觀點不合法**，因此，就不會認爲自己的直覺更可信。相反的，在導師心態中，我們相信他們在神經生物學方面具有能力。

我們認爲年輕人對歸屬感、地位和尊重的擔憂是正常且良好的，因此，導師的角色是找出哪些東西很有可能會對地位和尊重產生威脅、妨礙年輕人的歸屬感，接著努力減輕這些威脅，以便他們能夠達到高標準。

當我們看到年輕人遇到挫折——無論是化學課堂上的困惑，還是在走廊上遭遇霸凌，導師心態會意識到自己必須給予他們足夠的支持。然後會願意盡我們所能來支持對方度過難關，而不是告訴他們放棄，或是代替他們做出選擇。

事實證明，使用導師心態支持歸屬感的最有效方式之一是**透過故事**。故事是一種強大的工具，可以幫助年輕人在面對歸屬問題時，看到改變和改善的可能性。「一切會更好」活動嘗試利用故事的力量，但執行得並不好，幸運的是，有四個來自大型隨機實驗的步驟，利用故事的力量，幫助年輕人在校園中找到歸屬感。

故事一：在校園取得成功

在二〇一一年，葛雷格．沃爾頓發表了一篇我讀過最吸引人且具影響力的論文。在這篇論文中，他描述了一項在大一新生入學後進行的一項歸屬感干預措施。

這項干預措施包括閱讀高年級學生的調查統計數據和故事，撰寫一篇短篇講稿，並錄製該講稿的影片（見第八章「說服即相信」），這些統計數據和故事傳遞了改變的潛力，並提供了兩則訊息：（一）對歸屬感感到掙扎是正常的（因此這不是一個會永遠存在的問題），（二）這些擔憂通常會有所改善（但不會自動改善——通常當人們積極採取措施，融入校園的學術和社交生活時，情況自然會改善）。

參與者大約需要半小時來完成這項干預措施。令人驚豔的是，沃爾頓和他的共同研究者傑佛瑞．科恩發現，三年半之後，在大學畢業之際，特別是黑人學生的成績有所提高。這項干預措施消除了大約一半的黑人與白人學生之間的成績差距。

在與雪農．布雷迪博士共同進行的後續分析中，有了一項驚人的發現：學生畢業幾年之後，那些接受過歸屬感干預的人顯示出更高的幸福感和工作滿意度。歸屬感成爲一份持續帶來回饋的禮物。沃爾頓以曾祖母李奧娜．薩姆納斯（見〈前言〉）的智慧，濃縮成一個半小時的問卷調查，並固定每年推廣給成千上萬名學生。

歸屬感干預如何產生長遠的影響？

但我仍不免有幾個問題。

首先，如此短暫的活動如何在幾個小時後產生影響，更不用說幾年後？畢竟，大多數大學教授認爲，學生在課後馬上就會忘記他們所教授的大部分內容，甚至還有可能忘得一乾二淨。

其次，改變一個人的想法如何對實際行爲和未來結果，產生如此長遠的影響？解決群體間的不平等問題往往非常棘手。我不明白純粹的心理干預如何產生如此深遠的影響。

最後，沃爾頓的實驗結果是否眞的值得信賴？雖然這項研究嚴謹並經過分析，但樣本數量較小，實驗結果有可能帶有一點運氣的成分。

我向沃爾頓提出了一個建議：我想在更大規模的樣本中複製他的研究結果，並研究短期活動到長期結果之間的每一步，以了解爲什麼這項干預措施有效。同時，我也想弄清楚他如何編寫那些給學生閱讀的故事。

我看到歸屬感干預對教育工作者、管理者和家長帶來的巨大能量，但爲了讓它產生這樣的影響，需要深入了解它的運作機制。沃爾頓非常願意和我合作，這也開啓了我職業生涯中最有成果和激勵人心的合作。

最終的結果是，我們發展出一套實用工具，供人們在環境中編寫和使用歸屬感故事。

把壓垮駱駝的最後一根稻草拿走

首先，我們進行了複製。

我們在二〇一二年春季同時進行了三項實驗，對象包括沃爾頓所任教的史丹佛大學全體新生，以及我所任教的德州大學奧斯汀分校的全體新生，還有幾座大型城市學校裡即將畢業的全體高年級學生，總樣本數超過九千五百名。有大約四分之三的學生（隨機分配）在進入大學前，透過一份線上調查完成了歸屬感干預，剩下四分之一的學生完成了一個對照練習。歸屬感干預改善了學生第一年的學業成就，尤其是那些家中第一個上大學的學生（無論種族或族裔）和來自少數族裔的學生（無論其父母的教育水準）。

不久之後，獨立學者們也複製了這一效果，顯示歸屬感干預對於中學生同樣有效。最近，我們與社會心理學家瑪麗·墨菲、克莉斯汀·洛格爾和雪農·布雷迪組成了一個大型聯盟，並在二十二所學校中，對超過兩萬六千名新生進行了歸屬感干預的複製實驗。

其次，我們發現了歸屬感干預的效果之所以能持續一段時間，是因爲出自於一種滾雪球效應，心理學家稱之爲**遞迴過程**（見圖9.3）。

接受過短期歸屬感干預的學生，由於對歸屬感的擔憂減少，更有可能融入校園體系——頻繁地參加導師時間、加入課外活動、選擇住校、願意接受自己的導師等。爲什麼會如此？當學生意識到他們對歸屬感的擔憂，並不意味著更大的問題——也就是說，他們並非完全不適合上大學，就更可能承擔結交同儕和與教授交流等會產生的微小風險。這些合理的微小風險最終有了回報，因爲**它們創造了歸屬感**，展現在結交更多朋友，或在課堂中令教授留下深刻的印象。

總體而言，我們的研究揭示了學生——尤其是那些經常質疑自己的歸屬感、有可能輟學的

圖9.3　歸屬感干預所引發的正向雪球效應

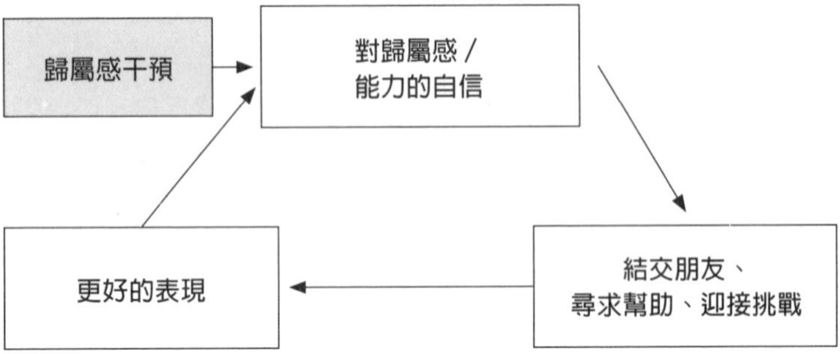

學生，擁有比社會賦予他們更大的主動性和能力來獲得歸屬感，他們需要緩解不斷威脅他們歸屬感的壓力。

學生透過這項短期干預，學會了如何以更有用的方式看待歸屬感，從而獲得解脫。正如傑佛瑞．科恩說的，**歸屬感干預是把「壓垮駱駝的最後一根稻草拿走」**。

第三，沃爾頓（和其他許多人，甚至是我）闡明了使歸屬感故事生效的關鍵因素。

我們希望能找出成功講述故事的關鍵要素，讓人們可以根據自己的需求創作出新的故事，而不是僅依賴我們的故事，期望它們在任何情境下都能奏效。雖然干預措施看起來像是一個魔術把戲，但在成功複製後，我認爲它將被視爲普遍解決歸屬感方案的「良方」。

然而，教師和家長曾嘗試發放一張「魔法」工作表，希望透過這些故事消除歸屬感和不平等問題。但正如我們前面所說，黃金法則無法以偏概全，**不同的受衆需要不同的故事，一路到底的故事並不是一個通用的解決方案。**

圖9.4　歸屬感故事舉例

來到大學就像一陣旋風，既令人興奮，又令人困惑。剛開始學習數學和科學課程時，我感到不知所措。我的高中成績不是很好，所以有些事情我還不知道怎麼做。比如，我不好意思承認我從來沒用顯微鏡看過東西，所以我不知道如何使用顯微鏡。	糾結很正常
因此，我請我的實驗室夥伴教我如何操作顯微鏡，並向一位朋友請教如何記筆記。我還去教授的辦公室了解如何在課堂上學習並取得成功。	改變是可能的
起初，我在課堂上沒有發言，因為我擔心其他學生會怎麼想；他們似乎懂得比我多。但後來我決定，我花了錢來上這門課，所以我應該從這門課中得到最大的收穫。	採取行動
我現在知道，上大學是一件需要長期學習的事情。如果你敞開心扉，讓別人知道你有哪裡不懂，他們就會幫助你。讓自己站出來感覺很冒險，但從長遠來看，這確實是有回報的。	滾雪球效應

在教學中加入歸屬感故事

一個好的歸屬感故事應該包含哪些要素？讓我們來看看我與沃爾頓在德州大學奧斯汀分校實驗中的一個範例，如圖9.4所示。

這個故事包含四個要素。

第一段文字解釋了糾結是正常的，這是爲了打消學生認爲自己在糾結中是孤獨的，並因此覺得自己不適合上大學的想法；第二段文字舉例說明了變化是可能的。我們不想告訴學生「每個人都會糾結」，因爲這暗示糾結將永無止境；第三段文字解釋了學生在知道變化的可能性後，可以採取行動。我們發現，學生並不知道哪些行爲能幫助自己建立歸屬感，他們甚至以爲歸屬感是自然發生的。採取行動的步驟幫助學生變得更能產生意圖；第四段文字解釋了這些認知和步驟，如何引發滾雪球效應。這很重要，因為故事需要一個快樂的結局，但同時也不能過度承諾歸屬感的問題會在一夜之間消失。

在我們的研究中，學生通常會閱讀三到八篇類似的故事。假設你是一位教授，嘗試透過講述一則歸屬感故事來幫助一名迷茫的大學生；或者你是一位管理者，試圖告訴一位質疑自己歸屬感的新進員工一則故事。你會說什麼？

我們曾向一群教職員工提出這個問題，他們參加了一個我們在二〇二〇到二〇二一學年開設的教學計畫，專為入門數學和科學的教師設計。來參與這個計畫的，包括兩名物理教授、兩名化學教授、兩名生物學教授和兩名微積分教授。他們共同教授大學的醫學預科生和工程預科生。教授們都是成就斐然、教學嚴謹的人，但他們希望在教學中加入歸屬感故事。

他們正是一群打著「反對梅特蘭．瓊斯」旗幟的教授。在聯合主任克莉斯汀．帕特森的帶領下，我們一起引導這些教授進行了編寫歸屬感故事的實踐練習。

分享自己的一則糾結故事吧！

第一年的計畫參與者是克莉絲蒂娜．馬克特博士，在本章的開頭我們讀過她的故事。她是一位成就卓著、注重細節且擁有終身職位的物理學教授，曾在德國受訓練，至今仍帶有口音，這有時會讓大多數在德州出生的學生感到有些畏懼。二〇二〇年秋季，她分享自己的一則糾結故事給他們。她告訴學生，在她職業生涯早期時，曾經在一場重要的物理考試中失敗。當時，她爲自己的失敗哭泣，認爲這是職業生涯的終結（糾結很正常）。

後來，她意識到問題出在自己的準備不足，而不是能力，於是她把這次失敗當作提升學習策略的起點（改變是可能的）。她與那些表現好的學生交流，並向他們請教建議，嘗試調整自己的學習方法（採取行動）。最終，她提高了成績，認知到自己能夠成功的事實。隨後，她在通往專業物理學家的新路徑上飛速前進（滾雪球效應）。

克莉絲蒂娜也爲學生提供了與她故事相關的具體支持。她告訴學生，由於自己需要以不同於考試日程的節奏學習，她不會對那些需要同樣調整的學生做出批評。因此，學生可以選擇重考或改正錯過的題目，她的靈活安排（加上她的學術嚴謹性），讓那些在學業上糾結的學生有更多理由相信，他們對歸屬感的擔憂是可以改變的，因爲她向他們展示了隨著一段時間過去，自己將成爲更有能力的人的願景。

克莉絲蒂娜的故事效果令她感到驚訝：學生們更常在導師時間前來找她，但不是像往常那樣抱怨成績。相反的，他們是因爲對物理概念感到好奇，並希望深入了解才來找她，學生們的熱情讓克莉絲蒂娜爲之振奮。

因爲「導師時間」這個名稱讓許多學生感覺像是被請進辦公室，所以她重新命名爲「談天時間」，以表明自己希望學生們隨時來聊天。

儘管克莉絲蒂娜給學生的測驗依舊很難，但更多學生通過考試了，尤其是期末考試！種族、族裔和性別差距也縮小了。最重要的是，學生們非常喜愛這門課。

藉由歸屬感產生信心

以下是克莉絲蒂娜的學生在她參加我們的導師思維獎學金計畫的那一年，所描述的部分摘要。

閱讀時請記住，這些學生都是十八到二十歲的醫學預科學生，正在參加一門艱難的課程，如果表現不佳，可能會影響整個職業生涯抱負的規畫。也就是說，他們並不傾向於持正面態度。

- 「我一直對物理感到厭惡，因爲這對我來說一直是一個艱難的科目。馬克特博士非常用心地分享自己的經歷，並鼓勵每個人對自己有信心。這大大提升了我的自信，讓我感覺自己已準備好應對這些課程內容。到目前爲止，我眞的從未遇到像馬克特博士這樣敏銳關注學生需求的教授。她讓物理課成爲了一段驚人的經歷！」
- 「我一直在物理這門課掙扎。對我來說，這門課始終是焦慮和不適的來源……謝謝您，馬克特博士，讓我第一次感受到在創新科學領域中，我的問題和學習都能獲得有效的結果！」

- 「她讓我想起了這個世界的美好，以及我最初想來上大學的所有理由。」

這次經歷對克莉絲蒂娜自身的影響或許更為驚人。導師心態證明了對她和學生來說是雙贏局面。在我們的學術計畫最後一天，她提供了個人的「滾雪球效應」見證，最後，教室裡的所有學生都受到了感動。

克莉絲蒂娜說，學生對自己歸屬感的信心能對他們的參與度產生如此影響，讓她大開眼界。一旦學生們更加投入學習，克莉絲蒂娜也就更加享受自己的教學。她開始以新的方式期待上課，因為學生們對教學內容分享了更多看法。

與學生的反應形成有趣的平行，她對歸屬感的體驗讓她想起了最初選擇物理的原因。

我們的教職員學術計畫的第一年（以及隨後的複製研究）讓我們相信，圖 9.4 中的指導方針加上一些輔導，的確可以幫助克服黃金法則問題。總體而言，教職員們創作了有意義的故事，你也可以如法炮製。

有趣的是，在我將沃爾頓的研究擴展到教師的個人故事之前，卡洛．德韋克和我將其應用於一個完全不同的問題領域：因應高中生的霸凌問題。

故事二：霸凌、壓力與報復

試想本章開始時英吉博格的問題。

她的女兒諾拉正受到霸凌並被朋友排擠，這讓英吉博格心痛不已。如同大多數人一樣，英吉博格想透過為諾拉解決社交問題來結束她的痛苦。說實話，大多數父母也擔心，如果我們不介入（或者介入過多），其他父母會如何評價我們。這兩種壓力使我們進入保護者心態的欲望變得強烈，它們讓父母強烈感受到迫切性、想繞過導師心態的方法。

經歷霸凌或遭到排擠顯然會讓孩子感覺自己很糟糕（例如覺得自己是失敗者或一無是處）。為了對抗這些感受，我們經常告訴孩子他們很棒，那些惡毒的霸凌者才是需要受到教化的人、他們一定遭遇過不好的事情才變得那麼壞（比如來自不幸的家庭等）。

霸凌者就像是一九八〇年代流行文化中的角色。如果我們的孩子受到如惡魔般缺乏同理心的孩子欺負，那麼下一步該做的事顯而易見：向學校或其他孩子的父母施壓（因為他們顯然沒有對霸凌者施以足夠的懲罰）、告訴你的孩子遠離這些社會病態者（因為他們永遠不會停止侵害），並讓其他父母知道那些霸凌者的可怕，以及你已做了一切可以拯救孩子的事情。

數十年的科學研究揭示了霸凌的原因和解決方案，告訴我們霸凌的問題比單純將霸凌者視為壞人要複雜得多。此外，這種固化的世界觀對年輕人（無論是霸凌者還是受害者）都有害。

想像一下你心目中的典型霸凌者。如果你和大多數千禧世代或與千禧世代相近的人一樣，你會想到在一九八〇年代和一九九〇年代《凱文的幻虎世界》漫畫中，恐嚇凱文的霸凌者摩爾。摩爾被畫成有著克羅馬儂人般的形象，暗示其低智商，由於他缺乏社交或情感技能，因此擅長用暴力來解決所有問題。

這種刻板印象的確有待商榷。二〇一五年，我和合作者發表了一篇論文，回顧過去的研究，這些研究聲稱造成和預防霸凌的原因。我們分析了來自全球數十萬名孩子的數據，發現眞相與霸凌者摩爾的刻板印象截然不同，令我感到相當震撼。

如何獲得更好的交友技巧？

從幼稚園到小學六年級，我們所稱的霸凌往往是指孩子用來管理衝動的一系列技能，如欠缺自我控制和執行功能的能力。

那些難以控制衝動的孩子——例如生氣時無法不打人，或在受到冒犯時無法不侮辱他人——經常被同儕認爲是群體中的霸凌者。然而，這些霸凌的孩子通常並不符合我們對於《蒼蠅王》中的專制霸凌者形象，他們不是以鐵腕手法統治的獨裁者；相反的，這些無法控制衝動的孩子大部分只是讓其他孩子感到厭煩罷了，原因是由於某些殘疾或學習差異（例如，注意力缺乏過動症、妥瑞症、情緒調節問題等）。

他們通常因爲行爲問題而不是認知問題而接受特殊教育。對於這些孩子來說，最不需要的就是被告知他們缺乏同理心，如同摩爾一樣被視爲怪物。他們眞正需要的是更好的交友技能——在同齡人中找到被其他人接納，以及獲取地位和尊重的能力。大多數孩子會非常樂意用交到一、兩個朋友，來交換他們對其他人霸凌。

國中一年級開始一直到高中三年級，科學對於較爲年長的孩子之間的霸凌提供了不同的故事版本。我們分析了來自世界各地數十萬名學生，發現那些透過霸凌同伴來獲取午餐錢的霸凌者幾乎已經絕跡。相反的，數據顯示，**學生的社交和情感技能越強，被視爲校園霸凌者的可能性反而越大**，其逆轉的原因值得我們深入探究。

逆轉對霸凌的刻板印象

根據我們的研究以及獨立學者收集的數據顯示，這是由於**青少年的社交技能發揮了作用**。青少年越是表示他們的目標是成爲社交階層的領導者，就越有可能成爲霸凌者。例如，在我們進行的一項研究中，當青少年表示希望自己看起來比其他人更受歡迎，就會在教室排擠地位較低的同學。重要的是，在高中階段，霸凌的概念發生了劇變，變得更具社交性和間接性，青少年不再只是單純地像摩爾那般，奪走凱文的午餐錢，而是策畫破壞行爲，以毀掉威脅他們社會地位的競爭對手名聲。

圖9.5　有點受歡迎的孩子傾向透過霸凌以獲得更高的地位

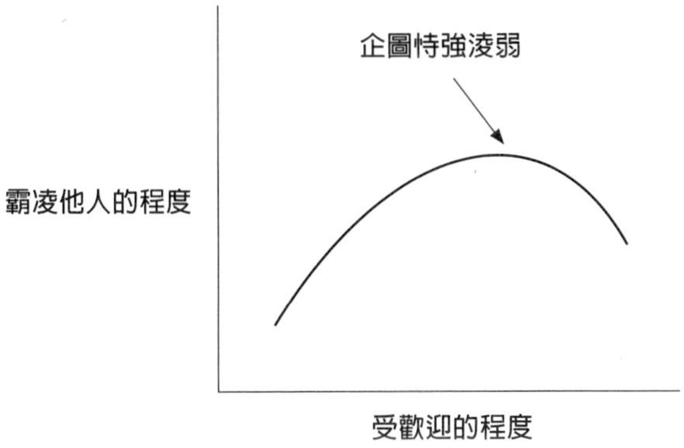

加州大學戴維斯分校的社會學家羅伯特・法里斯進行了一項研究，顯示這一現象（見圖9.5）。他發現，高社會地位的孩子並不會參與霸凌行爲，低社會地位的高中生也不會，因爲他們遠遠無法達到領導者的地位。相反的，接近頂端卻又未能達到領導者地位的高中生最常霸凌他人，他們擁有一定的地位和尊重，但又覺得不夠，對維持自己的中等地位感到不安，因此想使用霸凌手段來達到社交的最高層。

這些數據挑戰了許多關於霸凌的刻板印象，並影響人們的反應方式。

在小學階段之後的霸凌行爲主要源於對地位和尊重的渴望——這是健康且在發展上適當的，不過卻是伴隨著短視且有害的策略，來獲得地位和尊重。

注意我沒有提到的部分。我並不是說霸凌青少年需要更多的社交技能（與年輕孩子相對）。正如法里斯的研究所指出（見圖9.5），那些半受歡迎的孩子已經擁有社交技能。問題在於，他們往往會使用這些技能，來取得適當的惡意和合理的否認之間的平衡。

年輕人需要學會用不同的方式來獲得地位和尊重——例如領導力、善良或對社區的貢獻，也需要找到不同的方式來感受自我價值。

執法者心態的方法能否達到這一點？或許不會。年輕人需要的是一種指導方針，幫助他們學習如何在不對他人造成不公平傷害的情況下，獲得社會成功。事實上，一些最有前景的高中和晚期的中學反霸凌計畫已經摒棄了集會、贈品和口號，而是採取更像是領導力發展的計畫。

在此理解的基礎上，我們回到英吉博格的問題。她應該對國中一年級的諾拉說些什麼，來幫助她面對朋友的霸凌和排擠？卡洛．德韋克和我開始尋找這個問題的答案，部分基於沃爾頓關於歸屬感故事的見解。

用成長思維幫助霸凌受害者

卡洛．德韋克以其對智力的成長思維研究而聞名——即人們可以隨著時間變得更聰明；人們也可以對個性採取成長思維——即人們可以改變他們對待他人的方式。

在我的研究生涯早期，我向卡洛提出了一個想法：我們是否可以將這種「人們可以改變」的觀念應用於幫助霸凌的受害者？我們認為，固定思維——「霸凌者永遠不會改變」會導致人們對未來失去希望，就像那些不具效果的「一切會更好」影片。

另一方面，如果年輕人對他人可能改變的想法採取成長思維——即霸凌者可以學會停止他們的行爲，並以其他方式尋求地位，那麼年輕人就有充分的理由相信事情會變得更好。

我們的合作造就了一系列研究，至今這些研究都是唯一被證明可以改善受害青年壓力、應對能力和心理健康的實驗性治療。

基於沃爾頓的敘事，我們讓年輕人相信人是可以改變的。

我們的成長思維性格干預計畫中，告訴高中生一則故事，講述一位成年人與一位曾在高中時期霸凌過他的人重逢的經歷。

這位前霸凌者對自己的行爲感到後悔，承認自己經常想到這件事，並請求受害者理解，自己當時的行爲是出於對地位的誤導追求。曾經的霸凌者與受害者的重逢，如何幫助成年人意識到一件重要的事情：人是可以改變的。此外，這一認知幫助成年人處理他們曾經感受到的強烈情感（如仇恨和羞恥），並將之轉變爲諸如同理心這類不會消耗他們能量的情感。

我們用這個故事做爲切入點，講述人們如何改變的科學。

青春期是尋求地位和尊重的時期，這種驅動力可能導致有些年輕人做出有害的行爲，以及那些欺負他人的孩子需要學習不同的行爲方式。我們進一步解釋，隨著大腦的成熟，年輕人需要學習如何改變自己的行爲，例如，他們可以尋求更有成效的方式來滿足對地位的渴望（如領導力）。最後，我們論證了那些害羞且朋友不多的人也可以改變，一旦感到自在，他們可以學習讓自己變得更加善於社交。因此，即使被一些同儕排斥，仍然可以在未來擁有良好的社交生活。

真的有可能改變

「人們可以改變」的訊息有兩個目的。

首先，它旨在**減少仇恨**。仇恨是一種破壞性和腐蝕性的情緒，源於對另一個人或群體本質的根本性所產生的厭惡感。例如，社會心理學家埃蘭·哈珀林發現，當以色列人和巴勒斯坦人認爲對方是壞人，且永遠不會改變時，他們便會站在支持激進分子的立場；如果他們認爲對方可以改變，雖然還是感到憤怒，卻會對和平進程抱持開放的態度。

高中時期的年輕人倘若相信霸凌者不會改變，他們就會陷入仇恨的漩渦，表現出強烈的報復欲望。我們希望透過傳達改變的可能性來減少這種結果。

值得注意的是，我們並沒有保證改變會發生或很快就會發生，也不是要受到霸凌的人改變施虐者，相反的，我們只是想論證改變是有可能的，這便足以減輕仇恨的鋒芒。

其次，「人們可以改變」的訊息針對的是受害者，而不是霸凌者。我們試圖帶給受害者希望，讓他們相信未來可以獲得更大的接納和歸屬感。

在這裡，我們同樣注意避免暗示簡單或誤導性的內容，我們不會說：「如果你改變了，人們就會喜歡你。」相反的，我們解釋，透過學習溝通的技巧，甚至只是交朋友，都可能足以克服害羞或孤獨感。事實上，許多高中生的友誼是透過課外活動展開，而不同的課外活動，通常是由各自獨特的興趣所驅動。因此，年輕人會隨著在社團中找到志同道合的同伴，而不斷改變自己的朋友圈。同樣的，我們並沒有承諾改變會在一夜之間發生，而是放在**改變是有可能的這點上面**。

「人們可以改變」的干預計畫

「人們可以改變」的干預計畫接著還分享了一些故事。

這些故事來自高年級學生，並強調了與歸屬感故事相同的元素。例如，該干預講述了一名學生的故事，她初中最好的朋友在高中剛開始時拋棄了她：「他們走過我身邊時，完全沒有微笑或打招呼。」她感到像是遭人唾棄，感到羞愧和孤獨，甚至懷疑自己在整個高中期間是否會沒有朋友（**糾結是正常的**）。

然而她開始意識到，朋友們可能因爲不安而排斥她，並屈從於與新朋友交往的同儕壓力，因此他們的動機與她無關（**改變是可能的**）。考慮到這一點，她決定，儘管好友未來可能會回心轉意，但她會在此期間開始尋找新朋友。她甚至還提醒自己，才剛開學一週，所以還有充足的時間（**採取行動**）。

最後，這位女孩談到她如何結交了新朋友，拓寬自己的視野。此外，她的一位摯友回過頭來找她，並後悔排擠她。

現在，她有了一群更可靠的朋友，感到自己在學校裡有了歸屬感（**滾雪球效應**）。在學生們閱讀了一些像這樣的故事後，我們要求他們寫下類似的故事，以增強訊息的傳達效果。

「人們可以改變」的干預措施很容易推廣。它只需要花費簡短的時間（大約二十五分鐘），可以做爲指派給學生的個人作業。多年來，我們對數千名學生進行了這一干預措施的實驗，效果十分顯著。

二〇一三年在我們發布的一項研究中，我們給高中生提供了「人們可以改變」的干預，第二組是一項控制干預，該干預措施教導他們解決社交問題的技能；第三組則沒有接受任何干預。隨後，所有學生完成了一項任務，在一個線上遊戲中暫時經歷同齡人的排斥，然後有機會對排斥他們的人進行報復。

接受社交技能指導的小組與未接受任何干預的小組一樣，表現出同樣的報復心理，也就是說，社交技能指導並沒有因此發揮作用。然而，接受「人們可以改變」的干預小組，則顯示出減少了百分之四十的報復行爲。這項結果表明，**「人們可以改變」的訊息可以阻止學校中經常出現的攻擊和暴力迴圈。**

二〇一六年發表的另一項研究中，「人們可以改變」的干預實驗改善了因應壓力的能力。當我們讓高中生參加「特里爾社會壓力測試」（見第七章）時，我們發現這項簡短的干預措施杜絕了有害的心血管威脅型反應，並促進有益的挑戰型反應。

當參與者認為人們可以改變時，他們仍會對人抱持希望，但會想對社交困難採取一些有用的行動；當他們認為人們永遠無法改變時，則陷入了傷害和失敗的情緒中。

我們在一項新的研究中發現類似的結果，這項研究涵蓋了超過一千名在開學首月接受干預的國中三年級學生。在他們的歸屬感和地位受到威脅的日子裡，學會人們可以改變的學生，在心態和身體上都更具樂觀和韌性。

為心理健康治療提供了新途徑

相信「人們可以改變」展開了一個滾雪球的效應，改善長期的心理健康。我們和獨立學者如傑西卡．施萊德博士發表的研究表明，僅需一次的「人們可以改變」干預治療，便能減少憂鬱症和慢性壓力的症狀，這項發現讓臨床心理學界感到驚訝。

治療師習於長期與多次的會話治療，在某些情況下，這麼做的確有其道理。如今，隨著單次會話治療的出現，為青少年的心理健康提供了可以擴展的新途徑。面對有心理健康危機的年輕人來說，在治療師短缺的情況下，這個可能性令人興奮。

這些訊息如何幫助英吉博格的女兒諾拉？

英吉博格抵抗了成爲保護者心態的誘惑。她沒有騷擾學校，不過她有打電話給另一位女孩的母親，因爲她認爲她們（應該）是朋友。

另一位母親則說：「對於諾拉的遭遇，我感到很抱歉。」但她不會介入。這位母親解釋，她小時候曾受到同儕無情地欺負，並說：「我很高興我的女兒能和受歡迎的女孩們一起。」她不會告訴女兒要把諾拉也納入她們的圈子，因爲「我不想影響她的社交圈」。英吉博格感到相當震驚：這位母親顯然將自己的不安全感投射到這個情況上，她無法接受諾拉遭受這種痛苦。

這給了英吉博格一個應該如何幫諾拉打氣的想法。

英吉博格向諾拉解釋，她的朋友們內心其實是不安的，而且一心只想著追求更高的人氣。她們雖然受歡迎，但還沒有達到頂峰（就像法里斯研究中的那些霸凌者），排擠諾拉是她們策略的一部分。

她告訴諾拉，女孩們的行爲雖然不公平，但她們需要自己去意識到這一點。與此同時，諾拉需要在不同的課程和活動中展現自己。當她準備好時，她可以結交一些新朋友。

英吉博格傳達了以下幾點：（一）諾拉的掙扎是正常且合理的；（二）事情有可能會改變，但不是立刻；（三）她可以立即採取措施改善現狀；（四）她的努力可能會在未來如滾雪球般變得更好。

一年後，諾拉結交了新朋友。她不再討厭過去的朋友，也不想報復，儘管她曾經爲此感到憤怒。然而，那份傷痛不再控制她，因此能夠繼續前進，更重要的是，諾拉心中有了一個嶄新、更充滿希望的故事版本。

她現在相信情況會變得更好，覺得自己屬於這裡。不是因爲母親告訴她要相信自己的歸屬感，而是因爲她主動採取行動來親身體驗這一切。

這正是導師心態的力量。

第十章 包容性卓越

創造出包容性

砰！砰！砰！

「呃……凱文，」賈許・佩珀對他的教授說，「丹可能需要另一部筆記型電腦。」凱文・史塔森博士是范德堡大學一位屢獲殊榮、享譽世界的天體物理學教授，賈許・佩珀博士則是史塔森實驗室的一名博士後研究員，丹是一位才華洋溢的程式設計師，也是史塔森實驗室的碩士生，正在編寫一個新的軟體平臺，該平臺能夠讓天體物理學家檢視龐大的望遠鏡觀測數據，尋找新行星的位置。

丹同時也患有自閉症，他的神經多樣性帶來的副作用是對挫折的容忍度很低。不幸的是，當他為太空探索開發複雜的軟體時，挫折總無可避免。每隔一段時間，丹湧現的挫折感會讓他忍不住在堅硬的金屬桌上，用力敲打自己的筆記型電腦，最終將它摧毀。

在丹第三次弄壞筆電後，佩珀和史塔森做了什麼？他們並沒有停止丹的研究工作，因為那將會是一種強制的做法。

相反的，他們為丹買了一部堅固的工程用筆電。即使從高樓墜下，仍能正常運作。問題解決了！丹得以不間斷地繼續進行他的工作。幾年內，丹開發的軟體成為《自然》期刊上發表的重要科學論文——該期刊是全球最具權威的科學論文發表平臺，丹將軟體授權給NASA，用來發現未來能夠拯救人類的行星。

史塔森知道，他與丹的互動方式在競爭激烈的科學界並不常見。因為實驗室的資源和研究生計畫的名額有限，史塔森通常忙於發射探測器以便在小行星上開採礦物，或監督衛星上的望遠鏡，這些活動讓他成為世界上最成功的科學家之一（以史塔森的成就來看，多數科學家畢生都在努力發表一篇論文，並刊登在《自然》期刊，而史塔森總計已經發表了十三篇）。

像史塔森這種級別的研究人員，很少會花時間指導即使是準備最充分且容易相處的學生，更別提那些需要特殊照顧的學生。但史塔森與眾不同，他致力於達到包容性卓越。他認為，所有充滿熱情和目標的年輕人，都應該有機會在自己感興趣的領域占有一席之地，這並非透過不勞而獲的施捨，而是透過真正的科學貢獻來實現。

史塔森同時也專注於神經多樣性研究。他創立的弗里斯特自閉症與創新中心是第一個專門為自閉症學生實現包容性卓越的機構。迄今為止，已有三名自閉症學生透過該中心完成了物理學博士學位，並且每年預計還會有一到兩名學生畢業。超過十八名自閉症學生已經在該中心通過實習。

弗里斯特中心的使命對史塔森來說獨具意義：他的兒子患有嚴重的自閉症。他告訴我：「我試圖稍加改造這個世界，讓我兒子成長的環境更接近我希望為他打造的世界。」史塔森做為一位特殊需求孩子的父親，他在說這番話的當下，我幾乎紅了眼眶。

給予自閉症患者應得的尊重，認可他們的優勢

全世界大約有百分之一的人口患有某種形式的自閉症類群障礙。自閉症不分種族、民族、國籍或社會階層，它的核心特徵有兩個：社交溝通的障礙以及受限且重複的行為。

史塔森中心的傳播總監克萊爾．巴奈特患有自閉症，她是這樣描述自閉症的：與人的眼神接觸極少、不擅長閒聊、肢體語言表現出缺乏興趣、難以理解話語中的隱含意思，並且常給人一種過於直率的感覺。

巴奈特指出，自閉症也存在人類多樣性中的正常部分，這意味著自閉症患者往往有著重要與獨特的個人優勢。例如，他們通常具有發現數據中新模式的能力，或者能夠在工作中高度集中精力。

丹恰好具備這些技能並且爲科學貢獻奠定了基礎。儘管如此，自閉症患者很難進行科學活動中一些較爲微妙的社交活動，比如與同事開會，或是針對理論和數據的激烈辯論、在休息時間隨意交談。

過去十年間，史塔森的實驗室一直致力於識別並解決這些微妙的挑戰，並且在不降低實驗室在全球頂級期刊中、科學生產力的高標準情況下做到這一點。他們還瞄準了一個更大的願景，用克萊爾．巴奈特的話來說，他們的使命是「給予自閉症患者應得的尊重，認可他們的優勢，在面臨挑戰的領域支持他們，彰顯其獨特之處、簡單地給予一個做自己的空間」。

以下是其中一個例子。

新冠肺炎疫情之後、Zoom會議普及之前，實驗室早已展開每週進行線上會議，這些會議大多是科學研究團隊的命脈。儘管會議通常是在實驗室裡舉行，但那裡並不是一個適合開會的空間，而是一個充滿回音的地方，裡面有閃爍的人工燈光、擺滿了重型機器，還有吵鬧的學生和教職員工。

這樣的實驗室環境，對於患有感官障礙的自閉症譜系學者來說，往往會使其分心，甚至觸發感官過載反應。史塔森本可以強制執行開實體會議的嚴格規定，但他選擇啓動網路攝影鏡頭，讓任何人都可以加入虛擬會議。

這樣一來，他的神經多樣性學生就能夠自行控制空間、音量和燈光，從而專注並對實驗室會議做出貢獻。有趣的是，這項為自閉症學生提供的便利舉措，最終也惠及了那些無法總是親自參與會議的人。

根據字面意思的溝通方式

為了照顧自閉症學生，史塔森在他的實驗室中對專業溝通設立了極高的期望。「我當時不知道如何正確溝通。」佩珀回憶起與丹合作初期的經歷時，這麼告訴我。「那是我第一次，如此直接和密切地與症狀這麼嚴重的自閉症患者一起工作。」

正如多數工作場所一樣，實驗室在工作之餘充滿了放鬆的談天話語或冷笑話。「人與人之間往往會透過精細的表情和語言進行溝通。」史塔森告訴我。比如這句話：「你在努力工作還是根本沒在工作？」普通人可以根據上下文——半開笑的表情、友善的語氣，推測說話者只是試圖機智地開個玩笑。

但像丹這樣的自閉症患者則會出現截然不同的反應。他可能會認真回答這個問題，說：「嗯，我有努力工作，但沒有昨天那麼努力，我希望今天下午能更努力，但現在我什麼都做不了，因為你在問我問題。」一句隨口的輕鬆玩笑可能會演變成一場三十分鐘的辯論，最後導致丹發出咆哮或是情緒崩潰。

佩珀和史塔森如何應付這樣的局面？

他們並沒有因爲丹的崩潰情緒而感到不安，並將其排除在研究會議之外。相反的，實驗室裡的每個人都採用了**直接且根據字面意思的溝通方式**：不開玩笑、就事論事，不論是自閉症研究員還是其他人。

「我們只討論如何一起完成工作。」史塔森說。佩珀也學會了把跟丹有關的技術或理論問題的辯論，留到電子郵件中進行，而不是在走廊上。這種新的適應方式避免了誤解和爭吵，並讓丹有時間整理思緒，這使得他的想法能夠因此更加連貫。

當史塔森的實驗室做出這一改變後，丹開始大放異彩。「實驗室裡的每個人都看到他對團隊做出的寶貴貢獻。」佩珀告訴我。

史塔森採行的方法正是導師心態的實踐。他專注於讓每個人都能達到科學貢獻的高標準，同時彼此適應可能對某些學生造成障礙的差異。這是他保持智力嚴謹性與靈活操作之間平衡的方式。

或許最引人入勝的是，無論是自閉症學員還是非自閉症學員，當史塔森將實驗室創造成更具包容的環境，要求大家以精準的方式表達，所有人都能因此受益。「當我們與同事交談時，想法經常不夠完整，說出來的句子可能會被中途打斷，最後以笑聲收尾，期望每個人能推測出我們的意思。」史塔森解釋道。但是，你不能這樣對待自閉症患者。

如今在史塔森的實驗室裡，你必須完整地表達自己的想法，確實說出你的意思，如果沒有做到，史塔森或他的同事會在丹或其他自閉症學員感到沮喪之前，提醒你補充說明。這種新規範幫助每個人提升了思維的精確度。

只講事實

史塔森在弗里斯特中心的工作甚至影響到了他的教養方式。

當史塔森幫助自閉症兒子做國中三年級的數學作業時，他不會拍拍他的背或者試圖建立一種哥兒們般的親密關係。**他只講事實**，這種實事求是的溝通方式，避免了兒子情緒上的崩潰，並幫助他保持專注。

值得思考的是，史塔森的心態與我們在文化征戰中關於包容性、適應和公平等概念的戰場截然不同。

執法者心態者會聲稱，適應差異意味著妥協於「懦夫」的要求；保護者心態者則努力消除任何造成不適的障礙，即使這個障礙是對科學生產力的極高標準。在這場戰爭中，所有人全盤皆輸。

史塔森推廣了第三種溝通方式。

他並不認爲如果丹能學會更堅強或更有奉獻的精神，就不會過度反應。史塔森並不會爲了讓丹做出貢獻，而設立一套全然不同、要求更低的「自閉症標準」。他不希望別人爲他的兒子這樣做，所以在實驗室中也不願這樣做，因爲這裡有著眞正的科學使命。

但史塔森也提供了許多具體的支持，例如允許丹參加實驗室的虛擬會議，或者要求其他學員提高他們的溝通精確度。最終，史塔森和實驗室的其他成員在自己的科學推理，以及丹的新型、更高效的可視化軟體數據方面，都能直接受益於這些爲多樣性提供的便利。

專注於包容性卓越

儘管大多數人並不是專業的天體物理學家。然而，史塔森的實驗室例了提供了有益的啓示，揭示了我們文化中對多樣性、公平和包容性爭論的嚴重誤解。

人們經常陷入關於原則的辯論——「什麼才是道德上正確的？」而不是尋求實現所有更好結果的務實手段。

即使得犧牲包容性，維持嚴格標準是否更能符合道德的正確性，還是只優先考慮包容性而放棄卓越標準？史塔森的導師心態幫助我們意識到，**每個人都可以堅持維護標準的價值，同時重視包容性，並透過提供必要的支持來實現。**

爲什麼專注於包容性卓越很重要？

市面上有許多關於最佳領導和工作表現的熱門書籍，內容無非講述某位傑出執行長如何成爲企業的最佳領導者、某家公司如何製造出完美的產品、爲什麼某位音樂家或運動員比其他人更具天賦……當我閱讀這些書籍時，經常在想：「這些故事並不能幫助我解決問題。百分之零點一的精英絕佳表現，通常在任何心理技巧將他們推向巔峰之前，已經擁有了一切資源。這對百分之九十九點九、表現一般的普通人來說並沒有太大用處。」我們多數人更希望學習如何幫助所有人實現卓越，無論他們的背景如何。

試想，像塞吉歐這樣的老師並不能選擇學生，他需要知道如何讓所有學生都取得成功，而不只是讓其中兩、三位表現較佳的學生擁有更好的表現；父母無法選擇孩子的個性，他們必須想辦法支持孩子，無論他們是怎樣來到這個世上；管理者們知道，如果能成功留住有優異表現的大量人才，就不需要僱用那些缺乏內部知識的昂貴外部人才。

一般來說，我認爲大多數父母、教師、經理和其他領導者都希望促進包容性卓越——使任何有意願學習邁向卓越的人，都能達到高標準，而不是只允許少數資源豐富的人，達到高標準的排他性卓越。

我們將探討導師心態如何在物理學此一要求極高的領域促進包容性（而非排他性）卓越，讓人驚訝的是，竟然有人會將包容性卓越的問題列入考慮。

物理學教會我們包容性

在所有學科中，物理學的某個領域竟能教導我們關於包容的課題，這實在有點諷刺。根據傳統的包容性指標對所有科學學科進行排名——即獲得博士學位的女性、拉丁裔和非裔美國人所占的比例，會發現物理學在所有科學中是最受排擠和不平等的學科之一（由於缺乏數據，無法對神經多樣性包容進行類似的分析）。研究顯示，專業物理學家普遍說服自己，這種不平等是不可避免的結果：來自少數群體的成員很少取得資格。根據這樣的邏輯，爲了讓那些無法達到標準的人，削弱整個人類知識的重要領域是毫無意義的事。

在專業領域中，物理學家對數字有著近乎癡迷的追求，並延伸到研究所招生考試。幾十年來，物理學研究生的招生標準完全取決於一項數字——GRE數學測驗中的分數，以此做爲篩選工具，藉此判斷申請者是否夠資格達到頂尖物理學研究生的嚴格標準。

錄取資格通常會以一個硬性的分數線做爲標準，例如，在滿分八百分中取得七百分，任何低於這個門檻的申請者，都沒有機會進行面試。在這個狹窄的範圍裡，就算排除百分之九十五以上的非裔美國申請者，似乎也不會造成任何差別。

如果這項測驗成績足以取信，而他們對這項測驗的公信力深信不疑，那麼申請者之中，很多人根本無法達到頂級物理學的水準。物理學家甚至不會刻意隱藏這一點，這就像一條宇宙法則，不容任何質疑。

有鑑於此，出現物理學研究所招生竟以GRE分數做爲標準的反對聲浪，也就不令人意外。然而，過去二十年中，由於推動包容性卓越，GRE分數在招生中占據主導地位的火苗，已經發展成爲席捲整個科學界的火花，並日益影響人文學科。

令人驚訝的是，點燃這把火的人正是凱文．史塔森博士。

他在弗里斯自閉症和創新中心的神經多樣性包容計畫，也可以算是他的另一項工作。他的主要貢獻是透過改革物理學招生和研究生培訓項目，使這一領域在種族、民族和社會經濟上更加包容。

最多黑人碩士生的學校

我在一場由貝弗莉．丹尼爾．塔圖姆博士主持的專題座談中，有幸與史塔森認識。塔圖姆當時是一所傳統黑人大學斯佩爾曼學院的校長，召開專題座談的目的是爲了特許學校的一項「知識即力量」計畫，討論如何幫助低收入家庭的學生完成大學學業。

史塔森之所以能在小組中占有一席之地，是因爲他是少數幾位不僅談論高等教育中的包容性，甚至還是實際創造包容性的領導者之一。

史塔森在范德堡大學的研究生計畫，已經有一百五十名來自少數族裔背景的學生獲得物理學碩博士學位——這是物理學領域裡擁有最多黑人碩士生的學校，而他的實驗室針對黑人學者授予博士學位的數量，遠超過其他實驗室。史塔森的學生法比安．巴斯蒂安對於人類對銀河系的理解做出了重大發現，並在《自然》雜誌上發表論文，成爲該期刊創刊一百五十四年以來，第一位由黑人首席作者發表的天體物理學論文。另一位學生則成爲第一位獲得NASA最高博士後獎學金的黑人女性。史塔森的包容性卓越計畫畢業生如今大多擔任教授、科學家和導師，正在爲該領域帶來積極的變化。

以能力和貢獻為重點

在達成這一目標之前，史塔森說服物理學研究生入學辦公室停止以GRE成績做爲申請入學者的招生標準。儘管他對此標準存疑，但他並沒有因此質疑GRE分數的有效性，相反的，他指出了GRE分數解釋中的一個缺陷。

物理學家們假設了一個他們尚未證明的前提：GRE分數可以衡量學生是否準備好爲物理學的未來做出專業級的貢獻，但事實上，這並不是該測驗所衡量的內容。

GRE測驗主要測量申請者對高中代數和幾何的運算力，但是史塔森認爲有一個更好且顯而易見的選擇，能做爲申請入學的標準：**他們在專業物理學領域的實際表現**。在學生申請博士學位課程之前，請他們進入實驗室，找到他們感興趣的難題，觀察學生們如何使用該領域的工具來解決這些問題，並將他們的研究成果發表在期刊上。

史塔森提出，如果你已經知道一名學生能做專業物理學家所做的事情，那麼爲什麼還要受限於其他無法直接衡量他們對物理學貢獻的數字，將他們拒於門外？如果已經證明自己能勝任物理學的研究工作，那就應該讓他們入學！

史塔森認爲，**以能力和貢獻爲重點**的研究生入學申請方式，比起僅依賴GRE分數的方式更加公允。

GRE傾向於量化高中數學老師的教學，然而高中數學老師的教學有好有壞。從歷史因素來看，可以追溯到一個多世紀以前，黑人或拉丁裔家庭很可能就讀數學教師素質較低的貧困學校。儘管來自少數族群的學生通常非常聰明，並且在大學課程或研究實驗室中的表現，也證明自己已經爲研究生等級的物理學研究做好了充分準備，但在GRE數學測驗中的成績卻往往無法取得高分。

面對這種情況，史塔森認爲：「我應該錄取那些在大學物理學中取得成功，同時依靠自學相關高中數學概念的學生。他們肯定擁有成功所需的毅力！」與此同時，其他物理學家卻只是聳肩說：「他們不合格。」史塔森認爲這種輕蔑的愚蠢態度導致了人才浪費。

我們不在乎你來自哪裡，但你一定會成功

守舊派、具有執法心態的物理學家說，史塔森想要取消GRE的入學申請，是爲了降低標準，讓任何人都能進入研究所。這些教師擔心的是未來可能會花上數年時間和數十萬美元，來培養一些無法畢業的學生。他們的擔憂部分源自於這樣的事實：具有保護者心態的激進分子，經常希望爲了公平而降低入學標準。而史塔森認爲雙方的看法都錯了。

GRE從一開始就不是正確的衡量標準，所以捍衛以GRE爲標準的倡導者不該爲此辯護。申請者必須達到的眞正高標準，也就是準備爲物理學做出貢獻，實際上仍是嚴格的標準，需要的是卓越的表現，只是它不看重你的家庭背景或是你就讀的高中。

「這就像海軍陸戰隊的老話，」史塔森告訴我。**「他們不在乎你來自哪裡，但你最終一定會成功，當你成功時，你的表現一定會達標。」**

爲了證明他的論點，史塔森必須提供數據。畢竟，即使是愛因斯坦，也是在羅伯特．密立坎的實驗驗證了他的理論預測後，才獲得了諾貝爾物理學獎。

在過去二十年中，史塔森建立了一個全新的研究生培訓模式，名爲「費斯克與范德堡大學橋梁計畫」，透過更仔細地了解這個計畫如何運作，可以發現一些常見的導師心態原則，而且任何人都可以效仿——無論是在與年輕人合作的實習專案、運動或藝術的暑期密集訓練，還是

其他專業物理學以外的青年服務計畫。

蘿拉・維加的故事

當蘿拉・維加還是小女孩時，她的父親經常開車載著全家從他們居住的德州聖安東尼奧往南前往墨西哥，拜訪他們的大家庭。

由於父親偏好在夜間開車，所以他們通常會在凌晨三點左右到達靠近邊境沙漠的加油站，把車停下來加油。加油站旁有間迷你超市，維加會獨自走到離超市幾十公尺外的距離以遠離光害。那裡總有一片能見度極佳的夜空，閃爍的星星像閃亮的小碎鑽，她清楚記得自己被滿天星星的壯麗所震撼，感覺在浩瀚的宇宙中，自己是如此渺小。

維加一直對科學充滿興趣。只要有機會，她就會觀看像《科學小子比爾・奈》和《魔法校車》這樣的電視節目。她經常去圖書館借閱關於星象的天文學書籍，並學習簡單的科學原理，因此明白物理學主宰著我們所見的一切。

然而，正是那些在沙漠中短暫獨處的時刻，讓維加清楚了自己的使命——她決心成爲一名天體物理學家。

維加如今已經從史塔森的費斯克與范德堡大學計畫中取得了天體物理學博士學位，並在華盛頓特區的NASA戈達德太空飛行中心工作（該中心控制著許多NASA的太空研究儀器）。

她研究小型恆星（稱爲紅矮星）在耀斑（即表面發生巨大爆炸）時釋放出的高能輻射。這項研究是NASA尋找太陽系中適合人類居住行星的重要部分。紅矮星的耀斑釋放出大量輻射，會剝離附近行星的大氣層，使這些行星不適合人類生存。然而，行星需要輻射來啓動生源學，也就是讓生命演化。維加的團隊透過分析太空望遠鏡的數據，不斷改進對紅矮星輻射的測量方法，找出哪些耀斑摧毀了大氣層、哪些行星可能支持生命。換句話說，維加的研究有可能在某一天拯救了人類。

維加的研究工作展示了爲何「包容性卓越」主張的做法，能讓更多優秀的人做出更多優異的貢獻，甚至可能造福全人類。有趣的是，儘管維加才華出衆，但她對天體物理學的貢獻差點未能實現。

班上唯一一位女性拉丁裔學生

維加曾就讀於聖安東尼奧西區的湯瑪斯・傑佛遜高中。該所高中的學生成績普遍較低，學習機會也很少。學校沒有提供最低等級的大學物理專業課程，如入門級大學物理課程或微積分，它提供的物理課程是一門選修課，且只需要較簡單的預科數學程度。

老師使用枯燥的記憶式教學，無法吸引學生的興趣，因此班級裡的學生總是鬧哄哄。「我大概是唯一一個想學好物理的學生。」維加告訴我，「但老師讓我對這個領域的興奮感大大減少。」於是，維加在整個高中期間暫時擱置了對天體物理學的志向，轉而專注於其他方面的成長與學習。

她努力克服對公開演講的恐懼，這與她對自己英語能力的疑慮有關（維加直到上幼稚園前只會說西班牙語）。她勇敢地參加戲劇活動，並在一支馬利亞奇（墨西哥傳統的音樂演奏形式）樂隊中演奏。

在德州大學聖安東尼奧分校就讀大二時，維加再次嘗試學習物理。她選讀一門人數眾多且缺乏個性化的大學入門課程——這類課程經常會淘汰很多學生。儘管課程困難，維加還是非常喜歡這門課。隨著她選修更高級別的物理和天文課程，她逐漸發現自己是班上唯一一位女性拉丁裔學生。

最終，維加獲得進入校內天體物理學家艾瑞克·施萊格爾博士的實驗室工作的機會。施萊格爾專門研究來自NASA從環繞地球高軌道的X射線天文臺收集到的數據分析。

在施萊格爾的實驗室中，維加透過分析距離地球三千一百萬光年的星系Messier 51的X射線數據，做出了寶貴的貢獻。NASA形容這個星系爲「一座穿越太空的巨大螺旋階梯」。維加與施萊格爾合作的M51研究，最終在天體物理學領域的頂尖期刊《天文學及天文物理學期刊》上發表。

維加的導師們鼓勵她申請博士學位課程，實現成爲天體物理學家的夢想。然而，由於高中時數學基礎薄弱，她對自己申請通過的機會不抱希望，害怕讓自己或導師失望。最終，她沒有申請。這是十年來，第二次放棄夢想。

幫助學生建立起一座橋梁

但是，這次的放棄並未持續太久。

在最後一個學期，施萊格爾的實驗室資助她參加了一個名爲「促進奇卡諾／西班牙裔及美國原住民科學發展協會」的專業會議。施萊格爾說，顯然她「渴望做研究」。對維加來說，這趟全額資助的旅程能夠展示自己的研究成果，並拓展人脈，這讓她激動不已。在該會議上，她有幸與費斯克與范德堡大學計畫的共同創始人大衛．恩斯特博士長談。這一機會自此改變了她的生活。

恩斯特向維加解釋了費斯克與范德堡大學計畫，與傳統博士課程的不同之處。例如，費斯克與范德堡大學計畫不會要求GRE成績，取而代之的是，申請人需提交作業和成績單，並參加一場漫長的面試，以幫助面試者評估他們能爲該計畫帶來的優勢。

維加的堅韌和毅力的故事，例如加入瑪利亞奇樂隊和戲劇活動以克服對公開演講的恐懼，此時發揮了作用，諷刺的是，這在其他頂尖課程中向來不被重視。

此外，她將在費斯克大學的一個碩士課程中展開研究，該校是一所位於納許維爾的歷史悠久黑人大學，同時還會在像史塔森領導的尖端研究實驗室中工作。

她將有兩年的時間來學習這個領域需要的工具，例如程式語言、軟體、統計方法等，而費斯克大學以幫助少數群體的學生，在科學領域中準備專業職業而聞名。那些在費斯克大學的課程和范德堡大學實驗室裡，表現優異的學生將自動獲得范德堡博士課程的錄取資格，並與其他學生站在同一條起跑線上。這個計畫對維加來說相當吸引人，畢竟她曾擔心自己與那些在大學時，修讀更多課程和有高階研究經驗的人相比，會相形失色。二〇一三年春季，她申請了費斯克與范德堡大學橋梁計畫並被錄取。同年秋天，她搬到了田納西州的納許維爾，儘管仍有些忐忑，但她迫不及待地開始追逐自己的夢想。

更具包容性的招生政策，已有許多討論。然而，眞正的包容性卓越工作往往是在學生入學後開始進行。

維加仍需要面對許多心理挑戰，例如做爲一名拉丁裔女性，在一個以白人和亞裔男性爲主的領域中競爭，並與那些曾就讀私立預備高中或頂尖大學的同儕競爭。史塔森的計畫經過精心設計，幫助像維加這樣的學生建立一座橋梁，將她的背景和身分，與她在天體物理學的未來連接起來，透過高標準和高支持的組合來實現這一目標。這兩項因素正是促進包容性卓越的關鍵。

導師心態與包容性卓越

回想一下〈前言〉所提到的明智回饋便利貼研究。傑佛瑞．科恩與他的導師、社會心理學家克勞德．史迪爾一起開發了明智回饋研究。

史迪爾是刻板印象心理學及其對動機影響領域的專家，科恩、史迪爾和我並不是試圖研究一般的動機，而是想了解不同身分群體之間的動機差異，例如白人教師給來自少數族群的學生的批評性回饋，或是男性對女性的作品進行批評。

我們的研究顯示，雖然所有學生都能從明智回饋中受益，但那些經歷過邊緣化或排斥的學生受益更多。

正是因爲明智回饋的研究，史迪爾在四分之一個世紀前寫道：

「來自少數族群的學生應該接受具有挑戰性的工作和高標準，而不是接受補救工作和低標準。……要求更多，而不是更少。許多問題出在假設他們無法勝任這些工作。……此外，在保留學生的努力中，關鍵必須是讓學生相信老師與他們站在同一條陣線上。」

史迪爾提供了一個出色的導師心態描述，並將其應用於包容性卓越。事實上，過去六十年來，來自心理學以外的多個不同學科（如人類學、教育學、社會學等）的研究數據都支持了史迪爾的結論，並認爲導師心態是一個強大的包容性卓越工具。

溫暖的要求者

弗蘭妮塔・韋爾博士在埃默里大學攻讀博士學位時，讀到她的教授賈桂琳・歐文博士撰寫的一篇名爲〈溫暖的要求者〉的文章。

在該篇文章中，歐文描述了人類學家茱蒂絲・克萊因費爾德博士的研究，她審查蘿莎莉・瓦克斯對保留地的教師（見第二章），以及對因紐特學生教師的民族誌研究。克萊因費爾德將瓦克斯研究中的出色教師稱爲**「溫暖的要求者」**，他們在關懷（支持）和要求（標準）上都表現得十分出色。這個術語對歐文、韋爾及隨後的許多研究產生了深遠的影響。

當韋爾讀到有關「溫暖的要求者」時，她想了解這一標籤如何適用於黑人教育工作者。韋爾不久前在亞特蘭大公立學校時，對教師們做了一番觀察。其中一位五年級教師格外引人注目。「當我看到她時，我說，『就是她了。』這是一位溫暖的要求者！」韋爾告訴我。

接下來，韋爾在她的研究生生涯進行了一項影響深遠的民族誌研究，專注於促進平等的高效黑人教師對黑人學生的教學。

一天，韋爾看到了一件令人驚訝的事情。這位掌控了整個十歲和十一歲學生班級的教師，正在「指責他們」，因爲只有一半的學生交了作業。

在這種情況下，執法者心態者會怎麼做？他們會大聲咆哮、指責、羞辱，不尊重學生。保護者又會怎麼做？他們可能會禮貌地請學生完成作業，但學生可能會無視他們。

韋爾並沒有看到這兩種做法。相反的，這位教師要求學生達到她的期望，但表現得很尊重。以下是韋爾在二〇〇六年文章中對於學生反應的描述：

「學生們完全安靜，並以尊重的目光注視著她講話。沒有人移動……然而，所有學生似乎都在專注聆聽，臉部展現的表情，表明他們感到懊悔……當她與學生談話結束時，學生們愉快且安靜地按照她所說的程序完成作業。」

韋爾捕捉到了導師心態方法對於包容性卓越的本質。在這段文字中，教師、父母和管理者使用導師心態建立了尊重的關係基礎：他們認眞對待年輕人，期望他們能發揮潛力，同時提供必要的支持。透過這些結構，年輕人找到了做正確事情的動力。

如今，韋爾是一位著名的教育工作者培訓師，她有了新的發現。雖然黑人教育者通常對黑人學生使用「溫暖的要求者」的教學法，但任何種族或族裔的教育者都可以學習這種教學法，並將其應用於任何年輕人身上。**無論背景如何，任何人都可以學習以高標準和高支持促進包容**

性卓越。

導師心態改變了年輕人的生活

一九九〇年代中期，社會學家羅傑·蕭斯分析了「高中生與未來」的研究數據。這項研究由聯邦政府所屬的國家教育統計中心，委託著名社會學家詹姆斯·科爾曼指導。「高中生與未來」涵蓋了全美隨機選出超過一千所高中和五萬八千名學生。這項全國性研究可以檢測瓦克斯和韋爾的民族誌所捕捉的故事，是否更廣泛地適用。

蕭斯使用「高中生與未來」數據尋找包容性卓越的要素。他尋求找出整體表現良好與公允的學校（即所有學生無論種族、民族或社會階層都表現良好）。蕭斯發現，這些學校在兩個方面的得分都很高：**學術期望和社會支持**。而這些剛好都是具有導師心態的學校。

這項科學可以幫助我們注意到史塔森的費斯克與范德堡大學的橋梁計畫，成爲支持導師心態範例的關鍵要素。它可以幫助我們回答以下問題：該計畫如何有效結合高標準和高支持？

凱文·史塔森的導師心態典範

「一切始於我的母親。」當我問他關於他的包容性卓越研究起源時，史塔森這麼說。

他的母親來自墨西哥的一個小村莊。她穿越南亞利桑那州的沙漠，帶著勇氣和實現美國夢的渴望來到美國。儘管史塔森出生即是美國公民，他仍然記得母親成爲美國公民那天的驕傲。她以樂觀向上的信念來教養他。「她會對我說，她把我帶到了山腳下，我的工作就是抵達山頂，而當我到達山頂，必須確保其他人也能找到上山的捷徑。」史塔森說。

在史塔森居住的洛杉磯低收入社區，沒有人會談論要怎麼成爲一名天體物理學家。當時，他獲得了加州大學柏克萊分校一個被稱爲「平權行動」的全額獎學金，這個標籤廣爲人知，當其他新生看著他，讓他覺得自己好像不屬於這裡、校方好像錄取錯了人。「我和任何人一樣經歷了冒牌者症候群。」他說。

但這樣的懷疑並沒有讓他偏離正軌。「與其問我是否值得擁有這個機會，不如問，我應該做什麼才能配得上這個機會。」史塔森告訴我。

多年後，史塔森把自己的親身經歷帶入指導工作中。他在費斯克與范德堡大學橋梁計畫的第一天，對著一群如同維加這樣的學生發表演講。大多數學生進入該計畫時，總是心懷感激和緊張。「他們感激有這個機會，」史塔森說，「但也感到緊張，有人甚至會因此犯錯，認爲自己不值得這個機會。」這種對歸屬感的恐懼通常被稱爲冒牌者症候群：持續擔心自己只是因爲某人的錯誤判斷，使得有機會被錄取，認爲自己像是一名冒牌者。

爲了應付這種焦慮，史塔森向學生保證，他們受到準確的評估，成爲最有能力在這項嚴格的計畫中獲得成功的人選。然後，他激勵他們專注於未來的貢獻，而不是以往的考試成績。

「你來到橋梁計畫，可能會把它看作是一個第二次機會。或者你可能會認爲這是某人對你的一次開恩，因爲你無法以正常方式申請入學。讓我們立即擺脫你是否夠資格，或是否應該獲得這個機會的想法，因爲你是值得的。相反的，讓我們專注於你將如何回報這項投資。」

回到柏克萊的大學物理課程，史塔森表現出色，他很快地就獲得了威斯康辛大學麥迪遜分校的博士學位。

史塔森的博士畢業典禮是一個轉折點。他的母親飛到威斯康辛參加典禮，她非常自豪，看著兒子穿上全套學位服，禮帽上還有金色的流蘇。在吃晚餐時，她問了一個問題：「¿Y ahora que?」（那麼現在呢？）史塔森給了一個非常字面和學術性的回答：專注於撰寫論文，或贏得獎助學金。

史塔森的母親給了他一個失望至深的眼神。顯然她期待另一個答案，因爲在西班牙語中，「¿Y ahora que?」的含義是**「你已經獲得了如此之多，那麼你打算怎麼利用這些？」**史塔森意識到自己差點忘本，於是再告訴母親，他會利用學位成爲一名教授，當他成爲教授後，會利用他的影響力幫助其他人也登上這座山頂。顯然，史塔森的母親更喜歡這個答案。

我喜歡拿這則故事與八十年前李奧娜和皮特．薩姆納斯的故事相比較（見〈前言〉）。史塔森的母親就像我的曾祖母李奧娜一樣，對兒子有著很高的期望，希望他能做出貢獻。她對兒子的愛是無條件的，但也不會讓他逃避責任。史塔森如同皮特，他將母親的導師心態應用到自己的教學工作，最終惠及數百名學生，如同維加。

這是一個美好的例子，說明了導師心態做爲一種代際的包容性卓越引擎如何運作。

粉飾和隱瞞回饋沒有任何幫助

二〇二二年春季，史塔森來到我在德州大學奧斯汀分校的實驗室，傳授給我們他的計畫細節，這正是我們從中學到的。

史塔森的計畫對物理學的眞實貢獻保持著異常高的標準。他們期望學生掌握軟體編寫工具，從數據生成複雜的圖像、撰寫論文、在專業會議上發表，並在期刊上發表這些論文。許多試圖做到公平或具包容性的實驗室並不會這樣做，因爲他們陷入了保護者心態，僅給予鼓勵和拍拍背，卻缺乏實際的貢獻。

在史塔森的實驗室，學生在專業會議上進行第一次眞正的科學演講之前，實驗室會專門開一個會議幫助他們練習，這通常是必經的過程。針對物理學進行技術性演講，令那些害怕公開演講或糾結於冒牌者症候群的學生感到恐懼。

然而，維加（最終包括所有實驗室的其他學生）必須站上臺進行一個小時的講演，而且實驗室會針對這場演講，給出全方面、具體和直接的回饋——她如何提出研究問題、圖表和數據是否清晰、是否充分突出了關鍵發現等。

史塔森解釋：「在給出回饋的過程結束時，我能眞誠且有說服力地說：『你已經在會議上聽到了所有批評。所以基本上，在內容和知識方面，你已經準備好了。』」他認爲，在一群希望你成功的人員中獲得這些回饋，遠比未來在僱主面前的舞臺上接受批評要好得多。他還認爲，**粉飾和隱瞞回饋對任何人都沒有幫助**。

史塔森也對學術寫作保持高度期望。「在期刊發表方面，我是眞正的獨裁者。」他告訴我。他的口號是「唯一重要的是我們所寫的論文」。就算學生寫了一個精巧的程式或製作了一份花哨的數據圖，那也不算數，你必須將其完成並轉化爲一篇對該領域有貢獻的論文，並加以發表，且上面有你的名字。

他的學生從第一天起，就開始和史塔森一起撰寫論文。「在發表文章的時刻，你會從學生轉變爲科學家，感受自己如何產出科學。」史塔森告訴我。在每週的實驗室會議上，他們專注於進行中的論文（除非有人在練習會議演講）。一名學生將論文投影到螢幕上，嚴格的審查過程就此展開。在接下來的整整一小時裡，十幾名科學家會對數據中的故事、圖表是否正確、結果是否合理，及其研究如何對該領域做出貢獻進行評論。

融入高效能工作的關鍵

史塔森高度要求的論文寫作法並非標準做法。許多導師試圖保護他們的受訓者，免受潛在的壓力或尷尬。有些人甚至質疑學術界以「激烈競爭」的手段發表論文，將其視爲愚蠢、微不足道或毫無意義，他們喜歡讚美學生的出色想法，而不是學生的工作成果。這些人表面上在推動公平，卻無法創造眞正的公平。史塔森說「我眞心相信，只給人知識上的讚賞，卻不推動他們感受科學勞動的成果是空洞的，所以他們得將想法落實在經過同行評審的期刊發表。」

史塔森的學生並不總是對這些高標準感到自在——他們經常感到壓力甚至害怕。然而，這些**高標準是年輕人準備融入高效能工作的關鍵部分**。當你離開史塔森的橋梁計畫時，你並不會帶走導師。維加不能打電話給史塔森，讓他證明她眞的很聰明！她屬於這裡！她帶走的是自己的成就紀錄、簡歷上的已發表論文。如果我們不賦予年輕人擁有任何眞實成就的能力，那麼他們離開我們的照顧時，將會與申請入學時一樣脆弱。

蘿拉．維加深刻地表達了這一點，當她告訴我，其他范德堡大學的博士生有時會像那些橋梁計畫的畢業生一樣，覺得自己像是走後門。接著，她想到在橋梁計畫中，你必須有實際發表的論文，而且是第一作者，且發表在比從「前門」進入學校的學生更優秀的期刊上。她並不是走後門進來的人，她值得擁有自己的位置。

「很明顯，如果你能在頂尖期刊上發表掛名第一作者的論文，便是替自己贏得了聲望。」維加告訴我。

史塔森對論文出版的強調，源於他在柏克萊感受到的冒牌者心理的解決方案。他在替來自弱勢群體的年輕人武裝自己，讓他們擁有無限可轉移、終身保證的通行證，證明自己屬於這裡。這正是贏得的聲望。保護者心態者並不這樣做。他們試圖走捷徑以達到包容性卓越、用虛假的讚美和低標準來抬高弱勢群體。

重要的是，史塔森不會讓學生直接面對挑戰，並對他們說：「我對你們有很高的期望！」那是執法者心態。爲了促進包容性卓越，擁有導師心態的領導者必須將這些高期望與同等高度的支持相匹配。

在史塔森的橋梁計畫中，每天都會進行支持性的安排。星期一，寫作時間；星期二，外部演講；星期三，實驗室會議；星期四，新論文的「天文咖啡」對話；星期五，犒賞辛勤工作後的葡萄酒和社交聚會。

這些活動旨在維繫學生與同伴、即將畢業的高年級生，以及提供專業發展建議的博士後研究員之間的感情。每個學期，學生們會與他們的「導師委員會」會面，這些委員會是由史塔森幫助他們建立的導師網路，是經過精心挑選的人選，以幫助他們獲得所需的數據、技術設備或技能，實現他們雄心勃勃的目標。

這些委員會使學生能夠在史塔森之外建立重要的專業連繫，形成潛在的推薦信作者和僱主網路。

贏得聲望、歸屬感和能力

維加深知自己屬於物理學界，因爲她在創造高品質的工作，對此感到自豪。然而，她仍然經歷了自我懷疑的時刻。在進行課程的幾年後，她在一場重要的資格考試中表現得很糟糕。明明知道試題答案，但在壓力下，大腦像是當機了一般，導致她誤把太陽有五十億年說成五千億年。

她感到愚蠢，開始收拾東西準備搬回聖安東尼奧。此時，史塔森介入了。他直接告訴她：「妳做得很好，做到自己能做到的一切。畢竟，評判學生是否能做出優秀科學的標準是，是否能產出優秀的科學，而不是他們在考試中的表現。」而維加正在產出優秀的科學。這是史塔森的「李奧娜時刻」，後來，維加繼續返回工作崗位。

史塔森知道，雖然「冒牌者」的恐懼感會逐漸改善，但永遠不會完全消失，這可能讓人感到不安。所以他對維加和橋梁計畫的其他成員講述了他個人的故事。

雖然焦慮，但還是堅持下去

史塔森小時候有明顯的語言表達障礙——口吃。一位語言治療師教他在發某些單詞之前，將舌頭放在上顎的技巧，對他有所幫助。

然而，他的口吃從未消失。直到今天，他在發言之前仍會使用這個技巧。隨著時間過去，他適應了自己的口吃問題和發音技巧，而且不妨礙他進行演講。

史塔森認爲，這很像你在一直以來代表你所屬群體裡的精英分子的感覺。「感覺像冒牌者的情緒會逐漸下降，但並不會完全消失。」史塔森告訴他們，「可是這並不必然會妨礙成功。**不應該將持續不斷的歸屬感焦慮，解讀爲自己永遠無法歸屬的標誌**。這雖然令人困擾，但不應該因此決定你們的未來。」

幾年後，維加完成了博士學位，並在頂尖天體物理學期刊上發表了一系列論文。她開始在NASA的戈達德太空飛行中心進行博士後研究。在我們交談時，她已經在那裡工作了幾個月。

訪談前一天，維加向科學總監發表了一場令人緊張的重要研究演講。

這場演講吸引了來自各個科學部門的資深科學家、工程師和工作人員前來參加。「對我來說，公開演講總是伴隨著很多的痛苦。」她告訴我。在演講前一晚，維加做了一個焦慮的噩夢，夢見自己即將在一場瑪利亞奇音樂會上表演，但她的樂器卻無法正常演奏。她擔心失聲，會讓每個人失望、毀掉演出，然後她想起了史塔森的口吃故事。

她一直試圖透過參加國際演講協會和使用生物回饋技術，來提高自己的公開演講能力，讓自己更加自在。最重要的是，**她用自己的成就自我提醒，而這些成就意味著她屬於這裡。**

在演講中，維加大部分時間都感到輕飄飄的。然後，意想不到的事情發生了。她開始收到問題——好奇的問題。人們因爲這個主題變得非常興奮！她突然感受到一種靈魂出竅的經歷：維加看著自己坐在臺下，曾經在德州和墨西哥之間的沙漠中仰望星空，夢想成爲一名天體物理學家的她，如今正與一群資深的NASA科學家互動，她爲自己所做的事情感到驕傲。

「我心裡想：『對，我做到了。』」那些時刻激發了她的雄心壯志，儘管心中仍然有焦慮，但她仍堅持留在這個領域，繼續做出貢獻，這就是「贏得聲望」帶來地位和尊重的力量。

沒有任何事可以阻止任何領導者採取導師心態

維加的故事強烈提醒我們什麼是包容性卓越。

它不是執法者心態強調的不可能達到的標準，因爲這些標準會把像維加這樣的思維排除在外，甚至阻止他們進入這個領域，那就會是排他性卓越。

我們也不需要保護者那種柔軟、含糊、較低的標準，配上「滿滿的愛」。那是爲了包容而包容，沒有卓越。這樣的標準無法讓像維加一樣的學生，走到能夠向一群頂尖的NASA科學家演講的地步。

包容性卓越源於這種信念：**一個人做出貢獻的潛力並不只是單一的考試成績（例如GRE）所能決定的**。能夠做出貢獻的機會也不僅限於那些無所畏懼且擁有一切優勢的人。每一位年輕人都有潛力做出貢獻，當我們透過結合高標準和高支持來尊重、支持這種潛力時，就能激勵和啓發來自各個群體的年輕人追求更高的目標、實現更多的成就，並使社會更強大。

一天，史塔森走進電梯，在最後一刻爲他的同事（也是一位物理教授）按住了電梯門。在他們隨意聊天時，這位同事說史塔森很幸運。

爲什麼？

經過一些澄清，史塔森明白這位同事的意思是，他的背景——貧困的家庭、移民母親、少數民族身分，讓他有幸成爲橋梁計畫學生的強大導師。這位白人男同事覺得自己沒有這樣的背景，所以決定不參與指導橋梁學生的工作。

史塔森同意他或許出於對橋梁學生同情的直覺，但當他更深入思考後並不這樣認爲。他並不是自閉症患者，然而，他卻爲所有科學領域創造了最具包容性的實驗室，以支持自閉症學生。史塔森剛開始進行橋梁計畫的時候，對於如何支持像丹或他的兒子這樣的學生並沒有任何的想法。

事實上，他對幫助橋梁學生的直覺——專注於抽象思考社會敘事，如刻板印象或冒牌者症候群，在自閉症學生的包容性方面完全是錯誤的。他促進如此不同群體的包容性卓越的能力，與心態有更大的關係，而不僅僅是背景。他相信，任何有動力的學生都可以被要求達到高標準，並在努力滿足這些標準的過程中獲得支持。

史塔森的故事告訴我們，沒有任何事可以阻止任何領導者採取導師心態，並利用這種心態讓更多人參與他們所屬領域的卓越標準。

第十一章 促進未來的成長

帶來地位、尊重與未來成長的導師

洛夫．康奈爾的故事

居住在洛杉磯以外的人可能從未聽說過洛夫．康奈爾，但每天數百萬住在洛杉磯的人，都受他的貢獻所影響。

康奈爾出生於一八九〇年，是二十世紀加州最具影響力的景觀建築師。他被稱為洛杉磯的奧姆斯德，因為他在洛杉磯受人景仰的作品數量，不亞於設計紐約中央公園的奧姆斯德。在他五十年的職業生涯中，康奈爾成為波莫納學院和加州大學洛杉磯分校的首席建築師，開發了第一個在聖地牙哥使用加州本地植物托瑞松打造的「旱地公園」，同時也是洛杉磯許多備受喜愛的公共空間設計者，包括比佛利花園公園、格里菲斯公園和富蘭克林·D·墨菲雕塑花園。

他在一個世紀前種下的樹木，如今依然聳立——儘管當時的人反對，因爲他們想要可以快速生長而非長生的樹木。我訪問了幾位洛杉磯的頂尖景觀建築師，他們至今仍將康奈爾的作品奉爲圭臬。有趣的是，康奈爾如果沒有在關鍵時刻遇到合適的導師——查爾斯·貝克教授，他可能無法做出這些貢獻。

「我們是在為未來建設。」

康奈爾來自一個貧困家庭，他與家人搬到加州後不久，全家便失去了所有財產。一九〇九年，他來到距離洛杉磯東方約五十六公里遠的波莫納學院，只因爲那裡的學費便宜。

他碰巧選了一門由生物學家貝克教授的課程。當時，景觀建築並不是一個非常成熟的領域，二十世紀初，主流觀點通常認爲：植物只要看上去美觀、大量澆水，接著等待最佳結果就好，但貝克覺得康奈爾將會爲這個領域帶來嶄新的貢獻——當時的奧姆斯德公司發起了一場創新的東海岸專業景觀建築運動，貝克爲康奈爾設計了一系列充滿挑戰的任務，例如繪製加州本地的詳細植物種、拍攝植物家族在其原生棲息地的照片等。這些任務往往連貝克自己都沒有完成，但他依然堅持高標準與嚴格要求，而康奈爾也願意爲貝克竭盡全力。

貝克坦率解釋高標準的原因：他認爲康奈爾的作品已達出版的水準。康奈爾爲達到這一標準努力不懈，最終將這些藝術作品連同貝克的生物學評論一起在學術期刊發表。康奈爾關於加州本地植物的某些繪圖至今仍具有權威性。

接著，貝克鼓勵康奈爾申請哈佛大學的景觀建築學課程，他後來成功獲錄取，並接受了正式的訓練，爲他漫長而豐碩的職業生涯奠定了基礎。

在閱讀康奈爾於一九七二年去世前不久錄製的數百頁口述歷史紀錄時，人們可以感受到，他人生中最爲鮮明的記憶，來自於那段努力達到貝克嚴格期望的時光。貝克是一位尊重他的導師。「貝克教授塑造了我的命運……他具有激勵年輕人的天賦。」康奈爾在六十年後的口述歷史中這樣說。

在人生中期，康奈爾成爲了一位導師。現今洛杉磯領先的建築師之一，布萊恩·帝奇諾告訴我：「他試圖在這個西部前哨站建立景觀建築的專業性。」康奈爾像他的導師一樣，對標準要求極高，他曾批評那些隨意種植歐洲樹木、認爲澆水就能解決任何問題的園丁。但康奈爾並不是一個精英主義者，他希望有更多人能達到這個領域的標準。

露絲·謝爾霍恩是二十世紀中期，少數在洛杉磯工作的女性景觀建築師。她將康奈爾的指導視爲幫助她在這個行業立足的重要因素。謝爾霍恩後來設計了迪士尼樂園的街道和廣場，其中包括標誌性的睡美人城堡。她爲迪士尼選擇的樹木至今已矗立了七十年之久。

康奈爾和謝爾霍恩的故事證實了一個簡單的真理：「我們是在爲未來建設。」康奈爾談到他的景觀設計理念時說道。「我們希望現在所栽種的樹木，在五十年後仍能聳立。」他這番話也確實實現了。

丹尼爾．拉普斯利的故事

丹尼爾．拉普斯利博士是聖母大學的青少年心理學教授，他在匹茲堡長大，父親是一名礦工，母親則是一名家庭主婦。由於家族中從未有人上過大學，所以他也從未想過自己有機會可以讀大學。

一九六五年夏天，就在他即將升上國中一年級之前，拉普斯利和朋友們打完籃球後，聚集在加油站閒聊。拉普斯利與一位正在等待修車的年輕大學生展開了對話。很快的，他們之間的話題轉向越戰。

拉普斯利是一位喜歡閱讀的年輕人，他研究過並支持約翰遜總統關於東南亞共產主義的骨牌理論，及美國參與戰爭的正當性。年輕大學生儘管持相反立場，仍認真地就他的立場辯論，並對拉普斯利的博學感到吃驚，但同時也不忘鼓勵他。

整個過程中，他沒有出現任何訕笑、諷刺或貶低的語氣。

當車修好了，那位大學生轉向拉普斯利說：「你是個極其聰明的人，你有沒有想過上大學？」接著，出於一些拉普斯利至今仍不明白的原因，那位大學生問他是否讀過但丁的《神曲》，並表示他一定會喜歡這本書——暗示拉普斯利能夠接受這樣的挑戰。

當時拉普斯利才十二歲，他至今仍能記得那種振奮人心的自豪感——那正是贏得的聲望。「返家途中，我感覺像是漫步雲端。想像一個陌生人鼓勵我去上大學，還好奇我是否讀過但丁的作品。」這次互動有效說明了「贏得聲望」如何激勵人心。

最終，拉普斯利確實按照那位陌生人的建議去了大學，而且再也沒有離開過學術界：他獲得了博士學位，並將整個成年生涯奉獻給大學教學。他現在是大學生計畫的主要支持導師之一。

回想這個改變命運的日子，拉普斯利寫道：

「回想那些成就今日之我的事件時——在加油站與陌生人相談的那次機遇，比任何老師、任何在學校裡所教的課程都來得更加重要。那位在加油站遇見的陌生人在我的心裡種下了一顆種子，提出一種我從未想過的可能性。他說了一些對於我的想法，這些訊息對我來說原本只是隱約存在，但他的話讓我感覺自己很特別、有才華……這段清晰而生動的記憶從未自內心抹除。我將自己走上這條人生道路的原因歸功於那次的相遇和那位陌生人，這是一條對於我這位在鋼鐵小鎮出生的孩子來說，極爲不同的道路。」

對年輕人喊話必須謹慎

我經常想起拉普斯利的故事，有幾個原因。

這則故事提醒我們，**必須謹慎面對對年輕人喊話**這件事。我們永遠無法預料自己的話語是否會像雪球一樣，對他們，甚至其他人，在未來產生長遠的影響。同樣的，我們或許可以預見貶低的話將使他們憤恨數十載。

拉普斯利的故事與我前面所提的明智回饋實驗（見〈前言〉）有著相似之處。在這些研究中，我們不僅追蹤了學生是否在幾週內修改文章，還追蹤了他們在收到便利貼回饋後六年的情況。

二〇一七年發表的一篇論文中，我們發現尤其是在學校中屬於少數群體的實驗組學生，即使在一年後，仍能從那一次的的便利貼回饋中受益，且較少違反紀律。

此外，六年後他們上大學的可能性更高。雖然我們的研究規模不大，但其結果與拉普斯利的故事有著雷同之處。這表示，**在合適的時間表達對年輕人能力的尊重，加上情感上的支持，可以帶來有意義且持久的影響。**

以尊重和教學相長的方式

我喜歡拉普斯利的故事，因爲他也爲我做了類似的事情。

我在第二年擔任教師的暑假期間，修讀了拉普斯利的課程——這是我第一次接觸心理學。當時我正在修讀教育碩士學位，他的課程既實用又富哲理，我感到受益良多。

我在學期報告上投入了很多精力，內容遠超過他要求的範圍。一般的教授可能會退還我的報告，並說：「這不符合作業要求，重寫吧。」或者，他們可能會指出，由於我沒有心理學方面的訓練，根本不知道自己在說什麼。

然而，拉普斯利就像他在加油站的遇見的那位大學生般對待我——他沒有看輕我，而是認眞看待我，鼓勵我做得更多。

拉普斯利花了很長時間與我討論他的回饋意見。他沒有誇大其詞，但他說：「我確實認爲你想要論述的東西有些道理。」他甚至說這份報告有機會可以發表在期刊上，而且願意幫助我修改。這是第一次有人把我當作學者對待，我非常喜歡這種感覺。

拉普斯利就像幫助康奈爾在期刊發表文章的貝克。在受到拉普斯利的幫助時，我的年紀與當年受到貝克幫助的康奈爾相仿。

幾週後，我放棄了申請法學院的計畫，準備申請在拉普斯利帶領的專業領域中進行學習，而他是我唯一可以信任的推薦人，因此，我的錄取完全要歸功於他。

我必須毫不誇張地說，要是當時拉普斯利沒有以尊重和教學相長的方式對待我；在我對自己能力和人生目標深感不確定的時候，以導師的心態幫助我，這本書也許沒有機會出版。

培育未來的成長

無論是康奈爾還是拉普斯利的指導，都反映了我稱爲「治療師問題」的現象。這是一個令人困惑的挑戰，即使是最敏銳和最盡責的導師也經常感到棘手。

「治療師問題」指的是，在幫助年輕人的同時，還得爲他們在離開我們的羽翼後，能有效應用所學是非常困難的。一場治療通常只持續一個小時，但人們的問題在剩下的二十三個小時裡依然存在，更不用說每個非治療日的時刻。

如果治療師只能在那一個小時內幫助病人，那麼，他們並未替病患帶來眞正的價值，病患還不如用更便宜的方式來轉移注意力，例如看一場電影。一位優秀的治療師能夠在會談結束後，幫助病人在日常生活中應用所學，而「治療師問題」同樣適用於指導年輕人方面。

對許多父母來說，他們一生與孩子共度的大部分時間在孩子年滿十八歲之後就不再緊密。他們是否明智地利用了這段時間，讓這些經驗伴隨孩子度過接下來的人生？

中學和大學教師的時間更少，平均每週四到五個小時，持續九到十個月。他們是否爲學生提供幫助他們學習下一個學年課程的知識和學習策略——更不用說貫穿整個學術生涯的幫助？管理者可能只有六到十八個月的時間來指導下屬，幫助他們獲得晉升。我們是否能養成他們的工作習慣和組織文化，讓員工在職場晉升中持續增加價值？

服務青少年的機構也面臨類似的問題。在科學文獻中，這種現象被稱爲「淡出效應」。它指的是那些短期內能造成影響，但長期效果不佳的善意計畫，比如，提供娛樂和遊戲，但對青少年沒有持久益處的課後輔導；過於保護的精英私立學校，未能充分讓學生準備好面對現實世界中的失敗；或是那些學生在回到學校後，興奮感會消失的暑期活動；以及那些公司花費大筆經費舉辦的週會，雖然很有趣，但對員工回到工作崗位後的流程毫無改變。

「淡出效應」與「治療師問題」往往導致組織在時間和資源的巨大浪費。

如何解決「治療師問題」？

那麼，該如何解決「治療師問題」呢？**地位、尊重和贏得聲望這些機會，是在年輕人離開我們的照顧後，仍能持續影響他們的先決條件**。

一個絕佳的例子來自於ＮＢＡ最出色的投籃教練奇普·恩格蘭（見〈前言〉）。他讓參加暑期營的學員，在第二週的星期二就開始主導所有訓練。

他給了他們一位「腦中教練」。這些學員在兩週內的訓練下進步很多，但他也爲他們準備好接下來一整年的自主訓練。

在ＮＢＡ裡，科懷．雷納德以及其他受過奇普指導的球員，即使沒有奇普親自在旁邊指導，投籃技術也不會突然失效，因爲他們有了自己的「腦中教練」。爲什麼在競爭激烈、崇尚即時勝利的職業籃球場中，一名教練會願意以長遠的觀點提供球員訓練？因爲當球員們在與奇普短暫的訓練時間之外也能自我提升時，整個團隊的實力才會變得更好。

奇普的方法展示了我所說的「培育未來成長的指導」，同時解決了「治療師問題」。

「培育未來成長的指導」發生在我們對年輕人的訓練中，這過程讓他們學會技能或思維方式，在離開我們的照顧後，仍能繼續幫助他們成長。

塞吉歐並不只是教導學生如何應付下週物理測驗的小技巧，他是在爲他們將來在大學主修的科學課程預做準備；岡本也不只是試圖提高員工的工作效率，以達成季度目標，她希望她的學員成爲管理卓越的領導者；羅瑞娜也不只是充當裁判來制止孩子間的爭吵，一旦孩子知道了她的期望，她只需要挑挑眉毛就能讓他們停止爭吵。

如果我們正確地運用導師心態，這種思維不僅能帶來當前的成效，也會在未來持續發揮作用。因此，即使面對瞬息萬變的壓力，領導者仍然可以運用導師心態。

為未來的成長提供指導

「培育未來成長的指導」經常受到執法者和保護者心態破壞。在「執法者心態」中，認爲年輕人不具備足夠的能力來完成任何事，除非領導者直接給予指導，並下達具體指令。因此，我們採用短期、基於服從的策略，只有在直接服從命令時才會有效。

另一方面，「保護者心態」則認爲，長期來說，我們無法改變年輕人，因此往往集中於幫助年輕人度過眼前的難關，卻使他們在未來的道路上變得更加無力應對。

這兩種心態都無法爲未來的成長提供指導，因爲它們認爲年輕人無法承擔這種責任。這就像一位治療師說：「反正你無法學會如何應用，所以教會你以更好的思維技巧來面對憂鬱和焦慮是徒勞無功的。」治療只讓人短暫感覺良好一個小時，在接下來的一週卻無法幫上忙，這是一種糟糕的治療方式。

「培育未來成長的指導」不僅解決了「治療師問題」，更能帶來滿足感。我所採訪的那些具備導師心態的榜樣，一談到他們的學員便充滿活力。他們之中的一些人甚至與我分享他們個人的成功，以及學員取得的成就。

這樣的指導方式讓任何人都感覺到，指導年輕人所做出的努力是有價値的，並能對他們的未來生活產生積極影響。

只要我們擁有正確的導師心態，不論我們與年輕人相處的時間是一個小時、一週、一個暑假，還是十八年，都能產生影響。我們可以啓動一個滾雪球效應，讓年輕人無論走到哪裡都能受益。

接下來，我們將探討兩個案例，它們展示了如何更可靠地對年輕人產生長期影響。其中一個（在本章呈現）涉及美國最具影響力的微積分教授，另一個（將在第十二章呈現）則是我曾參與過最非凡的體驗。

尤里·特萊斯曼的導師心態

大學新生的微積分課長期以來受制於一種扭曲版的「治療師問題」。這門課不僅在學生上完後無法長期幫助他們，還可能直接阻礙成長——微積分成績不佳，將無法讓學生有機會接觸數學、科學、工程和計算機科學等需要高階技術的職業。

這門課難度高、進度快、不講情面。如果學生不懂如何學習，或者在理解那些以已故數學家命名的複雜計算規則時迷失，成績便會因此落後。

校方普遍認為新生學習微積分需要經歷四個月的陣痛期，同時也得接受與這門課相關的不公義現象：出生背景較差的學生不可能選修嚴格的新生微積分課程，即使選了這門課，也不太可能通過。因此，這讓他們在追求高階技術職業的道路上變得更加困難。

簡言之，新生微積分像是一道門檻，但它能成爲一個入口嗎？如果這門課能有更公平的通過率，並讓更多學生爲未來在數學、科學及相關領域的貢獻做好準備，那麼這對學生的長期成長可能性將是巨大的。在過去五十年裡，沒有人比尤里·特萊斯曼更致力於將這個夢想化爲現實。

為亮點教師上好菜吧！

「爲他們上好菜吧！」當我告訴特萊斯曼，我們正在籌畫一項亮點教師計畫，他臉上掛著笑容，說的正是這句話。

特萊斯曼是一位數學教育家，他在柏克萊推行公平學習微積分的計畫，讓他獲得麥克阿瑟天才獎。在他啓動該計畫的前五年，即一九七三年到一九七七年，柏克萊大學有百分之三十三的黑人學生無法通過微積分課，而且很少有人繼續攻讀數學或與數學相關的技術學科。

這些可是柏克萊的學生——全州最優秀的學生之一。然而，自特萊斯曼開設工作坊後，百分之九十七的黑人學生通過了微積分課，繼續攻讀數學或相關學位的人數幾乎翻倍，達到了百分之六十五。

從這一結果我們可以看出，特萊斯曼爲這些學生在未來更嚴格的數學課程中取得成功，做了充分準備。他的指導目的是為學生的未來提供助力。據報導，直至一九九〇年代初，百分之四十的黑人數學博士生都是特萊斯曼計畫的畢業生。你可以說，特萊斯曼正是解決新生微積分「治療師問題」的「麥可．喬丹」。

過去三十年來，特萊斯曼一直在德州大學奧斯汀分校教授新生微積分。在他提到「上好菜」的那一天，我們正在討論一項計畫，目的是找出像特萊斯曼一樣，年復一年創造包容性卓越的教育者。

我的團隊進行了一項統計分析，數據來自一千多名教師，從中挑選了二十位可能擁有特萊斯曼這樣特質的亮點人物。我們想要研究他們的祕訣，其中一位正是塞吉歐，我在該計畫進行幾週後第一次見到他，特萊斯曼協助我們與這些亮點教師見面。

他在當時主要關注的是我們應該尊重這些教師，同時讓他們跳脫慣例，打開心胸分享智慧。他當天脫口而出說的正是：「為他們上好菜吧！」

很有個性的導師心態人物

在我們啓動「隱藏版特萊斯曼」計畫（這是我取名的，不是他），並確定塞吉歐為亮點教師的幾年前，我花了兩個學期觀察特萊斯曼如何教授新生微積分（如第二章所述）。

我的理由是：「你得趁麥可．喬丹退役前好好觀察他如何比賽。」我很快就理解了瓦克斯

（見第二章）所說的**「導師心態教師都是很有個性的人物」**這句話的含意。他們都有自己獨特的個性，但同時保持高標準和高支持：特萊斯曼會把一尊陶瓷狗雕像當作外國政要一樣對待；他週末會和在白宮工作的朋友一起翻譯《舊約》。雖然專注於創造數學的公平學習機會，但他是位廣泛的思考者，對任何想法都能產生興趣，稱得上是個「真性情」的人。

特萊斯曼在微積分課堂上的標準，以一名觀摩者來看非常嚴苛。開學第一天，我聽到他說：「你們之中有三分之二的人會拿到A，但我會讓你們拚到想哭。」片刻後，他又說：「等你們熬過第一次通宵……」驚愕的學生們互相對望：「第一次？我們得熬多少個通宵？」他是在嘗試讓學生退選這門課嗎？還是只是開個關於高期望的玩笑？對此，他並沒有多加說明。學生們確實會在許多深夜的小組討論中建立起深厚的友誼，並完成連串的習題後，在返回宿舍的路上瞇著眼睛欣賞日出。

幾分鐘後，特萊斯曼明確表示，他的高標準適用於所有人。「在修這門課的過程中，你們也許會不約而同地發牢騷說：『這到底在搞什麼鬼？』只是你們說這句話的時間點不同而已。」他這話也是在告訴那些自以為是的學生，他不會容忍有人以炫耀的方式，讓首次接觸微積分的學生感到氣餒，同時也是在告訴那些微積分新手，他們在這裡完全能獲得接納。

對每一位學生的人性表示尊重

多年前我在一個焦點小組中，聽到一位年輕的拉丁裔學生講述這樣一則故事。她說有一天，她的大一微積分教授讓兩、三位期中考拿滿分的學生站到全班面前。據她所說，教授當著全班的面向他們道歉，並宣布：「我低估了你們的能力，這是我的失職。你們超出了我的期望，但我未能給你們一份眞正符合你們水準的考試。爲了彌補，我將取消你們的滿分資格，並給你們一份更難的考試。此外，你們每週還需要完成比其他同學更困難的額外證明題。」

這個故事讓焦點小組的其他成員驚訝不已。一位參與者因同理心爲此感到憤怒，問道：「這些學生難道不生氣嗎？班上沒有人抗議？」這個問題反而讓講述故事的學生感到驚訝。她回答：「當然不會！爲什麼要？我們想成爲醫師、工程師和數學家，想跟最優秀的人競爭。爲什麼會希望教授不把我們逼到極限？」

我打岔說：「妳的微積分教授是不是叫尤里．特萊斯曼？」她回答：「是的，你怎麼知道？」我說：「因爲他告訴過我同樣的故事，但在此之前，我還以爲他是在誇大其詞。」幾年後，當我旁聽他的課堂，親眼見證了他做了同樣的事，並獲得了同樣的結果。我在特萊斯曼的課堂上，經常看到一些我從未想過會在校園中見到的事情。

特萊斯曼之所以能如此挑戰他的學生，是因爲他提供的支持與高標準相匹配。他是眞正的「導師心態」典範，始終如一。他的首要原則是對每一位學生的人性深表尊重，學生們則以忠誠回報這份尊重。

我曾見過學生多年後還會寄電子郵件給他，向他請益工作上的建議、討論人生目標、辯論宗教、政治和正義，甚至詢問如何知道自己是否眞的愛上了某人。他能把學生推向超越當前極限的境界，因爲他是一個公開透明表達自我意圖的教師，每隔十分鐘就會提醒學生，他多麼關心他們的福祉和未來的貢獻。

特萊斯曼的哲學是否像智慧女神雅典娜從宙斯的腦中跳出來那樣，自成一格、獨樹一幟？如果眞是這樣，其他人將難以效法他的做法。幸運的是，特萊斯曼的方法有一則故事。透過這則故事，我們可以看到如何將他那獨特的風格化爲己用。

送貨帶來的眞理

尤里．特萊斯曼出生於紐約布魯克林一個主要爲猶太人聚居的社區，這裡的家庭大多是工人階級。他在中學時，自學了從圖書館借來的一本大學代數課本。當被問到他成長過程中是否有導師時，他提到了當地的猶太教屠夫路易斯。我問他，路易斯教了他什麼？特萊斯曼的回答卻是：**「如何給予他人禮物，而不讓他們感到負擔。」**

特萊斯曼讀三年級時，他的父親曾住院一段時間。特萊斯曼年紀尚輕，但他知道自己需要支持貧困的單親母親和年幼的弟弟。路易斯給了他一份工作，讓他把免費的動物內臟送給社區裡的窮人。每當特萊斯曼工作時，路易斯總會先給他來一場即興的《塔木德》課程，路易斯最愛的一段是來自《申命記》的「你要追求至公至義。」，然後，特萊斯曼才會展開他的送貨之旅。

路易斯很具體、明確地指導他：到一戶人家之後，按完門鈴，然後說：「有人請我把這個送給你，他們說這是你的，不是他們的。」我問特萊斯曼，這爲什麼是一個重要的啓示？他竟因此哽咽。

在認識他十五年來，我從未見過他的情緒如此激動。他回憶起了「拉普斯利時刻」，那是在他生命中一位改變他命運的導師所帶來的刻骨銘心記憶。

特萊斯曼說，我們的責任會延伸，並超越自我。「善行固然美好，」特萊斯曼告訴我，「但你首先要關心的是公義。」如果送貨員抱怨沒收到感謝，路易斯就會不斷強調：「若讓人覺得對本應透過公義得到的東西感到虧欠，這樣的想法不對。」

多年後，當特萊斯曼設計公平學習微積分工作坊計畫時，他謹記路易斯的原則。

他反對當時加州大學柏克萊分校將少數族裔學生安置在補救課程中，並期待他們感謝學校的額外支持。對他來說，少數族裔學生努力的機會應該透過公義實現，而不是依賴善行。特萊斯曼的教學風格正是為了糾正這種不公。

在經歷了坎坷的中學生活後，特萊斯曼在高中成為了一名優秀的學生，但他對公義的熱情仍持續燃燒著。他並沒有選擇上大學，而是搬到以色列，在基布茲（以色列的集體農莊）當農民。然而，在田間被一條致命的毒蛇咬傷後，他的生活出現了劇變，他被送到洛杉磯的一家醫院進行治療。

將成長設為目標

特萊斯曼沒有足夠的錢返回布魯克林或以色列，因此他留在洛杉磯，最終運用他的農耕技能加入了一支園藝隊。大約在二十多歲時，與導師的偶然相遇，改變了特萊斯曼的生命軌跡，重新將他拉回高中時期那段追求智性的生活。

正因為這位導師，特萊斯曼開始看到景觀建築與他年輕時所熱中的哲學思想間的連結，引發了特萊斯曼對於深入學習的渴望，使他繼續數學課程。先是在一所社區大學，隨後到加州大學洛杉磯分校學習，兩年後，他獲得了加州大學洛杉磯分校的最高數學獎，並開始在加州大學柏克萊分校攻讀博士學位，師從傳奇導師及數學家萊昂．亨金，學術訓練直接追溯到十七世紀的微積分共同發現者萊布尼茨。

此後，特萊斯曼創辦了著名的微積分工作坊，開啓了他傑出的五十年職業生涯。

這位改變特萊斯曼人生的意外導師是誰？正是景觀建築師洛夫．康奈爾。特萊斯曼當時正在社區大學取得園藝證書，以便獲得加薪。在一九六〇年代中期，康奈爾正處於他的影響力巔峰，熱中於在洛杉磯傳播景觀建築的專業精神和嚴謹性。

康奈爾開設了一系列免費的公開講座，而特萊斯曼恰巧報名參加。「康奈爾穿著考究的衣服走進來，」特萊斯曼告訴我，「我對他印象深刻。」特萊斯曼驚訝於康奈爾的講話風格——既不傲慢也不居高臨下。

康奈爾希望人們理解他的話，並將景觀建築領域的嚴謹原則應用到生活實踐中。特萊斯曼覺得自己被邀請進入康奈爾的智性世界，歡迎他一起加入探討的行列。正是因爲師從康奈爾，特萊斯曼學到了三個強大的設計原則，這些原則後來影響了他的微積分工作坊基礎。

我必須承認，當特萊斯曼第一次告訴我他與康奈爾之間的故事時，我抱持懷疑的態度：景觀建築怎麼可能與大一微積分，甚至是人生導師有任何關連？

然而，當我讀了康奈爾在加州大學洛杉磯分校圖書館的個人文件後，我才相信景觀建築的確與微積分指導有著密切的關係。康奈爾將他的研究領域描述爲「變化中的建築」，當你完成設計一座花園或公園時，工作或許看似已經完成，但實際上，眞正的變化才正要開始，因爲你所面對的是大自然，而不是磚瓦建築。

康奈爾將他的工作與建築進行了區別，他稱後者爲「靜態的建築」，他以在波莫納學院種植的紅木爲例，這些樹最初只有一公尺高，但在適當和耐心的照料下，最終成長爲高大且雄偉的地標。人類也應如同在景觀建築中，**以一個人將有何成長爲目標，而不是尋求通往成品的捷徑。**

洞察一：觀察人們行走的路徑

特萊斯曼從康奈爾學到的第一個原則是，建造公園之前，先觀察人們行走的路徑。以波莫納學院的校園大草坪爲例，校方在人行道上設置了大型的矩形結構，問題在於，學生喜歡遙望遠處美麗的山脈，爲了保持視線，他們不得不改變原先的路徑，於是草坪上被踩踏出一條小徑，看起來很不美觀，且需要花錢不斷修復。

景觀建築師稱這種小徑爲**「欲望路徑」**，因爲遊客用腳步告訴設計師他們想要什麼。理想情況下，設計師應該在建設公園之前了解這些潛在的欲望路徑，但波莫納的管理層沒有這麼做。他們的應對方法是，在人行道周圍豎起三十到六十公分高的柵欄，阻止人們踩踏草坪，雖然這些醜陋且昂貴的柵欄解決了維護草坪的問題，但也妨礙了人們充分欣賞自然景觀的美。

因此，康奈爾認爲，在動工之前**先觀察人們的行走路徑**才是更好的方法。當康奈爾在洛杉磯建造格里菲斯公園時，他曾騎馬巡視四十幾公頃大的公園，尋找觀賞視野和當地的植物群落——雨水會往哪裡流？如果遊客希望欣賞某個自然景觀，比如一塊巨石或山景，那麼要如何設計，才能框住美景並強調它的美感？如何遮蔽視覺上的不協調之物，使其不破壞整體的體驗？

如今，格里菲斯公園被認爲是一個傑作，它巧妙地突顯了公園的自然資產，並且充分符合「欲望路徑」的設計理念。

團體學習的方式

一九七〇年代中期的加州大學柏克萊分校旨在解決學生之間的成績差距，這就像波莫納學院的人行道一樣，這種想藉由補救教學的做法不但笨拙，且與少數族裔學生的「欲望路徑」不匹配。

校方針對黑人和拉丁裔學生的低通過率，將他們塞進帶有汙名化的補救課程，強調他們的不足，而不是突出優勢。這些課程重點放在高中數學概念的演練或教導如何在大學學習，而非以他們渴望的尊重，並將其視爲在大學認眞學習數學的學生來對待他們。

特萊斯曼受到康奈爾的哲學啓發，並不贊同這種做法。

這些所謂需要補救的學生，其實是全州的頂尖學生。他們在高中時不是被輔導的對象，反而是輔導他人的人，如今卻被當作有缺陷的人來對待，對他們而言是一種羞辱。特萊斯曼曾在上微積分的課前暑假，親自輔導過其中幾位學生，他知道他們已經做好準備，但他們仍然在柏克萊的微積分課上表現不佳。

很明顯，設計支持計畫的人並沒有進行徹底的分析——他們並沒有「觀察人們行走的路徑」。如同康奈爾騎馬繞行公園勘察，特萊斯曼幾乎放棄了他的數學博士學位課程，對加州大學柏克萊分校的微積分學生進行了人種誌研究。

長達十八個月的時間裡，特萊斯曼跟隨學生到宿舍和住所，參加他們的深夜學習小組和考前突擊會議。這一過程使他產生了重要的洞見，並在接下來的數十年裡，徹底改變了高等教育中的成功學習計畫。

特萊斯曼的人種誌研究追蹤了二十位黑人學生和二十位亞裔美國學生（主要是華裔），兩組學生都來自相對貧困的工人階級背景。特萊斯曼注意到，黑人學生傾向於獨自學習，而亞裔學生則經常以小組形式學習，有時還會整晚熬夜一起學習，他們會一起解決問題，檢查彼此的作業，並分享從教授或助教那裡學到的技巧。

有時，他們會請已經修過課程的手足或表兄弟來拷問他們。這種團體學習的方式，比起單獨學習要高效得多，因為當遇到困難時，唯一的解決辦法就是集思廣益尋找問題的線索。

改變學習方式

特萊斯曼意識到，導致黑人學生獨自學習而不與他人組隊的兩個關鍵信念是：第一，他們認爲社交生活和學業之間應有明確的區分。許多黑人學生在高中時，透過避免同儕壓力來取得成功，這意味著他們習慣獨自學習。然而，這種戰略性的隔離，在大學裡卻成爲了弱點，因爲這麼做，阻止了他們以最有效的方式學習。

第二，黑人學生認爲亞裔學生在數學上天資聰穎。然而他們不知道亞裔學生每週通常會組隊學習長達十四個小時，這比黑人學生單獨學習的建議時間——每週八小時要多上許多。因此，亞裔學生不僅學習的時間更長，學習效果也更好。他們並不是因爲種族或民族而天資聰穎。

特萊斯曼的見解如今看似顯而易見，在當時卻是革命性的。

當時大學的教學方式對學生的做法深陷「以缺陷爲導向」的思維模式，專注於「保護者心態」的做法。他們降低標準，並強制要求學生參加學習技能課程。然而，黑人（和拉丁裔）學生並不需要這些。他們需要的是**改變學習方式**，例如像亞裔學生那樣組成小組，一起完成最困難的問題。

而教授們往往採取的是「執法者心態」，在解釋完課程內容後，便將學習責任推給學生。

教授們認爲，每個學期只有兩位黑人學生能獲得B^-以上的成績這件事，不是他們的責任。然而，特萊斯曼卻相信所有的學生，只要有合適的支持，都能達到課程的高標準。

一九七八年，特萊斯曼開始設計他的柏克萊微積分工作坊，將他對教育的洞察付諸實踐。他創立一個充滿活力且嚴謹的支持計畫，學生們將共同合作解決最困難的問題，這與傳統的補救課程完全相反。普通微積分課程中的學生通常只會記憶定理和計算技巧，而特萊斯曼的工作坊學生則要去證明這些定理。

因此，團體學習變成了認眞對待自己學業進展的象徵，而不是認輸的表現。透過這種方式，特萊斯曼的工作坊解決了「欲望路徑」的問題，他發現學生們在學習時，自然想被視爲高成就者的願望，並據此調整了他的計畫，而以「執法者心態」和「保護者心態」爲基礎的傳統做法，永遠無法得出這樣的解決方案，因爲他們絕不會認爲，黑人學生是因爲獨自學習或學習時間過少等正當理由而無法達成高效學習。

特萊斯曼的工作坊不僅幫助黑人學生更有效地學習，還打破了學生對於成功的錯誤認知。在特萊斯曼的工作坊中，每個人都會感到困難，因爲學習的標準很高。特萊斯曼直言不諱地告訴學生，他們所做的工作是未來專業數學家會要求的水準。他認眞對待他們，讓學生們意識到，**感到困難並不意味著無法學習，而是表明他們正在學習**。

隨著一段時間過去，參加工作坊的黑人學生表現逐漸能與亞裔同儕匹敵。過去關於誰能在數學上取得成功的刻板印象開始消退，取而代之的是一種信心：**只要採用正確的學習策略，所有學生都能在高級數學領域擁有未來**。

這則故事爲我們這些不是微積分教授的人提供了一項關鍵的訊息：當我們引導年輕人成長時，與其給予他們無根據的能力保證，不如提供能夠在適當支持下達到高標準的經驗，也不要隱瞞標準。

特萊斯曼經由設計微積分工作坊，除了讓學生合作解決困難的問題，另外從康奈爾的講座中汲取了第二個重要的洞察。

洞察二：留意嶄新入口

多數公園的設計目的是讓人們從日常城市的喧囂中，找到一片安寧的避風港。一旦進入其中，你會被邀請進入自然進行探索，然而，遊客需要穿過一個明確的入口才能進入花園，如果沒有明確的指標告訴他們來到了不同的地方，他們可能會保持之前的心態，未能真正感受到自然的氛圍，因此，康奈爾對人們如何進入花園極爲講究。

他寫道：「花園入口是一扇通往心靈渴望之地的門戶。」康奈爾在加州大學洛杉磯分校著名的雕塑花園的西南角設計了一座橋，要求遊客必須過橋才能進入花園。這是一個明確的信號，提醒人們是時候以不同的方式思考──無論是關於藝術、人生，還是未來。

清晰的轉折和公開透明的信號

特萊斯曼反思「入口」這一想法時，意識到對學生來說，從高中數學過渡到大學高級微積分也許是一個巨大的衝擊，他們彷彿進入了一個全新的世界。

確實，許多學生從多年來的數學學習中累積了不少「數學創傷」，這主要源於他們能多快解答出問題，以此評價爲是否足夠聰明。在特萊斯曼的微積分工作坊中，他打算讓學生解決可能需要三十分鐘才能完成的問題，希望學生能在問題上動腦筋，並嘗試不同的解決方法，也期盼學生像專業數學家一樣行事，感覺自己是屬於這個學科的一員。

然而，特萊斯曼懷疑這半小時的掙扎可能會引發學生的心理「數學創傷」，讓他們陷入「解題快等同於聰明，解題慢等於笨拙」的固有思維中。因此，特萊斯曼對如何打開學生的心，讓他們用不同的方式體驗學習這件事十分講究。他決定在課程開始時，設立明確的標誌，傳遞不一樣的訊息：「在這個空間之中，舊的信念在這裡起不了作用，準備好接受新的假設和改變。」

因此，特萊斯曼仔細思考了學生該如何進入微積分工作坊。他需要一個清晰的轉折，脫離事後的補救教學方法，同時，也需要一個公開透明的信號，表明他的教學方式將與那種只獎勵快速正確作答的執法者有害心態截然不同。

特萊斯曼的解決方案既巧妙又有點奇特：**他邀請學生喝茶**。加州大學柏克萊分校的黑人和拉丁裔數學學生們，收到了來自大學管理階層的信函，信上寫著他們被認爲具有潛力，有一天可能會成爲教師，因此受邀參加榮譽課程茶會。大多數學生從未參加過這樣的茶會（時至今日，我也從未參加過！），這樣的奇特經驗，足以讓他們擺脫以往的期望。

一旦學生前往茶會現場，迎新活動完全專注於將他們帶往培養課堂的技能和優勢，而不是他們需要彌補的缺陷。主持人解釋，他們之所以會對學生提出挑戰，是因爲尊重他們的潛力。整個過程中，學生們絲毫沒有感受到不受尊重，他們進入了一個全新的空間，在這裡可以自由探索和成長。

洞察三：計畫未來的成長

康奈爾演講中最具影響力的理念是：一個精心設計的花園必須考慮未來的成長。設計師需要想像一棵樹或一棵灌木成長後的模樣，而不是它種植時的樣子，否則很可能在之後遇到其他狀況，導致未來出現新的問題。比如，一棵樹長高後，纏進電線中，或是樹根長得太大，以至於人行道裂開。康奈爾說：「所需的技能是能夠想像出一個當下看起來不錯，而且在未來也能欣欣向榮的設計。」

舉例來說，當教師教給學生數學技巧、幫助他們通過本週的測驗或作業，但當問題改變時，這些技巧就無法發揮作用。例如，有些五年級老師說，處理分數時應該把大的數字放在分子。這是一個糟糕的教學，因爲當學生遇到小於一的分數時，會因此產生混淆。

在微積分中，老師可能會告訴學生記住羅必達法則來尋找函數的極限，特萊斯曼則採取完全相反的做法，他會教學生數學技巧爲什麼無法幫助解題。我曾聽過一次講課，特萊斯曼示範四個函數，其中三個函數無法利用羅必達法則來解題，學生們花了四十五分鐘弄清楚來龍去脈。特萊斯曼希望他的學生理解更深層次的數學原理，如此一來，他們未來才能像數學家一樣思考。

「計畫未來的成長」是指當一個花園在種植當天看起來不完美時，必須保持耐心。種植之初，樹木還很幼小，灌木尚未成長，花朵只是花苞。過程通常需要五到十年時間，植物才能夠生長茂密。康奈爾感嘆道：「在尚在發展的階段評價任何事物都不公平，但這正是人類的做法。」

在許多大學數學課堂上，教授要求所有學生在學期的某個時間點掌握特定概念，例如，透過嚴格、一試定終身的考試來判定優劣，沒有改進的機會。特萊斯曼認爲，這種做法對第一次學習微積分的學生，或在高中沒有受到良好指導的學生來說是一種懲罰。這些學生還是可以在後來弄懂數學概念，但如果因早期表現不佳而受到懲罰，那麼他們將永遠無法成長。

因此，特萊斯曼提供一個可選擇的期末考試，取代期中考試。他的政策允許未來的成長，使得課程更加公平。

將壓力重新引導到學習裡

特萊斯曼的考試政策對伊馮娜．馬丁內斯這樣的學生產生了深遠的影響，這位學生在我當年課堂觀摩時修了這門課。伊馮娜的故事在保羅．塔夫的《不平等機器》中有精采的描述，該書以特萊斯曼的教學做爲探討的重點。

伊馮娜是高中優等生，但她在特萊斯曼課堂的前幾次期中考考得很糟糕。「我在高中並未受到足夠的挑戰，」伊馮娜告訴我，「特萊斯曼的課程帶來了全新的挑戰。」她說：「我甚至緊張到哭。」但由於特萊斯曼的評分方案允許她在未來跟上腳步，所以她沒有放棄希望。「我將壓力重新引導到學習中。」她告訴我。

最後幾週，她終於發揮實力，期末考考了滿分，取代了期中考的失敗，在特萊斯曼的課程中最終得到了好成績。

當我在伊馮娜大四那年與她交談，她說特萊斯曼的做法改變了她的人生。

她取得了數學學位，成爲德州大學爲數不多的拉丁裔學者之一。隨後，獲得了哈佛大學數據科學項目的全額獎學金，並在亞馬遜的機器學習團隊獲得了一項著名的獎學金。

換句話說，她不只是爲了應付特萊斯曼的考試而死記硬背，然後就忘記了它。八年後，她仍然在積累大一時學到的數學知識，並因此對她的領域做出了有價值的貢獻。這就是特萊斯曼爲未來成長所做的規畫成果。

如何如法炮製特萊斯曼的方法

特萊斯曼確實是個「眞性情」的人。

在第十二章中，我想向你展示他的做法如何超越個體的教學，以兩個廣泛的概念來總結：**培養韌性和建立使命感**（請參閱本書結尾的實踐部分，以獲得更多詳細說明。）

我將告訴你如何將特萊斯曼對韌性和建立使命感的洞察——總結他五十年來嘗試使用導師思維的結晶，應用到一個截然不同的環境：夏令營。

第十二章
持續性的成長

夏令營研究

約莫十年前，一位精力充沛的營地經營者史蒂夫．巴斯金來到我的辦公室，一心想跟我交談。當時他已年近五十歲，性格強烈、熱愛玩樂且以孩子為中心。他的頭腦不停地轉動，充滿了各種冒險的新點子——他正是你想像中夏令營營地主任的模樣。

巴斯金帶來一個與某特許學校體系的「知識即力量計畫」的合作想法，該計畫主要服務來自低收入家庭以及黑人、拉丁裔或亞裔背景的學生。由於我與該計畫合作過幾個專案，發現他們的教師普遍嚴謹、訓練有素，而且十分支持學生。

整個教學體系可以描述為是一間擁有導師心態的機構，這解釋了他們在幫助學生畢業，並進入大學方面的成就非凡。事實上我會說，過去二十年來，他們是減少貧困最成功的社會實驗之一，然而令人驚訝的是，雖然「知識即力量計畫」的學生能獲大學錄取，卻往往無法順利畢業。輟學讓許多年輕人無法在最終獲得可維持生計的工資，打破貧困的迴圈，儘管他們接受了高水準的中學教育。

我曾與安琪拉．達克沃斯和葛雷格．沃爾頓一起進行了一項研究，追蹤了四所「知識即力量計畫」高中所有即將畢業的高年級學生。

我們發現，只有百分之十六的學生在四年內獲得了學士學位；而在六年內，這一比例上升到了百分之三十一。（我們在研究中對其他四所特許學校體系進行了類似的調查，出現相似的結果，甚至區內學校的情況更糟糕；因此，這並不是「知識即力量計畫」特有的問題）。看起來，這個教學體系的導師心態在「知識即力量計畫」內部改善了學生的成功，但在之後卻未能持續發揮作用。

他們面臨的正是典型的「治療師問題」。

巴斯金和他的「知識即力量計畫」合作對象提出了一個瘋狂的想法來解決這個問題：**把孩子送去參加夏令營**。

「糾結—成功—地位」

多數人不會認爲夏令營與特許學校或完成大學學業有何關連。

一般人可能會像我的女兒史嘉麗第一次去夏令營後，對我描述的那般看待它：「爸爸！夏令營就是一群孩子，四處走動，像是參加一場巨大的街區派對，沒有大人告訴你該做什麼，一整個星期不停地玩，超棒的！」她說的並沒有錯，但身爲一名發展心理學家，我同時相信參加夏令營有其背後的目的。

試想，在營地裡，一開始你會糾結於做一些困難而恐怖的事情（例如，攀爬繩索課程、學習滑水、與陌生人交朋友），而這些都是在有成人照顧的支持下進行。然後，你因克服恐懼而受到尊重和讚譽。

在史蒂夫．巴斯金的「冠軍夏令營」營地，孩子們每天會因多次接受這些合理的風險，成功完成挑戰而接受慶祝。目睹了這一切後，我的科學觀點是，夏令營創造了一個**「糾結－成功－地位」的正向循環**。理論上來說，夏令營的每一天都可以教會孩子一則小型的歸屬感故事，這或許能幫助他們在大學路途繼續堅持下去。

建立一個專屬自己的「佛瑞塔格金字塔」

巴斯金對夏令營的初步想法來自唐納德．卡梅茲所做的一項分析。

當時，卡梅茲負責管理一項類似城市特許學校體系的入學計畫。他的分析顯示，那些在大學中能夠堅持下去的特許學校學生，往往是與同學和新朋友一起參加過一週密集野外露營活動的學生，例如「外展教育」這類活動。

參加野外露營的學生在活動期間經歷了類似大一新生的入學恐懼，如同特萊斯曼試圖幫助他的學生克服的這些恐懼——害怕交朋友、獨立生活、克服之前認爲不可能的障礙——最終，「一切會更好」。

參加者似乎在他們的心中建立了一個專屬於自己的「佛瑞塔格金字塔」（用來解析戲劇結構的一套實用公式），他們知道英雄的旅程將會如何結束。這樣的個人故事可以解決「治療師問題」，並幫助他們在離開特許高中後，仍能茁壯成長。

根據這樣的分析，我意識到也許巴斯金的夏令營點子並沒有那麼瘋狂，但我看到了可能威脅整項計畫的一個大問題。

反思的力量

孩子們如何把在夏令營中面臨的困難，與他們在高中或大學中面對的困境建立起關連？心理學家發現，許多年輕人往往僅能以有限且具體的方式看待自己的經歷。例如，他們可能不會意識到，克服對滑水的恐懼與克服對代數中三項式分解有何關連。如何幫助年輕人看到這種關連？

部分答案來自心理學家詹姆斯．尤尼斯和米蘭達．葉慈在一九九〇年代進行的一項發人深省的研究，這項研究對我的思考產生了重大的影響。

他們想知道年輕人參與社區服務（例如自願幫助無家可歸者）的經驗，是否會影響成人的公民參與（例如，投票和志願服務）。尤尼斯和葉慈的研究表明，決定性因素在於志願者是否進行**反思**。當年輕人反思志願服務與他們的價值觀和更廣泛的特質，以及身分認同如何一致時，便能將高中時期的志願服務經驗轉移到成年後的公民參與。這樣就能有效解決「治療師問題」。

二〇一四年有一項關於此一現象的統合分析，當中涉及超過兩萬四千名青年志願者，它進一步表明，如果缺乏反思，志願服務的時數將毫無意義。年輕人進行此類的反思越多，便能因此將經驗整合成一種身分認同，長期下來的效果就越好。

尤尼斯和葉慈的研究讓我意識到，我們的目標不應該只是讓孩子們在夏令營中克服困難。如果希望夏令營的經驗能延續到他們的現實生活中，甚至影響未來的生活，孩子們需要反思這些經驗如何成爲他們認同的一部分。

韌性與使命感

巴斯金和我決定全面改造夏令營的體驗，提供參與學員們持續反思的機會。

不過，我們希望學員透過這些反思學到什麼？我們需要將夏令營和未來學校生活的抽象概念相連結。

根據我對特萊斯曼課堂的觀察，我們發現**「韌性」和「使命感」**這兩項特質，可以幫助學生在大學中堅持下去（關於這兩個主題在特萊斯曼課堂上的具體實踐，請參見本書的實踐與應用篇中的第十一章）。此外，我們認爲許多「知識即力量計畫」的學生已經具備了「韌性」和「使命感」特質，卻尚未學會如何將其轉移到大學經驗的隱藏優勢，我們希望採取一種基於優勢，而不是基於缺陷的觀點。

我曾與「知識即力量計畫」的學生密切合作過，其中有幾位曾在我的研究實驗室實習。我知道許多人每天都表現出堅韌的一面，尤其在面對伴隨貧困而來的逆境時；我也知道許多人擁有深刻的使命感——爲社區貢獻、改善社會、爲家人創造更好的生活。

巴斯金和我在活動中加入反思活動，讓孩子們思考自己在夏令營中的行爲如何展現出「韌性」和「使命感」。

首先，我們訓練輔導員在學員參與挑戰可怕的高空滑索，或攀爬高聳岩壁等活動時，指出這些是展現「韌性」（例如克服恐懼）的行爲，「使命感」則是在透過向年幼的學員展示如何接受合理風險時，所賦予自己的目標。

他們不僅在當下受到影響，傍晚回到宿舍時仍會持續進行反思，這種策略部分受到特萊斯曼的啓發——他會在黑板上寫一道幾乎難以解決的問題，讓學生們想破頭去解題，最後讚揚他們有勇氣接受挑戰，這種挑戰能爲他們在日後成爲各個領域的領導者預作準備。

接下來，我們要求輔導員在夏令營最後一天寫信給「知識即力量計畫」的學員，點出每位學員在當週表現出的「韌性」和「使命感」。這些信件像是沃爾頓的歸屬感研究中，高年級學生分享關於歸屬感的故事。鼓舞信爲學員提供了一個範本，讓他們可以將日常行爲視爲自我認同的一部分。

此外，學員自己也會在夏令營的最後一天寫下反思，如同沃爾頓的歸屬感研究結尾。他們也會在信件中寫下一個困難且可怕的挑戰，而且最終贏來美好的結果，藉此機會讓學生練習如何將「韌性」和「使命感」化爲自我認同。

最後，我們在學校持續觀察這批夏令營學員。十月時，我們要求他們反思在夏天克服的挑戰——那些合理的風險，與他們目前在高一面臨的恐懼和困難有何相似之處。

他們寫下的內容看似平凡，但意義重大。

學生寫道：「今年夏天，令我害怕的高空繩索課程教會我克服在數學課堂上提問的恐懼。」儘管在提示下他們能輕易地找到之間的關連，但如果沒有反思的引導，他們不會自發地做這件事。

學生們透過經驗取得了這些優勢，但從未有成人要求他們將這些優勢帶入課堂。在我們的研究中，我們沒有讓學員自己摸索如何將「韌性」和「使命感」從一個環境（夏令營）延伸到另一個環境（學校），而是透過這些反思引導活動，確保他們能夠建立這種關連。

總結來說，我們從特萊斯曼的方法中提取幫助學生建立「韌性」和「使命感」這兩種自我認同的元素，並將它們融進一個擁有嚴格且支持性營地輔導員的夏令營活動。如此一來，就可以測試特萊斯曼的導師心態洞見，是否適用於截然不同的環境。

為什麼夏令營活動帶來的影響可以持續下去？

這樣的組合是否幫助解決了「知識即力量計畫」學校的治療師問題？

巴斯金每年資助約一百名學員全額獎學金參加夏令營，連續兩個夏天，巴斯金和「知識即力量計畫」學校透過擲硬幣來決定兩百名學生中，哪一半將免費參加一週帶有反思活動的夏令營（實驗組），以及哪一半將參加一週的額外學術培訓（對照組）。

我們選擇準備升上國中三年級的學生參加，因為他們正處於過渡到高中的關鍵時期，這段時期大多數學生都需要運用「韌性」和「使命感」來度過艱難的考驗。參與研究的四百零三名學生都是非裔或拉丁裔，或者來自貧困家庭。然後，我們等待了五年，來分析這些學生的上大學後的數據。

「知識即力量計畫」的大學生比例數據顯示，參加過巴斯金所舉辦的夏令營的學生上四年制大學的機率，比那些沒參加的學生高出超過十個百分點（與就讀兩年制大學或不讀大學相比）。

這個結果令人驚訝。

即使透過昂貴的支助計畫，也很難讓學生堅持上大學。大多數現有的干預措施效果有限，可能是因爲這些計畫大多源自基於缺陷或神經生物學無能模式。相比之下，在這個夏令營研究中，我們採用了「導師心態」的方法，強調「韌性」和「使命感」這樣的優勢，並在輔導員的相互支持中進行。

即使在計畫結束多年後，效果仍能持續——我們因此看到了一個解決治療師問題的方法。年輕人參與過許多爲期一週的活動，對他們的生活似乎沒有產生絲毫影響，那麼，爲什麼夏令營活動卻仍在多年後產生如此顯著的雪球效應？

雖然我們無法完全確定原因，但我在夏令營結束八年後採訪了一些學員，試圖找出答案。由於我仍保留他們當年的文章和信件，因此可以用來佐證他們的記憶，而且原因讓我大吃一驚。

八年間的滾雪球效應

我的訪談顯示，這些曾經參加夏令營的學員，在他們的求學生涯中展現出令人印象深刻的韌性和使命感，部分原因是冠軍夏令營幫助他們以積極樂觀的態度，度過他們在大學早期遇到的困難。

（值得注意的是，直到訪談結束時，我才透露自己與夏令營的關連或我的假設。這裡分享的一切都來自於他們未經修飾的記憶。）

伊曼紐的故事

伊曼紐就讀一所以白人學生爲主的德州農工大學，這裡有一個以極端著稱的迎新活動。他看到的一切像在對他說：「你是少數族裔！你不屬於這裡！」但很快的，他意識到只需要找出與他人相處的共同點，就可以融入這裡。

「這和我在夏令營的經歷一樣。」他告訴我。伊曼紐清楚地記得剛到夏令營時，誰都不認識的感覺。「那感覺很可怕，我納悶能否和他人相處？他們會不會批評我？」

在夏令營的第一天，他的表現不佳、沒通過游泳測試。接下來的一週，他是四個必須在泳池裡穿著救生衣的孩子之一。他對歸屬感的擔憂因夏令營的晚間儀式「火炬之光」加劇。

對一個旁觀者來說，這個儀式看起來很奇特，總是笑聲不斷和充滿歡呼。「第一晚我就想，『哦，這眞怪。』」他告訴我。在每次儀式前，營地工作人員會選出一位當天展現出韌性和使命感的學員，這位學員將被選爲「點火人」，點燃火炬，開啓晚間的活動。伊曼紐也想獲得點燃火炬的榮譽。

第二天，他決定嘗試水上摩托車，儘管他不會游泳。他非常害怕臉部衝撞水面的感覺，直到今天，他仍記得那次的體驗。「這比害怕更有趣。」這正是參與挑戰的結果，或許是受到輔導員支持的推動。

那次的成功開始了一個滾雪球效應。之後，伊曼紐開始嘗試滑水、騎馬和射箭，是他以前從未做過的事，重要的是，在輔導員的支持下，他面對了這些新的挑戰。「他們會鼓勵、推動你前進，但如果你不想嘗試，他們也不會強迫你。」

在最後幾個夜晚，伊曼紐被選為幾百名學員中的「點火人」，因為他展現出了韌性和使命感。至今他仍記得那晚點燃火炬時的自豪感——這清楚地說明了贏得地位、尊重和聲望的無比力量。在這個過程中，他結交到朋友，也不再覺得自己是局外人。

四年後，伊曼紐帶著這個故事進入德州農工大學就讀。儘管起初他對歸屬感有些擔憂，但他說：「最終發現，這裡其實像一個社群。我只需要努力參加各種活動。」伊曼紐開始參加社區服務活動，在那裡，他與其他同樣擁有使命感、願意為他人貢獻的學生建立起友誼，儘管他們來自截然不同的背景。

這項領悟引發了一個滾雪球效應，甚至影響他的學業表現。

大學的營建工程系令他感到掙扎，該系課程著重於工地管理，讓他感到乏味，因為他想成為一名建築師、想要改善社區。面對轉換到建築系的專業挑戰，伊曼紐並沒有因此退縮。他修習了暑期課程，學習繪圖和相關軟體，並逐漸嶄露頭角，最終，他如期畢業，這與其他百分之八十五的「知識即力量計畫」畢業生不同。

如今，他從事一份重要的工作：爲市政府審核建築藍圖，確保大型新建案在開工前順利進行，同時，他也是家族中唯一擁有穩定，從事白領工作且薪資優渥的人。

卡琳姆的故事

小時候，卡琳姆非常害羞、缺乏自信，朋友和興趣都不多，家庭經濟狀況也不穩定。她的父親從墨西哥移民到美國，每週七天，從早上九點工作到午夜，薪水微薄。如今，卡琳姆是德州大學奧斯汀分校的高年級學生，主修哲學、輔修商業，並獲得計算機科學證書。

她曾在華盛頓特區的頂尖公關公司實習，並計畫進入一所頂尖法學院，希望對社會正義有所作爲，充滿了使命感。另外，她還擔任奧斯汀陽光營隊的輔導員，該營隊的使命是「在沒有經濟障礙的情況下，提供過夜夏令營的魔法」。她告訴我：「我的人生目標之一是創辦一個免費夏令營。」

卡琳姆將這份熱情歸功於參加夏令營的經驗。「我當時眞的非常害羞，」她告訴我，「但記得我很仰慕我的輔導員，當時心想：『她眞外向，我想像她一樣。』」每晚，她的營隊必須在「火炬之光」儀式上走到營地前，表演一段吟唱。一開始演出讓她感到恐懼，但輔導員幫助她走出舒適圈。

隨著自信心的增強，卡琳姆變得非常敢於冒險。在夏令營結束時，她與兩位女孩建立了緊密的友誼，其中一位至今仍是她的摯友，並在她動盪的高中歲月中，成爲最好的知己。

她克服了恐懼，學會了單板滑水，儘管一開始總是失敗；第一次學會了畫畫，並喜愛上這項藝術，直到今天，她在夏令營的第一件藝術作品仍懸掛在房間。在她卓越的高中生涯中，卡琳姆克服了害羞，並領導多個學生組織。當她來到德州大學奧斯汀分校時，她像許多家中第一代上大學的學生一樣感到掙扎。

然而，與大多數學生不同的是，她對自己歸屬感的故事總是積極進取。「我從來不懷疑自己，我知道在這裡會有歸屬感，」她告訴我。「我只是很困惑爲什麼總會表現不佳。」她並沒有得出自己不適合上大學的結論。

她的使命感是關鍵原因之一。「看到父母辛苦掙扎著，只爲了確保我能上大學。」她說。參加完夏令營之後，她開始對政策辯論和時事感興趣，這驅使她選擇了哲學——公認的困難課程以及法律。現在，她正朝著爲社會貢獻的光明未來邁進。

在訪談的最後，我與卡琳姆分享了我們的研究結果。

我問她是否認爲夏令營可能啓動了一個雪球效應，幫助「知識即力量計畫」學生長期受益。當她查看八年前的營隊名單時，她說：「我十分贊同這一點，因爲名單上的人全都上了大學。」至於夏令營教會了她什麼呢？

「它讓我明白，即使我在那裡沒有朋友，我仍然可以找到自己喜歡的活動，比如畫畫。即使個性內向害羞，我也能勇敢地走出去，做出跳脫舒適圈的挑戰。我學到了很多，直到今天仍受惠其中。」

凱文的故事

中學時期，凱文在課業上遭遇很大的挫折，以至於他根本不認為自己會上大學。他的母親和大多數親戚一樣，在沃爾瑪零售百貨上夜班。他告訴我：「我從來沒想過自己會從高中畢業。因為我不是一位好學生。」如果無法順利完成學業，至少沃爾瑪可以給他一份工作。

現在，八年過去，他成為家中第一位大學畢業生，並且對人生有了明確的目標：白天當音樂老師，晚上是爵士音樂家。在我訪問過的「知識即力量計畫」學員中，凱文的生活可以說最受到夏令營經歷的影響。

凱文剛到夏令營時感到十分不安。他不認識夏令營裡的其他孩子，輔導員帶領大夥玩他從未有機會玩的曲棍球。他不會游泳，伊曼紐也是，而且他對夜間舉辦的「火炬之光」儀式感到困惑。「我當時在想，『這是什麼把戲？』」然而，很快地，在「火炬之光」中，因展現韌性和使命感而獲得認可與贏得聲望的機會，鼓勵他接受一些合理的挑戰。

營隊結束時，他已經和其他學員結爲好友，至今仍保持連繫。在我們訪談的前一週，凱文還與他們談到八年前在夏令營一起度過的一週。凱文天性害羞，但當他開始上大學時，回想起在營隊結交朋友的經歷。這些回憶激勵他加入兄弟會，這成爲他在大學期間寶貴的社交支持來源。

在營隊中，凱文同時也克服了對水的恐懼。在他十三歲寫給自己的離營信中，提到自己在營隊中最喜歡的部分：

「一開始我害怕嘗試滑水板，因爲不知道如何滑水。當我和朋友們上船，駛向湖中央，我決定先嘗試看看，結果失敗。於是我再試了一次，這次的表現進步了。」

凱文也內化了使命感這一理念。

他告訴我一則發生在他高中二年級時的故事。當時他接到班上一位女同學的電話，對方向他求助，因爲她不知道該向誰傾訴。

她告訴他，覺得自己的人生沒有目標、存在毫無意義——她聽起來有輕生的念頭。凱文立刻進入夏令營的輔導員模式，對她說他會陪在她的身邊，並耐心說明：「確定人生目標的確很困難，需要時間。」

他還對她說：「每個人都可以貢獻一己之力，但每個人都處於探索人生意義旅程中的不同位置。」這個積極、樂觀的說法似乎把她從懸崖邊拉了回來。

那天晚上之後，他們成了朋友，但他並沒有再多想這件事。一年後，她再次打電話來說那晚她曾考慮自殺，但自從進行對話之後，她不再出現這樣的念頭。

夏令營研究總結

「知識即力量計畫」的營隊研究樣本量不大，無法保證每次都會有相同的效果，我非常希望能看到另一個爲期八年的研究來複製這個結果。然而，伊曼紐、卡琳姆和凱文回溯參加夏令營的經歷，與我們的核心目標一致，這說明了這個方法的有效性。

夏令營營隊，如同特萊斯曼的微積分課堂，給了年輕人一段跌宕起伏的故事——衝突、高潮起伏的緊張情節、挫折和結局，這段故事讓他們在面臨大學生涯的早期困境時，可以藉此鼓舞自己。

強大的敘事讓學員們早已擁有的毅力、韌性和使命感等特質得以發揮出來，當他們面對未來的逆境時，這些充滿希望的故事成爲了一種依靠，生動地展示如何以導師心態培育未來的成長，這便是導師心態帶來的影響。

尾聲
讓世界成為我們希望的樣子

本書告訴我們，文化裡對年輕人的許多常見看法，實際上是無稽之談。對成人而言，看似是神經生物學無能，其實往往是年輕人健康地追求地位和尊重的結果。當我們尊重這些需求，並採取導師心態（而非執法者或保護者心態），就能支持年輕人的健康發展，並解鎖他們改變世界的潛力。

重要的是，你不需要天生就具備導師心態才能運用它。你可以像岡本和塞吉歐那樣，拒絕保護者和執法者思維。現在，你已擁有一套實用的方法，例如透明度聲明和提問，這意味著你不必從頭開始。你所擁有的工具，是書中這些榜樣們得自行摸索才能發現的。特萊斯曼對我說：「真羨慕你的讀者，我多希望自己五十年前就能讀到這本書。」

當你開始你的導師心態之旅時，我希望你能思考一件事：**你會為自己講述什麼樣有關韌性和使命感的故事？**就像大一修習微積分的學生和學習滑水的夏令營學員，當你嘗試落實本書中的想法時，可能會遇到困難。你或許會發現，那些一開始很清晰的想法，一旦試著落實在現實生活中的青少年或Z世代員工時，往往會變得模糊不清。這是正常的。這並不意味著導師心態無法發揮作用，或是你無法成為一名導師，而是意味著你正在成為導師的路上。我鼓勵你記住羅瑞娜·賽德爾的建議，如果犯了錯，總是有「打掉重練」的機會。我發現，當我們真誠地道歉並花時間尊重年輕人的觀點時，他們往往比我們想像的更能原諒我們。

總之，在實施本書建議的過程中，遇到困難是正常的；你可以採取一些步驟來克服這些困難（例如重讀相關部分並打掉重練），最終你會開始看見年輕人與你的互動有所變化，包括減少防衛心和增加合作。

簡言之，這本書是一項行動呼籲——呼籲你發現自己採用導師心態的目的。我之所以提出這項呼籲，不只是因為全球屢見不鮮的不平等、心理健康問題和政治分裂，使得此一需求對年輕人而言尤其變得緊迫；也不只是因為我們的經濟需要不畏懼成長、願意學習並隨著技術變革而發展的精良勞動力（儘管這是不爭的事實）；也不只是因為我們的政治體系需要下一代成為積極參與的公民，為保護那些捍衛我們最重要的自由而奮鬥。

我提出這項呼籲，因為我們所有人——包括每一位教育工作者、家長、管理者，或是任何與年輕人接觸的人——都能成為自己真正渴望成為的人。因為我們的指導（不論是正式的或非正式的），都能讓年輕人的生活即使在離開我們的照料後，仍能獲得持久的改善。想想康奈爾爲自己在五十年前種下的樹木所感到的驕傲，當我們像特萊斯曼那樣，留下了「成就超越我們的年輕人」這份遺產時，這種自豪將更加巨大。

任何人都能爲這項遠景做出貢獻。你可以像拉普斯利在加油站遇見大學生那樣，一次短暫的相遇就能爲他人產生巨大影響；也可以像岡本那樣，做出更深入的承諾，讓受她指導的員工在企業升遷之路迅速攀升，帶著夢想前進；又或是像塞吉歐那樣的導師，幫助他的學生爲未來科學的多元化做出貢獻。

正如凱文·史塔森所說，不論扮演什麼角色，我們都能幫助這個世界，讓它成爲我們希望它成爲的模樣。我鼓勵你向路易斯這位屠夫看齊，他在一九五〇年代的布魯克林免費爲窮人提供肉食，爲他人帶來禮物。你的禮物則是賦予下一代年輕人需要的地位、尊重和贏得聲望的機會。在此過程中，請記住路易斯的話：「有人要我把這送給你，他們說這是你的，不是他們的。你值得擁有這份禮物，因爲這是你應得的。」

附錄

實踐與應用篇

各章的逐項實踐練習與建議

以下是一些活動和建議，幫助你將每一章所提到的關鍵理念付諸實踐。你可以在閱讀完某一章後立即完成這些活動，也可以等到讀完整本書後，再消化並應用所學。本章內容來自於我在研究中實際使用的干預活動和工作坊。因此，我已見證過其內容對讀者所產生的影響。

我與蘿瑟琳．魏斯曼共同開發了以下研究。魏斯曼是青少年領域的專家，著有《女王蜂與跟屁蟲》（電影《辣妹過招》原著），以及其他有關青少年的書籍。在她出版第一本書後的這二十年來，魏斯曼成爲幫助家長、老師與所有關心年輕人的人，創立尊嚴與尊重文化的先驅之一。魏斯曼尤其擅長在適當的時候對年輕人說出合適的話。我非常感謝魏斯曼將她豐富的實踐智慧融入到本書的最後一部分。

閱讀本章時，建議你準備一本筆記本以隨時記錄。

反思問題

以下是一些反思問題，幫助你思考相關理念。

一，是什麼挑戰或困難讓你選擇這本書？這些挑戰來自於哪個領域？比方說，可能是你身爲上司、老師、家長、教練等某些角色時遭遇的困難，或是其他領域的問題。你最想改善的挫折或痛點是什麼？你希望透過本書中的洞察來解決這些問題嗎？

二，你是否遇過年長者以讓你覺得受尊重和激勵的方式對待，就像書中提到的奇普·恩格蘭、皮特·薩姆納斯或李奧娜，或是其他明智回饋研究中的例子？這是怎樣的一段經歷，當時的你有什麼感受？如果這段經歷讓你覺得受到激勵，原因是什麼？（這些經歷往往會成為我們最深刻的記憶之一。）

這些問題的答案可以成為你從這本書中獲得最大收益的動力。請在閱讀整本書的過程中反覆回顧並更新這些答案。你的回答可以提醒你：（一）你要如何將這些洞見應用到生活中？（二）你的行為能如何為年輕人提供與自身經歷相似且有意義的體驗？

第一章　反思自己與10到25歲如何互動

一，請以與你最相關的角色（如管理者、家長、老師等）來思考一下，自己與年輕人互動的情形。有沒有什麼看起來不合常理的行爲，像是器官移植病人不服用免疫抑制劑之類的？在工作上，也許是年輕員工放棄讓老闆留下深刻印象的機會；在家中，可能是其他逾矩的行爲，如嘗試非法藥物；在學校，可能是放棄完成重要的作業。請選擇一項對你來說影響最重大的行爲，因爲接下來我們會有一些後續問題需要回答。

在我以＿＿＿＿＿＿身分與某位年輕人互動時，最令人感到挫折的行爲是：

二，教養專家貝琪．甘迺迪博士談到以「最寬容解讀」來看待年輕人行爲的重要性。這種解讀並不假設年輕人完全無能或品行不正，而是假設他們的行爲出於善意，且基於某種對當時的他們來說合乎情理的理由。當你思考並寫下那令你挫折的年輕人行爲時，這種行爲的「最寬容解讀」是什麼？試著思考這種行爲可能是爲了擺脫青春期困境，並獲得地位或尊重——即使在我們看來，這種理由幾乎是一種誤導。

關於青少年的行爲，最寬容解讀是他們試圖透過○○○○來滿足對地位和尊重的需求：

三，一般來說，年輕人若能以其他方式滿足對地位和尊重的需求，他們就不太可能做出什麼不理性或令人挫折的行爲。做爲一名領導者，你能幫助年輕人以什麼方式滿足他們對地位和尊重的需求？

我能利用自己的職位來幫助他們以不同的方式滿足對地位和尊重的需求，具體做法是：

四，請回顧圖1.3（第八七頁），該圖顯示了維吉麥醬研究中的語言，突顯表達尊重的話語中所包含的四項關鍵原則：（一）詢問而非告知；（二）尊重他們的地位，而不是強調成人自己的；（三）認可和解釋，而非貶低；（四）假設他們有主導權。現在試著將這些語言原則應用到自身的問題，並想像自己與做出前述挫折行爲的年輕人對話。有哪幾種不尊重的說法是你會想避免的？有哪幾種尊重的說法是你會想使用的？

比方說，老闆會說出的不尊重話語可能是：「我年紀比你大也更聰明，你必須聽我的。」這種說法是在強調自己的地位崇高，並剝奪了對方的主導權。至於更尊重的說法，應該是：「我想我能理解是什麼讓你這麼做，但不是很確定。你能告訴我更多關於背後的原因嗎？也許我們能找到另一種方法來解決問題，好讓你的職涯能進展得更順利。」這種說法代表了請教、賦予對方地位、解釋自己的理由，並假設對方有主導權。

我絕對不想使用的不尊重說法是：

我非常想使用的尊重說法是：

第二章　檢測自己是哪種心態的引領者

現在是個檢視自己心態、進行自我評估的絕佳時機。以下是一些我們在執法者、保護者和導師心態的科學研究中所提出的調查項目。這些項目稍微經過調整，以適用於不同角色（如管理者、家長和教育工作者）。請誠實作答。在你回答每一個問題後，我們建議你思考一下自己給出的答案。

第一組問題

請閱讀以下題目，並在下方圈選與自己觀點相符的答案。

一，年輕人之所以在學校或工作中失敗或表現不佳，主因之一是他們太懶惰，不願聽從建議去做他們該做的事。

1	2	3	4	5	6
強烈同意	同意	大部分同意	大部分不同意	不同意	強烈不同意

二，在學校或工作中表現不佳的年輕人通常缺乏良好的工作倫理。

1	2	3	4	5	6
強烈同意	同意	大部分同意	大部分不同意	不同意	強烈不同意

三、年輕人應該學習最重要的價值觀，是對成年人的服從和對權威的尊重。

1	2	3	4	5	6
強烈同意	同意	大部分同意	大部分不同意	不同意	強烈不同意

反思：請想想自己對第一組問題的回答。爲什麼選出這些答案？請用幾句話來解釋你的思考。

我給出這些答案的原因是：

第二組問題

請閱讀以下題目，並在下方圈選與自己觀點相符的答案。

一，大多數年輕人如此脆弱，以至於一旦遇到困難或感到壓力，就會失去信心並放棄。

1	2	3	4	5	6
強烈同意	同意	大部分同意	大部分不同意	不同意	強烈不同意

二，當年輕人遭遇失敗時，會削弱他們的表現和生產力。

1	2	3	4	5	6
強烈同意	同意	大部分同意	大部分不同意	不同意	強烈不同意

三，在大型會議或課堂上，最好只讓知道所有答案的年輕人發言，以免讓其他人擔心自己在同儕面前看起來很蠢。

1	2	3	4	5	6
強烈同意	同意	大部分同意	大部分不同意	不同意	強烈不同意

反思：請想想自己對第二組問題的回答。爲什麼選出這些答案？請用幾句話來解釋你的思考。

我給出這些答案的原因是：

評分說明

第一組問題：你可能已經猜到了，第一組問題衡量的是執法者心態的各方面。若總分低於十分，表示偏向於執法者心態。請注意，這些問題強調的是將年輕人的無能和品格缺陷當做行為不當的主要解釋（問題一和二）。這種解釋將使得你傾向於對年輕人發出指示，告訴他們該怎麼做，也就是負責思考的是成年人，執行者是年輕人（問題三）。根據我們的研究顯示，一般來說，認同問題一和二的人，多半也會認同問題三。

如果你在第一組的得分低於十分，應該怎麼做？不用擔心！這意味著你關注並可能保持高標準的要求。這很棒！這意味著你已經達到了導師心態的一半。你只需要增加支持就可以。但這也意味著你可能需要仔細閱讀本書中談到支持的部分，了解導師心態的模範人物是如何支持年輕人。你可以將這種支持加進你對高標準的追求中。

第二組問題：第二組問題衡量的是保護者心態。如果你的總分低於十分，表示你偏向保護者心態。需要注意的是，在這些問題上，人們很可能同時擁有執法者和保護者心態。原因在於許多執法者想表現出友善時，會變成保護者；許多保護者在年輕人失控時，則會變成執法者。這表示沒有人會固定停留在某種思維心態中。

需要注意的是，第二組的問題重點在於保護年輕人免受壓力、挫折和失敗的影響。這種心態源於認爲「失敗或壓力會對年輕人造成嚴重影響」（問題一和二），而這種信念會導致成年人剝奪年輕人成長或學習的機會（問題三）。如果這符合對你的描述，請不要氣餒。你關心年輕人的感受並想幫助他們，這很棒；現在，只需要將更嚴格的標準加進這分關懷中即可。

下一步：如果你在兩組中問題都獲得了高分，恭喜你！這意味著你並不偏向於使用執法者或保護者心態。然而導師心態不只是缺少執法者或保護者心態而已。我們需要用行動來支持信念。這就是爲什麼本書的其他部分如此注重實際解決方案。

第三章　以導師心態彌合代際分歧的做法

使用導師心態來彌合代溝的關鍵考量。

強調學習與成長，而非貼標籤

當人們被指為「〇〇主義者」（如性別歧視者、種族主義者）時，他們會立刻想駁斥這樣的指控。儘管這種反應是可以理解的，但我們需要超越偏見／無偏見的二元對立去看待這個問題。

例如，遭指控為種族主義者的人可能會辯解「我完全沒有種族偏見」或「我有黑人朋友」。但這樣的辯解並不合理，因為它暗示了種族歧視是一種無法改變的身體特徵，並會因此阻礙你結交其他跨種族友人。看待這個問題最好的方式，是認為每個人都在學習的旅途中，無論我們的背景如何，都成長於難免會把人們分類、延續著刻板印象的社會裡。因此，我們都在學習如何不被各種歧見影響。我們都能在這個複雜的多元文化社會中，以更具道德的方式生活。當我們銘記這一點時，便能在代際衝突中使用更適當的語言。冷靜的語言能降低衝突的熱度，幫助我們合作解決問題，而不是針鋒相對。

情境範例：家長篇

幾年前，我目睹一位二十出頭的年輕白人女性，與她那出生於嬰兒潮世代的母親對話。那位母親說了一些可能對有色人種含有偏見的話，讓她的女兒非常生氣。至少對我來說，我能明顯看出這位母親希望對有色人種包容且公平，但她的背景受到一九七〇年代關於種族（或是性別、性向）的觀念影響，因此她並未對自己的觀念產生質疑。

女兒對母親大發脾氣，不斷責罵和羞辱自己的母親，並開始說教。這位母親則震驚地表示：「我完全不帶有任何種族偏見。」畢竟，大多數嬰兒潮世代在青春期時，都曾深受一九六〇和七〇年代的民權運動影響。他們通常認爲自己已爲了讓社會更公平而做了許多努力。最終，兩人都沒有改變自己的想法。

這位女兒需要學會如何更優雅地糾正年長者。同時，母親也需要表明她有心學習的意願。例如，這位母親可以這樣說：

「你對這些問題的思考，是基於與我不同的立場，而我們的成長時代有著極大的差異。我眞的想聽聽並學習你對這些問題的看法。我無法保證自己能完全同意你的觀點，但我一定會盡力去理解。我希望你能給我一些耐心，相信我在盡最大的努力，因爲我們都有一樣的目標：尊重每個人，並使社會更公平、公正。」

這樣的說法向女兒發出明確的信號，表明這場對話是一個解決問題的場域，而不是責備對方與互相羞辱。母女倆與其固守各自的立場，爭論並捍衛自己並非「〇〇主義者」，這番話更有可能讓彼此改變想法。爲什麼？因爲當母親表示她願意站在年輕一代的角度學習時，同時也是在表達對女兒的尊重。有人對你大聲咆哮時，要以尊重做爲回應很難，固守在各自的立場則是更糟糕的做法。母親要求女兒也對她表示尊重。在相互尊重的基礎上，雙方才有可能達成共識，眞正互相學習。

請反思這個情境。哪些部分讓你印象深刻？如果你遇到類似的情況，你會如何將這些想法應用在你的生活？

在這個情境中，讓我印象深刻的是：

如果同樣的事情發生在我身上，我會這樣做或這樣說：

情境範例：主管篇

領導者也能透過學習來縮小代溝。梅麗莎．湯瑪斯．杭特博士在Airbnb公司看到了以開放心態學習帶來的良性結果。當客戶抱怨該公司的租賃契約中存在偏見時，Airbnb馬上展現了非常重視此問題的態度。其中一項有力的舉措，是賦予並提升十九個「員工資源小組」的權力，比如「Black@Airbnb」，其目的是改善黑人員工在科技相關行業的工作體驗。具有執法者心態的企業可能不會這樣做，他們甚至有可能會說這種小組本身就是一種偏見。

Airbnb的導師心態則始於一種假設，即不同群體由於其獨特的經驗和背景，能教導管理高層可能因此忽視的部分，而公司整體也能受益於多樣化的經驗。在Black@Airbnb小組發布一份關於「如何建立有效的員工資源組織」手冊後，這項假設得到了驗證。他們的建議不僅改善了少數群體的工作經驗，也讓公司每一位員工都能感受包容和尊重。透過學習而非防禦的態度，Airbnb將自己從一家面臨公關危機的公司，轉變爲多元化人才的首選工作目標。

請反思這個情境。哪些部分讓你印象深刻？如果你遇到類似情況，你會如何將這些想法應用在你的工作？

在這個情境中，讓我印象深刻的是：

如果同樣的事情發生在我身上，我會這樣做或這樣說：

總結

執法者心態會讓代溝問題惡化。當我們在缺乏同理心的情況下要求年輕人服從時，年輕人會知道自己的觀點不被尊重，進而導致許多我們打從一開始就抱怨的令人沮喪的行為。保護者心態則完全將權力和控制權讓給下一代，這麼做同樣不對。年輕人可能擁有寶貴的觀點，但他們的視角往往比我們隨著年齡、經驗和智慧而形成的廣闊視野要狹窄。導師心態則能透過學習年輕人的觀點來彌合代溝，同時將他們的想法與我們已知的長遠利益相互結合。

第四章　找出非導師心態的運作

生活中，有哪些時刻會使我們受到執法者或保護者思維的影響（儘管出於善意）？這些問題將幫助你反思岡本和塞吉歐的故事能如何適用於自己的生活。請記住，沒有人是百分之百的執法者或保護者，我們都是這兩者的結合體。我們的標準和支持會隨時產生變動。運用導師思維的關鍵在於注意哪些關係和情況會觸發我們放棄自己的支持或標準，然後進行調整。

找出你的執法者心態

一，在你的生活中，哪一段關係最有可能讓你採用執法者心態？

二，你是否曾因任何經歷，致使自己傾向於支持X理論及其相關信念，例如對苛求型領導者神話的迷思？（在微軟，X理論源自於關於傑克．威爾許和其他頂尖企業執行長的傳聞；塞吉歐則是透過奧斯卡電影中的虛構角色模範，以及對他之前老師的錯誤記憶來學習X理論。）

三，當你採取執法者心態時，請記住，你只對了一半，也就是擁有高標準。但是該如何加入另一半——年輕人所需要的高支持呢？（對塞吉歐來說，他意識到自己必須提前訂定出更好的支持計畫，而不是等到必須對某人提出高標準時才這麼做。）

找出你的保護者心態

一，在你的生活中，哪一段關係最有可能讓你採取保護者心態？

二，你的保護者心態是否有可能在哪些方面（如果有的話）受到對Y理論的誤解影響？

（對岡本來說，正因爲她極度厭惡微軟的「翻桌文化」，才使她矯枉過正，不但反對X理論，並採用了對Y理論的扭曲觀點。）

三，當你採用保護者心態時，請記住，你只對了一半，也就是提供了支持。但是如何做到加入另一半——年輕人所需要的高標準呢？（對岡本來說，她意識到她未對自己關心的人提供誠實的回饋，或在未經允許的情況下就急於解決他們的問題，都等於在傷害他們。）

第五章　如何使用透明度聲明實踐導師心態

透明度聲明與三種心態

讓我們從三種心態的角度思考如何實踐透明度聲明。在執法者和保護者心態中，我們往往以帶有貶義的信念看待年輕人。這些信念讓我們認為透明度聲明沒有必要存在（執法者心態），或是只會削弱年輕人的能力（保護者心態）。導師心態則從不同的、更具尊重的世界觀開始，使我們理解透明度聲明為何如此必要且有效。請參見表5.1。

透明度聲明

接下來，讓我們看看該如何使用透明度聲明以實踐導師心態。請記住，尤其在互動的早期階段，當權力之間有差距（造成不信任障礙）時，更需要仰賴透明度聲明，因為它能傳達出你的善意。為了讓人信服，你需要具體說明的是「自己的意圖」，而非「我是怎樣的人」。透明度聲明強調了兩個訊息：意圖和機會（採取行動的機緣）。適度地重複聲明是無傷大雅的！一

表5.1　透明度與三種心態架構

	執法者心態	保護者心態	導師心態
觀點	我不需要解釋。是那些期待我保持透明度的年輕人過度敏感和自以為是	不能說出自己覺得年輕人無能的真正想法，因為我想維持友善。他們無法承受真相	我需要對自己的高標準和支持提出解釋，因為權力差異（和不信任障礙）可能會讓我行為背後的意義變得模糊
做法	在不解釋意圖的情況下強行推進，要求年輕人遵從	隱瞞令人不適的訊息或給予平淡的讚美，即使這會讓他們感到脆弱無助	解釋自己的高期望和高支持源於相信他們有成功的潛力

般來說，目標是使年輕人聽到的內容更接近我們想傳達的內容（參見表5.2）。

父母

情境：放學或活動結束後，你接孩子回家，並期待聽他們分享這一天的經歷。但是當孩子上車時，你注意到他們似乎有些悶悶不樂。你想知道問題在哪裡，於是問他們發生了什麼事。但他們只說了一句「我很好」，就不再開口，接著是一陣沉默。

這個常見的情境往往讓父母沮喪，因爲在車裡正是實踐導師心態的絕佳機會，然而一旦對話陷入死胡同，這個機會勢必白白浪費。

父母很容易認爲孩子的沉默或冷淡導致了品質不佳的對話。但你也可以把孩子的反應當成他們對你的誤解。身爲父母，你想表達自己的關心（參見表5.2

表5.2　不同角色的透明度聲明

角色	我們這樣說	我們想傳達的	年輕人聽到的
父母	你今天過得如何？	我愛你，也關心你，所以我想知道有沒有什麼問題是需要我需注意的	我的照顧者干涉過多，因為他們不信任我處理事情的能力
領導者	在下一次績效評估前，你需要改進○○部分的工作	我很關心你，所以希望給你清楚、直接且有用的回饋，讓你有機會升遷	我的老闆認為我在工作上的表現很糟。

第一列），孩子則將你的提問解讀成不信任或輕蔑。他們可能會想：「爸媽問我這些問題，是因爲他們認爲我無法自己處理事情。」這種想法絕非空穴來風，而是源於大多數父母除非聽到「很好」，否則就會立刻開啓「必須解決問題！」的紅色警報。孩子們因此認爲，與其讓對話持續下去，忍受接下來三十分鐘的「拷問」，並解決每一個他們想要解決的問題，不如保持沉默來得更輕鬆。

在某種程度上，這種誤解來自青春期荷爾蒙（如睪固酮）水準的急遽上升，這使得年輕人往往會過度解讀父母或成人的言語和行爲。在這種情況下，他們很可能會將來自成人的協助視爲「他們認爲我沒有能力解決自己的問題」。如果我們能意識到這一點，並以開誠布公的方式，面對他們覺得自己被干涉且不受尊重的感受，那麼他們很可能會更願意進行對話。

建議：孩子上車時，先跟他們打招呼，並表示你很開心能見到他們。或許可以給他們一個讚美，但不要過分強調或大驚小怪。然後閉上嘴，給他們一點沉默的時間（生活中多一些沉默又何妨）。如果他們對你善意的沉默有所反應，問你：「發生什麼事了？為什麼你不問我一堆問題？」你可以說：「我發現自己在一天結束時通常是怎麼跟你互動的，也意識到我問了太多問題，讓你覺得好像受到審問。這不是我的本意。我很關心你，也對發生在你身上的事情很感興趣。」

當你見到他們時，如果他們很顯然心情不好，那麼在你打算問任何問題之前，請先暫停一下。等你找到合適的時機後，可以說：「看起來，你今天真的過得很糟。我之所以提到這個，是因爲我想成爲一個能跟你一起討論的人——如果這麼做對你有幫助的話。我也知道，光靠自己一個人解決問題並不容易。不過，如果你不想討論這件事，我會尊重你。如果你想談，不管什麼時候，我都在這裡。我保證自己只會聆聽，不會急於下結論。」這項聲明很重要，因爲它開誠布公地傳達出你的主要目標是幫助他們，而不是干涉他們的私生活；如此一來，就能減少對他們而言的威脅感。

當孩子開口說話時，你可以向他們表示，你並不打算主動提供解決方法。這種做法借用了史黛芙妮的管理技巧：「你能否告訴我這是單純的發洩，還是你希望有什麼改變？我之所以這樣問，是爲了避免自己以『可能讓情況更糟』的方式回應。」這種方法能公開透明地表達出你想和孩子一起解決問題，而不是替他們解決問題。

請反思這個情境，哪些部分是你覺得最有感的？你又會做出哪些改變？

領導者

情境：你是一名經理，打算對一位年輕員工進行績效回饋。雖然整體來說，他的工作品質很好，但畢竟是新手，仍需要修正一些問題，以維持晉升的速度。你會如何以透明坦誠的方式提供回饋，以展現你的導師心態？

建議：在你根據前面的例子（以及第五章的內容）調整透明度聲明時，請盡量避免犯下關鍵錯誤，例如：不要透過群組電子郵件進行評價，這可能會被視爲對年輕員工所犯錯誤的公開指控；不要使用「讚美三明治」，因爲年輕人實際上更想知道眞相；不要拿他們與表現更好的員工進行比較，也盡量不要讓你的批評焦點模糊（例如使用「你的態度」這類字眼），因爲這對他們來說不夠具體，難以改進。

請回想一下，在可能具威脅性的對話開始時，使用透明度聲明的效果最佳。績效評估可能具有威脅性，因爲它很可能是績效獎金被降低或被管理單位踢出團隊的前兆。因此，我建議你在對話開始前做出說明，將此次評估定義爲一次例行常規行動，例如：「這是一次例行性的績效評估，我們將討論你的工作，找出哪些方面做得很好，哪些方面需要改進。你也可以趁此機會跟我分享工作時遇到的事，好讓我能幫你解決任何障礙。」這同樣也是一個使用明智回饋的絕佳時機：「雖然我們會針對『你還可以在哪些部分更進步』進行討論，但請記得，我這麼做的原因是爲了幫助你持續晉升，超越期望。」

當你回顧標準、期望，以及年輕人的表現時，重要的是指出他們透過出色的工作表現爲自己贏得聲望。績效評估是一種青春期困境，緩解這種困境的方式則是給予年輕人應得的地位和尊重。

當年輕人的表現未達預期時，談論這個問題至關重要，但透明度聲明在這裡同樣能幫你一把。你可以說：「我看到有幾個部分出了錯／表現不佳。我會問你一些有關這些部分的問題，但在此之前，我想明確表達我的目標是理解你的觀點，而不是爲了強調這個問題或讓你覺得難堪。因此，如果你覺得我的問題太多，請你諒解這源於我不想對你做出不當假設。畢竟要是我誤解了，我的建議就會變成一場徒勞。」

請注意，在執法者心態下，很容易產生這樣的想法：「我不該跟屬下說這番話；他們應該要有足夠的韌性去承受回饋。」理論上，主管都希望坦白指出問題所在，驅使年輕人繼續前進，卻也忽視了青春期困境的力量。因爲當我們這麼做時，年輕人不僅會對績效回饋產生消極反應，還會讓我們浪費時間提供從未派上用場的回饋或處理受傷的情緒。到頭來，如果我們能比想像中更透明地表達自己的良善意圖，反而能讓每個人都覺得更幸福。

教育工作者

情境：你是一名教師，正在提供回饋給一名課堂表現不佳的學生。他們覺得自己已經很努力，卻仍在犯同樣的錯誤。你想給予回饋，但也不想讓他們變得更沮喪。因爲在過去，你曾試著給予回饋，卻因此讓他們變得很防備。

請根據給家長和管理者的建議反思這個情境。哪些部分可以調整後再次使用？哪些部分需要改變？

第六章　如何透過提問實踐導師心態

提問與三種心態

讓我們從三種心態的角度來思考提問的實踐。執法者和保護者心態背後的信念使我們認爲，透明度聲明是浪費時間（執法者心態）或過度施壓（保護者心態）。導師心態則以「年輕人擁有合理觀點」的假設出發，並認爲是這些觀點導致了他們的行爲。因此，當我們透過提問來理解年輕人的觀點時，從長遠的角度來看，能讓我們的行動更有利於年輕人的幸福。請參見表6.2。

利用提問

透過提問的方式實踐導師心態，可說是爲協作解決問題奠定了基礎，正如第二章和第四章所提到岡本和塞吉歐的範例。在這裡，我們將探討身爲父母、管理者或教育者，該如何將提問加入協作解決問題的例行程序中。在協作解決問題前，我們必須率先提出問題。

表6.2　提問與三種心態框架

	執法者心態	保護者心態	導師心態
觀點	年輕人的行為源於有缺陷的觀點（短視、自我中心、自覺有權利），因此藉由提問以理解他們沒有意義	回答問題或解釋自己的想法會讓年輕人很不自在、有壓力，因此最好不要提出挑戰他們思維的深入問題	年輕人的行為在他們的視角中是有意義的，通常是由爭取地位和尊重的觀點所驅動。我們需要提問以了解這一點
做法	告知但不提問	不告知也不提問	提問但不告知

協作解決問題程序概述

協作解決問題是一道三步驟的程序，旨在幫助領導者在與年輕人進行一對一的對話時，能對錯誤、挫折或困惑進行充分的探討。這三個步驟分別是：

一，揭示年輕人的想法。

二，肯定他們做對的部分。

三，建立更深入的理解。

找出錯誤，是爲了更美好的願景。開採珍貴的寶石時，我們需要先讓寶石從原礦中露出來，接著找出它的優點，再加上打磨和雕琢，讓寶石充分發揮其價值。這個過程與協作解決問題的三步驟十分相似。

如何進行協作解決問題

與年輕人溝通時，即使我們試圖採取導師心態與相應的做法，仍很容易發生誤解。這就是為什麼我們必須注意向年輕人提問和解決問題時的細微差異。請參見表6.3，它展示了協作解決問題的三個步驟，並請從年輕人的角度閱讀，想像自己正值青春期，體內充滿睪固酮。捫心自問：年輕人會以我們想要的方式理解我們說的話嗎？

你對表6.3的內容有什麼看法？

表6.3　協作解決問題步驟有可能讓年輕人產生的誤解

協作問題解決步驟	我們這樣說	我們想傳達的	年輕人聽到的
1. 揭示年輕人的想法	你在想什麼？	我想了解你的想法，這樣我才能以不同的方式來解釋	你沒在思考
2. 肯定他們做對的部分	我告訴過你要怎麼做，你不記得了嗎？	我知道你內心有這些知識，我相信若你能回想起來，一定能做好	你不記得這些事，是因為你沒注意或不在乎
3. 建立更深入的理解	這個問題很簡單，只要按照○○方法去做就好	你已經有很多自己需要的部分，我們只要協助你組合起來就好	你笨到連最簡單的題目都不會做

接下來，讓我們看看每個步驟的範例和建議，有助於讓年輕人聽到的內容與我們想傳達的內容更貼近。

一，揭示年輕人的想法

第一步是提出具有啓發性的問題。這些問題建立在年輕人的思維之上，並帶有眞正的好奇心。這一步很重要，因爲我們無法準確猜測年輕人決策時的想法。如果我們做出錯誤的假設，年輕人可能會感到不受尊重，並因此拒絕溝通。

因此，最好的方法是提問，而非假設。

範例：

- 「你可以告訴我，你已經嘗試過什麼方法嗎？這樣我就能理解你的想法，然後我們可以一起試著解決問題。」
- 「如果是你已知的事，我不會重複告訴你，因爲這麼做是不尊重你的時間。這就是爲什麼我會問你一些問題好了解你的想法，這樣我們就能一起試著解決問題。」

二、肯定他們做對的部分

即使從整體來說，年輕人確實犯了錯，但仍要具體且明白地指出他們做對的部分。這個步驟很重要，因爲人類的大腦往往專注於負面事物，這可能會讓年輕人把過錯攬在身上或否認自己犯下的錯。他們可能會覺得領導者認爲他們一無是處，這種誤解讓人感到不被尊重。此外，如果我們不肯定他們做對的部分，他們很可能會連那些對的部分也當成錯誤而一併拋棄。因此，明確且眞誠地肯定年輕人做對的部分非常重要。

範例：

- 「我很喜歡你在進行○○○（他們做對的部分）時展現的思維。」
- 「我很佩服你已經知道如何處理這個部分，現在我們只需要一起弄清楚如何完成最後一部分。」

- 「這部分你已經做對了，這對我們之後處理進階內容時，會非常有幫助。」

三、建立更深入的理解

正如柏拉圖在《美諾篇》對蘇格拉底提問的描述，可以幫助年輕人更加理解我們的意圖。這些問題建立在他們已知的基礎上，並幫助他們看見自己與需要學習的內容之間的關連。引導性提問是傳授知識的一種方式，同時也讓年輕人擁有自己的思考。在以下舉例中，請注意每個問題後半部的引導性提問（「如果……會發生什麼？」或「如何應用……」），它們明確地表達了協作解決問題和思考的意圖。

範例：

- 「讓我們在你已經的思考基礎上繼續發展。如果你能○○○○，會產生什麼結果？」
- 「既然你已經知道這部分，那麼你可以告訴我，你對於○○○○的想法嗎？」
- 「你已經理解了兩個棘手的部分（請描述這兩個部分），你覺得這些部分可以如何應用？」

請反思這些範例。哪些部分令你印象深刻？如果要將它們應用在與生活中的年輕人溝通，你會修改哪些部分？

第七章　如何化解孩子與下屬的壓力

壓力與三種心態

讓我們從三種心態的角度來思考壓力的意義。有執法者心態的人認爲，壓力必然是個人性格缺陷的結果，因此他們會建議備感壓力的年輕人「忍一忍」；然而，無法緩解的慢性壓力最終會對心理健康造成損害。有保護者心態的人，則將壓力視爲年輕人無法承受的破壞性力量，因此他們試圖減少年輕人生活中的壓力。

然而，沒有人能在缺乏挑戰的情況下成長。在導師心態中，我們將壓力反應視爲正常，因爲它是身心動員各項資源以保護生命的方式。透過表7.2，我們可以看出三種心態之間的不同。

如何利用壓力

我們將從導師心態的角度來檢視談論壓力的方法。首先利用的是協同心態（即積極評估挑戰並擁抱壓力反應）。但這還不夠。請回想卡麥隆·赫奇的研究，該研究顯示，當領導者或家

表7.2　壓力與三種心態框架

	執法者心態	保護者心態	導師心態
觀點	壓力是個人性格缺陷的結果	壓力會壓垮年輕人，使他們偏離目標，因此必須不惜一切代價保護他們免受壓力影響	壓力是年輕人選擇挑戰自我的自然產物，它是一種能促進更好表現的資源
做法	告訴年輕人，如果他們想懂得負責和成功，就必須忍耐並克服壓力。	告訴年輕人，應該減少會帶來壓力的需求，避免將來必須面對壓力，或直接為他們解決問題	提醒年輕人，他們的壓力通常是他們正在做某件令人印象深刻的事情的跡象，並鼓勵他們擁抱這些感受以提升自己的表現

長對協同心態做出回應時，它們帶來的好處將會因此倍增。我們將使用塞吉歐三部曲做爲呼應協同心態的方法：確認壓力源、嘗試理解，以及提供合作，看看這個方法如何實踐在家長和領導者身上（教育者的例子已在本章提過，此處不再贅述）。

家長

情境：你的孩子明天有一份重要的進階課程作業要交。他們覺得壓力山大且不知所措，因爲他們最近把注意力放在課外活動上，忽視了這門課程，使得進度落後。你看到他們開始焦慮、緊張、對所有事情過度反應，於是提出想幫助他們的建議，他們卻生氣地說想退掉這門課，選擇更簡單的課程。

身爲家長，我們常在不同的目標之間掙扎。我們一方面希望教導孩子責任感和負責任的態度，因此在這種情況下，傾向於堅持讓孩子完成這門課，並告訴他們必須面對壓力。但另一方面，我們也希望保護他們免於痛苦，因此可能會告訴他們，進階課程並沒有那麼重要，讓他們選擇較簡單的課程。

塞吉歐三部曲正好可以實現這兩個目標。既可以幫助他們達到高標準，確保他們未來在教育和職涯有更好的機會，同時也提供支持，避免讓他們面臨心理健康危機。

範例對話：

- **確認壓力源：**不要因爲他們陷入這種情況而責備或批評，時機並不恰當。相反的，請確認他們的感受。你可以說：「我理解你爲什麼現在覺得非常有壓力，我想這是合理的。你做了很多事，從進階課程到課外活動，都非常令人印象深刻。我認爲，任何像你這樣選擇挑戰自己的人都會有類似感受。所以你不需要因爲有壓力而覺得不好，這是很正常的。」
- **嘗試理解：**不要急於替他們解決問題——無論是告訴他們要堅持下去，或是選擇放棄。相反的，你可以對他們的困境感到好奇，並試著了解問題的根源。你可以說：「我不希望在了解你目前做過的嘗試前，就貿然給你建議。哪些部分對你來說沒有看到成果？」
- **提供合作：**當你提出眞誠的問題並得到回應（參見第六章）、對他們的需求已有了解後，就可以提出合作的建議。請不要一股腦地把責任推給他們，要他們自己去解決問題，也不要介入他們的事（例如向老師抱怨）。相反的，利用自己的特殊角色來幫助他們克服所提到的具體挑戰，會更有效。如果他們對即將截止繳交的作業擔心不已，你可以說：「我們來看看你已經完成的部分，看看我們需要在哪些方面做些不同的嘗試。儘管你比我更了解這份作業，但如果有另一個人一起梳理計畫，會更清楚如何處理這個問題比較好。請記住：截止日期的壓力有時能幫助我們集中注意力並表現得更好，只要我們在規畫時把它考慮進去就可以了。我隨時在這裡，你需要完成這份作業時，我會做你的參謀。」

請思考這個情境，其中哪些部分最令你印象深刻？你願意做出哪些改變？

情境：假設你年輕的部屬正在為高層管理團隊準備一次重要的簡報。他們壓力大到無法前進。你認為，導師心態能如何幫助他們面對壓力，並在簡報中脫穎而出？

範例對話：

- **確認壓力源：**你的首要目標是透過讚美他們迄今的成就，以減少追求完美的壓力。「我注意到這次簡報的規模讓你們覺得壓力非常大，我想先告訴你們，這是很正常的。你們正準備向高層管理團隊進行簡報。你們有一個很棒的機會能讓高層留下深刻印象，因此有壓力是很正常的；這表示你們選擇去做一件很了不起的事，而且不是每個人都有這樣的勇氣去做。」
- **嘗試理解：**接下來，你的目標是了解他們遭遇的阻礙，以免做出錯誤決定。「為了確保這次簡報能盡善盡美，我想先聽聽你們目前的進展和嘗試過的方法，以及是否有哪些部分不可行。我想在給出建議之前，先對這些問題有一定的了解，才不會浪費時間在你們已經嘗試過的部分。所以，你們現在處於什麼階段，遇到了什麼問題？」
- **提供合作：**最後，你的目標是針對他們在這個工作階段難以順利完成的部分提出合作建議。一般來說，會藉由共同檢視草稿、參與簡報彩排，或是介紹公司內擅長簡報、能給予實用回饋的專家來幫助他們。「好吧，現在我對問題已經有了大致的了解，我想提出一些建議。在這個階段，你們應該專注於解決那些會帶來最大阻力的問題，這些問題會讓你們覺得現有的資源不足以應付需求。

「首先，我想我能幫你們解決一些組織上的問題，而我也想這麼做。這些問題在我剛入行時也經常遇到，所以我知道它們是可以解決的，但需要一些外部觀點。其次，我想介紹○○○給你們認識。○○○通常會給出很好的回饋，對於高層管理團隊如何看待這類簡報也有很多經驗，因此他會是一項很好的資源。如果你們能和○○○進行一次簡報演練，我相信你們一定能抓到在正式簡報中可能出現的任何問題。這很重要，因爲這類簡報讓人壓力超大的原因之一，就是無法確定高層管理者會怎麼說，所以我們總覺得自己準備不足。○○○能幫助你解決這個問題。」

請思考這個情境，其中哪些部分最令你印象深刻？你願意做出哪些改變？

教育工作者

請回頭閱讀「家長」所面臨的教養情境。想像自己正面對一個在你的課堂上糾結的學生。

身爲一名教育工作者，教養對話中的哪些部分對你來說最令你印象深刻？你會保留哪些部分？你會對哪些部分做出改變？

第八章　父母與主管如何激勵年輕人

目的與三種心態

導師心態源於一種信念：年輕人有改善社會的潛力，前提是我們要提供適當的動力和支持。我們可以喚起他們對改善社會及文化的責任感與義務。請參見表8.1。這麼做有助於我們回答年輕人對我們提出的「爲什麼」。

如何利用目的

領導者該如何透過日常對話中支持年輕人的學習目標？請以這些情境爲例進行思考：

- 一位教師希望她的學生能積極準備測驗，並盡全力按自己安排的時程表念書。
- 一位母親希望她的孩子能在家做一些額外的作業，才能在進階數學課有更好的表現。
- 一位領導者希望他的年輕部屬能透過外部訓練學習新的管理技能，從而提高團隊的效率，並爲晉升做好準備。

表8.1　目的與三種心態框架

	執法者心態	保護者心態	導師心態
觀點	年輕人短視且自私	年輕人如果試著想改變自己的社區或世界，充滿野心的目標將令他們意志消沉和崩潰	只要有適當的支持，年輕人就能為社會做出更多面向的貢獻，也會因此獲得社會地位而受到激勵
做法	試圖以狹隘、即時的自我利益來激勵	試圖以狹隘、即時的自我利益來激勵	試圖以長期、超越自我的貢獻來激勵

我們進行了實驗，比較能喚起學習目標的特定與具體語句，並發現了有效和無效的詞組。

目的便利貼研究

我們進行了一項實驗，請教師給學生一份無聊但重要的作業，與明智回饋研究類似，我們在作業的首頁附上不同的手寫便條（隨機分配）。對年輕人作業分數影響最大的一張便利貼寫著：「我給你這份作業，是因爲我相信，如果你能在這樣的任務中發展你的技能，你將有潛力找到一份有趣的工作，並在某天改善人們的生活。」

我們問學生，如果收到這樣的便利貼，他們會有什麼反應。他們表示：「這是一張很棒的便條……它讓學生思考自己未來的生活，並讓他們更有自信去執行任務。」也有人表示：「如果這意味著將來我能擁有一份好工作並能幫助別人的話，我應該能完成任務。而且，有一位相信你的老師感覺很好。」

這張便利貼回饋包含三項關鍵要素。首先，它強調這項活動能讓學生學會一項在未來許多不同環境中都能運用的技能。這一點非常重要，因爲學生往往認爲大多數活動並不重要，只有成績才能帶來長期價值。其次，這些技能將在未來使學生受益。它指出，這些技能有機會讓他們找到一份有趣且自己會喜歡的工作。第三，這項活動讓學生學會足以幫助他人的技能，賦予了這份作業社會性和超越自我的價值。

我們的實驗顯示，這三項要素都很重要。不論去除其中任何一個要素，都會使便利貼回饋的效果降低。

其中有一張便利貼，只強調了學生將獲得的技能：「我給你這份作業，是因爲我認爲它可以幫助你練習技能。」這條訊息聽起來並不積極且無害，實際上卻被學生解讀爲侮辱，讓他們感到不快。我們問學生，如果收到這樣的便條，會有什麼感受。他們表示：「我很確定學生會覺得自己是個蠢蛋，好像他們根本不知道要怎麼寫字。」學生將這種「單純只是磨練技能」的回饋解讀爲：「我認爲你缺乏技能，需要修正。」

其他便條則強調學生的即時利益。當便條上寫著「我給你這份作業，是因爲你可能會覺得有趣」時，學生表示難以置信。他們說：「只有在老師覺得某件事情絕對不有趣的時候，才會這麼說。」當便條提到教師之所以提供這份作業，是因爲「這對你有用」時，學生則只想說：

「這對成績或許有用，但在現實世界裡有用嗎？」只有當我們將三項要素都包含在內（技能、長期自我利益和超越自我的影響），學生才會認爲大多數同儕都會受到便利貼回饋的激勵。

親子關係

我們把「便利貼」用於激勵孩子做額外的練習題。

- **技能發展**：不要爲了取悅老師，而將這些問題描繪成無意義的工作，這不是做這些題目的好理由，尤其是如果孩子並不尊敬老師（或覺得不被老師尊重）。相反的，應該把它視爲一個學習機會。你可以使用具備成長心態的語言來表達：「這是一個進一步加強思考能力的機會。你將來可以用這顆更棒、更強的大腦去做很多不同的事。」
- **個人利益**：不要過度承諾一次作業就能改變他們未來的生活。相反的，可以強調掌握相關內容能如何讓他們在未來擁有更多職業選擇的自由：「如果你對這門學科有深入的理解，將會爲你開啓更多可能。因爲這是很多大學重視的科目，也能運用在許多不同的專業中。這意味著你在選擇專業和工作時會更輕鬆，因爲這是你最感興趣的。」

• **超越自我的利益**：不要暗示學生只要以自我爲中心，例如談論學生未來會賺多少錢，讓他們以爲更好的工作意味著更高的薪水。相反的，你可以強調自己知道他們將是能爲更美好的未來做出貢獻的人，而且能透過強化自己的思考能力來實現：「你也可以把自己在這次作業上的努力視爲幫助他人的一部分。爲什麼？因爲你越是增加或強化自己的技能，鍛鍊自己的大腦，未來你就越能準備好，解決對你而言最重要的社會問題。畢竟，社會尚未解決的問題往往是最困難的，如果我們要解決這些問題，必然需要強大的智慧。

領導者

相同的步驟和情境也同樣適用於職場。領導者很少以「員工的成長」爲主題與部屬談話，但他們可以試著這樣做。事實上，挪威歐伯斯連鎖超市的高層經理奧勒經常以這種方式與年輕下屬交談，例如當他讓員工接受外部培訓以提升管理技能時。

思考一下這項便利貼研究，並把自己的想法寫在下面。

以上情境裡，哪些部分能應用在你派去學習新技能的部屬身上？你會調整哪些部分？

第九章　快速交友協定有效建立歸屬感

歸屬感與三種心態

三種不同的心態導致了對歸屬感的不同看法。對執法者心態來說，歸屬感是一種選擇。如果某人無法融入，就表示他們就不夠在意或不夠勇敢去結交朋友或融入團體。因此，他們應該接受這種選擇帶來的後果。對保護者心態來說，歸屬感是唯一重要的東西，而且很容易受到威脅。因此，人生的目標是消除任何可能威脅歸屬感的因素好保護它，無論是降低知識標準，或是試圖以人爲手段提升歸屬感，讓你覺得自己屬於這裡。

但對導師心態來說，歸屬感是年輕人爲自己建構的敘事。經歷歸屬感的威脅時，他們可能需要一些協助，好告訴自己一個新的故事。其他時候，他們可能需要導師介入並管理威脅，或是可能需要更實際的歸屬感，比如Airbnb所提供更具包容性的小組團體（參見第三章）。年輕人可以在這樣的支持下創造他們的歸屬感，例如透過尋找最吸引他們的關係和成長機會。請參見表9.2。

表9.2　歸屬感與三種心態框架

	執法者心態	保護者心態	導師心態
觀點	當年輕人覺得自己不屬於某個群體時，他們通常是對的。這表明他們沒有足夠的才能或對融入與否不夠在意	當年輕人覺得自己不屬於某個群體時，就會感到無助和消沉。他們必須受到保護，以免遭遇任何會威脅歸屬感的情況，例如未能達到較高的期望	年輕人對歸屬感的不確定性是重要且合理的，這種情況也是可以改變的。例如，年輕人主動採取行動以創造自己的歸屬之地
做法	視歸屬感為無關緊要	採取任何可能行動以保護年輕人不去質疑他們的歸屬感	透過言行給年輕人更好的敘事，使他們能應對與克服可能對歸屬感產生威脅的情況

如何利用歸屬感

我經常接到管理者、教練、教授和其他教育工作者的提問，想知道如何在小組、課堂或團隊中運用歸屬感的科學。他們提出的問題包括：

- 中學生在課堂進行分組討論時，有些人會嘲笑犯錯的其他同學。
- 大學生在進行小組報告時，某位成員會主導對話，且不讓其他人發表意見。
- 一家科技公司的多元化團隊在開發新產品時，沒有人願意冒險。因爲他們隱藏了自己的真實想法，使得產品未能獲得所需的回饋和建議，最後變得毫無特色。

這些都是根植於歸屬感或與歸屬感有關的問

圖9.6　促進團體歸屬感的活動時程範例

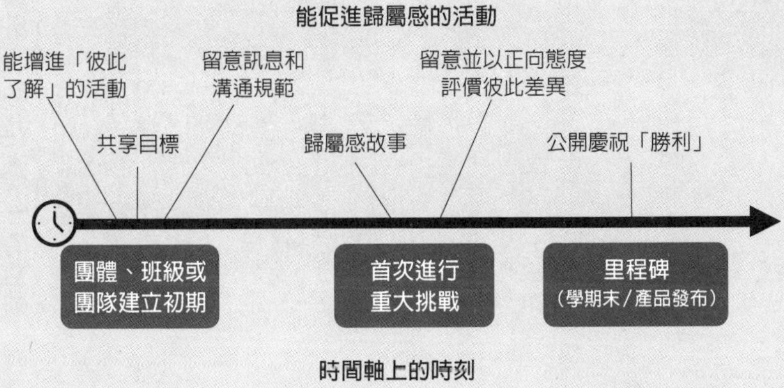

題。以下是我針對這些問題所建議的預防或解決方法。這些想法中，只有部分已在實驗中直接進行測試，其他則是與相關專家共同研究發展而來，但都是我個人在促進班級或團隊歸屬感時所使用的。

團體與團隊的歸屬感實踐

圖9.6概述了這些實踐方法與最佳使用時機。有些方法對於順利建立團體或團隊的歸屬感至關重要，因此應該在第一時間進行。還有一些方法則對於理解重大挑戰或挫折來說十分關鍵，因爲這些時刻可能會引發對歸屬感和能力的疑慮。第三組實踐在「里程碑」時刻（如學期結束或產品發布）效果最佳。它們的共同點在於幫助年輕人在腦海中形成更好、更樂觀的敘事。

增進「彼此了解」的活動：我們都曾在各種不同的團體中進行破冰活動。不幸的是，大多數活動的效果和「讚美三明治」一樣無效。例如，團體成員通常會分享一些膚淺的訊息（例如自己最喜歡的早餐或電視節目）。這種活動並不能解決歸屬感的不確定性。人們對歸屬感有疑慮，是因爲他們擔心別人把自己當成沒價值的人或認爲他們能力不足，而不是因爲不知道某人早餐習慣吃什麼。

那麼，什麼方法更有效？

我推薦並經常使用的，是傑出社會心理學家亞瑟·亞倫所開發的「快速交友協定」（fast-friends protocol，可於網路下載）。在快速交友協定中，兩人會輪流進行問答，並逐漸提高問題的親近程度。時間爲十五分鐘，每五分鐘回答一組問題。第一組問題只要稍微揭露自己的想法即可，例如：「對你來說，完美的一天是什麼樣子？」第二組問題需要揭露更多與自己有關的訊息，例如：「你最珍視的記憶是什麼？」第三組問題則讓關係更加親近，例如：「請完成以下的句子：我希望有一個人能和我分享……」

亞倫的實驗發現，完成十五分鐘快速交友程序的兩人，比起面對自己的摯友，在陌生人面前反而更加脆弱和誠實。加州大學柏克萊分校的社會心理學家羅多爾福·門多薩·丹頓（Rodolfo Mendoza-Denton）則發現，少數群體企圖融入多數群體時，「快速交友協定」特別有效。學生們也告訴我，「快速交友協定」讓他覺得自己被傾聽、重視和包容，並對此感到十分震驚——儘管他們或許在這短暫的時間裡揭露了一些令人害羞或尷尬的事。

「快速交友協定」有效解決歸屬感的不確定性，因爲它針對了人們在團體中表現不佳的根源。青少年困境使人們（尤其是那些面臨社會地位威脅，例如遭遇負面刻板印象或被排擠的人）擔心，萬一犯錯會被別人看不起，也擔心自己脆弱的一面會遭人利用。「快速交友協定」不僅告訴人們不必擔心這些問題，並對他們**展現**這個團體或團隊是一個可以安全展現脆弱的地方。這是一個證明歸屬感信心的**體驗**。

共同目標：我每次都會使用的第二項活動是「共同目標」。在這項練習中，團隊成員會說明他們希望從這個團隊、課堂或小組中獲得什麼，以及這些如何與他們的個人或工作目標相契合。此外，他們也會解釋自己如何看待團隊或小組的努力對超越自我的貢獻。這個共同目標不必過於宏大。比方說，在心理學課程中，學生會描述他們打算如何利用所學知識來改善自己的表現、如何完成一份令人印象深刻到能寫進履歷的期末小論文，以及如何使用課堂上學到的技巧幫助家人（例如年幼的手足）。

這項「共同目標」活動的價值何在？我經常發現，高社經地位者（例如父母擁有大學學歷的學生）往往誤以爲低社經地位者（例如父母沒有大學學歷的學生）會因爲自我利益規範之故（參見第八章），無法和他們一樣受到同樣的動機所激勵。他們也更容易看不起社經地位較低的同儕，對這些人也不那麼尊重。但當群體展現出彼此的共同目標——包括幫助他人時，往往能促進彼此的尊重。

留意訊息和溝通規範：對團隊凝聚力而言，最有殺傷力的莫過於某些成員（尤其是來自受到排擠或少數的群體）覺得自己的角色無足輕重。他們覺得自己不需要參加會議或發言，因爲即使沒有他們，團隊也能運作良好。一旦他們缺席會議，其他成員就會認爲缺席者不看重會議或不可靠，而這種批評會侵蝕對「每個人都能有所貢獻」的信任。

舉例來說，我經常在社區大學的課堂上看見學生遲到、躲在教室後面，最後不再出現，因爲他們認爲沒有人在乎自己是否出席。不幸的是，就像「你不可或缺」這樣的口號無法解決這個問題，年輕人需要從團隊成員的行動中感受到自己的重要性。

我推薦大家透過兩個行動來解決這個問題。第一是「留意訊息」。在團隊組成後，每個人都應花時間分享自己喜歡的溝通方式（可能是簡訊、電子郵件、通訊軟體等）和連繫方式。接下來，團隊中的每個人都同意，在重要會議開始且有人缺席時，使用該成員偏好的溝通方式發訊息給對方。成員們可以說：「嘿，我們要開始了。之所以連繫你，是因爲我們眞心希望你能參與並做出貢獻。」這樣做的目的不是爲了責備或讓人感到羞愧，而是讓人感覺自己的貢獻很重要，讓缺席者知道有人注意到了自己。採用這項行動的課堂往往有極高的出席率（超過百分之九十）。

第二個行動是「建立溝通規範」，包括明確討論對團隊協作溝通的高度期望，最好在團隊的第一次會議中進行。我喜歡以廣為人知的「建設與破壞團隊行為」為工具。在這項活動中，成員們各自選擇一項自己對團隊有建設性的行為，例如合作、澄清、激勵、和諧、冒險、流程檢查，並在隊友的協助下實現這些行為。接下來，成員們再各自選擇一項會破壞團隊的行為，也就是自己可能會影響團隊正常運作的缺點，例如支配、匆忙、退縮、忽視、偏離主題、阻礙，並請求隊友協助，避免他們將這些行為帶進團隊裡。

這項活動之所以有效，是因為它讓團隊中的每個人都能主動幫助彼此成為團隊中的最佳成員。倘若沒有這項活動，團隊成員或許會覺得對另一個人說出諸如「你在主導對話，請停下來！」是很粗俗無禮的。在「建設與破壞團隊行為」的活動結束後，任何人都可以請求對方改變行為，卻不至於讓人覺得是在「管教」他人。

第一次重大挑戰

歸屬感故事：在面臨挑戰期（像是要提交作業或期末考）之前或期間，向團隊展示歸屬感故事非常有幫助（參見圖9.4，第三六一頁）。這些故事能讓那些正在努力的年輕人看到，他們所遭遇的困難既不是永久的，也非不正常，甚至還能幫助那些並未爲此掙扎的成員對同儕產生更多同理。

展示歸屬感故事的方式之一，是透過我們在實驗中使用的閱讀和寫作練習；當然，這不是唯一的方式。舉例來說，過去的團隊成員可組成一個小組，透過短暫的問答形式，向現任成員講述經歷；每位小組成員都可根據圖9.4中的示範進行。同樣的，領導者也可錄製與前成員的訪談，並播放給現在的小組聽。我們稱這種方式爲「同儕榜樣思維」。我和卡麥隆．赫奇博士（以及其他同事）在嚴格的大學部生物學課堂中實驗性地評估了這種思維模式。我們發現，這種方法尤其能提升來自弱勢群體學生的表現。

留意並正向評價差異：當一個人擔心自己所屬的團隊不會重視或接納像自己這樣的人時，他們的歸屬感就會受到威脅。克服這種情況的方法之一，是正向評價他們和團隊中其他人的差異。留意差異（而非掩蓋差異）非常重要，因爲這些差異正是個人存在的意義。我們不能一直假裝自己身上某些本質性的特徵不存在，其他人也不該假裝對這些差異視而不見。正向評價差異很有幫助，藉由指出團隊裡新鮮與多樣性的觀點，能讓團隊成員此受惠。

美國西北大學商學院教授妮可．史蒂芬博士評估了一項與前述「同儕榜樣思維」活動類似的干預措施。她召集了一個由不同家庭背景的大學生所組成的小組討論會——有些是家裡第一代念大學的，有些則來自父母皆擁有大學學歷的家庭。家中第一代的大學生會描述自己如何因為缺乏指導和家庭財務狀況往往不如同儕，導致他們的大學生活面臨更多困難。接著，他們也提到自己背景所帶來的寶貴觀點，例如，他們會充分利用父母為他們犧牲所換來的每一個機會，像是參加社團、課外活動、實驗室，以及與教授當面討論等。史蒂芬發現，這個小組討論會因此提升了那些家中第一代大學生的成績。

里程碑

公開慶祝勝利：年輕人喜歡聽到自己對團隊或小組的辛勤貢獻獲得肯定。畢竟，如果他們做出值得贏得聲望的事，當然會希望得到認可——否則他們可能會覺得自己像個傻瓜，為自己辛苦工作卻未得到認同感到不值。隨著更多工作轉移到網路進行，面對面溝通的機會逐漸減少，這個問題變得越來越重要。對許多年輕人來說，長達數週甚至數月的工作，可能就像落入無人聞問的森林，無人欣賞。這個問題可能會導致團隊缺乏歸屬感，因為它會讓人覺得自己的工作沒有意義。

我最後的建議是定期計畫慶祝儀式，公開表揚年輕人的成就與價值。這些慶祝活動可以在團隊集會、慶祝達成重大里程碑的發表會，或是全體性集會中進行。公司內部的通訊軟體可以成為一個慶祝的平臺，但我仍建議在所有同面前表揚員工的優秀表現，這麼做往往最有影響力。

採取「執法者心態」的我們可能會說：這個儀式是該不會只是在虛張聲勢、提高自尊心吧？畢竟，員工不過是完成了他們應做的工作，達到了應達到的期望而已。事實上，「提高自尊心」指的是當你稱讚他們只完成了基本要求，例如準時上班。獲得高品質的工作成果以滿足或超越我們的高期望，是眞正令人讚佩的事。如果我們要求員工完成一些高難度的工作，他們也確實成功做到，我們當然應該慶祝此一成果。

領導者

請在下方反思這個實踐方法。哪些部分能應用在你所領導的團隊中？哪些部分需要改變？如果可以的話，請在行事曆中爲你所採用的實踐方法規畫時間表。

教育工作者

請在下方反思這個實踐方法。哪些部分能應用在你所指導的班級？哪些部分需要改變？如果可以的話，請在行事曆中爲你所採用的實踐方法規畫時間表。

第十章　如何組織導師委員會提攜年輕人

身為導師，該如何仿效凱文．史塔森的包容性卓越文化？其中一項強而有力的具體策略，正是創立他所謂的「導師委員會」，無論是在工作場所（例如針對你希望能提升其表現的員工）或是學術界（例如史塔森的案例，針對研究生）。這對那些因出身背景之故，可能無法在自己所選擇的專業領域（或一般的高選擇性環境）中擁有許多高階專業人脈的年輕人來說，尤其重要。「導師委員會」的目的，就是將導師的人脈網絡轉化為能幫助受指導者成長的資源。

導師委員會概述

導師委員會由一群專家組成，這些專家經過策略性選擇，涵蓋能提供相關培訓經驗或工作機會的人。有些專家隸屬於受指導者的所在機構，另一些則來自外部組織。一般來說，這些導師擁有某些資源（如專業的研究器材或資料集）或特殊技能（如稀有的數據分析方法或擁有特定勞動市場的經驗），這些都能極為有效地推動受指導者的進步。藉由組織一個由內外部專家組成的委員會，讓每位專家至少提供一項特殊資源（如工具或技能），就能讓受指導者獲益。

爲什麼要組織導師委員會

史塔森發現，組織導師委員會比單單依賴一位導師來照顧學生的學術、社交和情感需求更有效。主因在於，一位導師所擁有的資源有限，可供選擇的導師數量也有限，且沒有人能滿足所有需求。即使是史塔森，如果有人問他：「你願意當我的導師嗎？」他也會問：「你的目的是什麼？」

在橋梁計畫中，史塔森會指導學生這樣說：「我的志向是研究令人興奮的X問題。我進行了自我評估和規畫，發現我需要在Y方法上獲得一些指導。我聽說您是這個領域的專家。我想知道您是否願意加入我的導師委員會，每三個月與我碰面一小時，確保我在研究方法上的進展順利。」這樣的陳述非常具體，大多數導師都會因爲學生出色的組織能力和積極態度而答應指導。導師委員會解決了忙碌的專業人士無法承擔導師角色的問題，也意味著學生在未來能給僱主留下深刻印象，如同那位加入耶魯大學導師橋梁計畫的學生，後來成爲該校第一位獲得物理學博士學位的非裔女性。

圖10.1　導師的資源能為學員擁有所需技能建立橋梁

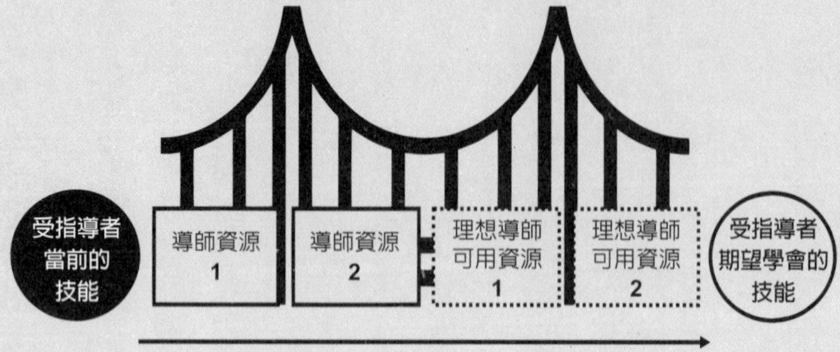

如何組織導師委員會

史塔森建議，受指導者首先要思考自己想從事的研究類型與希望在該領域產生的影響。接著，受指導者與史塔森或另一位資深科學家會面，列出他們已具備的技能、現有導師能教給他們什麼，以及需要從其他地方學習的技能。「他們正在從現狀搭建一座通往理想的橋梁」，史塔森向我解釋。請參見圖10.1。

一旦受指導者確認橋梁中缺失的資源，接著就是與導師合作，找出能提供這些資源的專家。此時，史塔森（或費斯克與范德堡大學橋梁計畫中的其他導師）的工作，就是從連繫名單中找尋能爲這些特定資源提供指導的人——可能是他在研究所認識的，或是在國家委員會與他共事過的人。史塔森利用他個人的人脈網路和社會資源，爲受指導者與導師之間牽線，並相互引薦（同時向導師保證，這不會占用太多時間）。當學生完成他們的導師網路圖（參

圖10.2　簡化後的導師委員會網路圖

注意：實線表示已建立的關連；虛線表示期望建立的關連

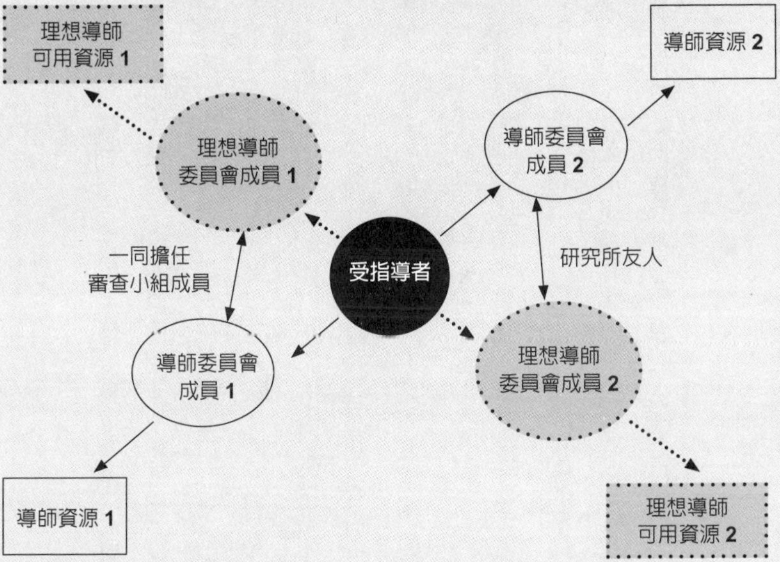

見圖10.2），每年也只要與委員會見幾次面就好。史塔森的團隊會定期檢查這個網路，看看是否需要增加其他橋梁板塊。總之，導師委員會是一種協作解決受指導者如何爲理想工作做好準備的方式。

領導者

請反思以上的導師網路。你能將它應用於自己組織中直屬的部屬嗎？爲了適用於自己所屬的組織，你需要如何調整它？

父母

父母通常很難利用自己的人脈來幫助孩子。許多孩子拒絕父母找人來幫忙，原因可能是他們不重視父母的專業知識，或是他們並不想得到不公平的優勢。另一方面，有些父母也希望避免爲孩子做所有事情，例如請自己的朋友或同事爲孩子提供工作機會。關於這部分，我建議採用更以青少年爲主導的方式來建立人脈。透過開放且眞誠的問題，傾聽年輕人的回應，父母可以在孩子塡寫自己的人脈網路時提出問題，但盡量不要拿父母的朋友或同事來塡滿關係網路的空格。反過來說，父母可以嘗試問一些引導性的問題。

首先從年輕人的目標開始：「你在各個求學階段想完成哪些事情（例如在高中、大學或暑期實習等階段）？」選擇一個感覺可以掌控的範疇，接著進行一次誠實的評估：「你是否知道怎麼做能幫助你實現這些目標？還有你需要學習哪些技能？」在了解他們對步驟的看法後（可提出一些引導性的問題），讓他們按照自己的想法塡寫圖10.2的網路圖。

思考一下，哪些人已經在人際網路中（可能是學校認識的人或同儕）？他們可以跟誰商量相關資訊？他們如何找到其他需要的人脈？最重要的是，這必須像是（而且確實是）由年輕人所主導。

身爲父母，你應該保持好奇心、深切的關注和尊重的態度——比方說，對他們的成熟和遠見感到印象深刻。這種態度更能幫助年輕人堅持自己的計畫。

第十一章　三大洞察讓你充分實踐導師心態

傳奇人物尤里．特萊斯曼做了許多獨具特色的事，充分展現出導師心態。長期以來，外界對他的做法和成果感到驚訝，但他們並不認爲自己能像他一樣；對於希望將特萊斯曼的見解應用在自己身上的父母或上司來說，情況也確實如此。在本書的這個階段，希望你已經知道自己能學習他的專業知識，進行調整後付諸實踐。爲了幫助你做到這一點，我提供了一些反思問題，讓你可以將他的見解應用於你所領導的組織或團體——無論是在家中、工作場所、學校或體育團隊。

洞察一：觀察人們走過的路

身爲父母，我們經常以爲自己知道什麼才是最好的。我們看著孩子，看到他們需要幫助，然後提出解決方案。我們從孩子出生的那一刻起，早在他們能開口說話前就養成了這種習慣。然而，隨著他們成爲青少年，情況也開始改變。年輕人開始發展自己的邁向願望之路，但這些路徑可能與我們希望他們走的路不符。不幸的是，除非我們理解他們想走的那條路，否則無法設計出能促進他們長期成長的導師體驗。

身為上司，我們很容易犯同樣的錯。我們看著年輕員工，將他們視為未完成的產品。許多公司為這些年輕員工訂立了一條發展路徑，通常是基於高階管理層所走過的路。但這條路是否必然是領導下屬的正確選擇？全食超市的約翰．麥基應該想想這個問題。如果你是一位經理，你是否在年輕員工或下一代中，看到哪些只要妥善利用，就有可能會成為強大資產的願望實現之路？

身為教育工作者，當我們看著需要幫助的學生，往往會先看到他們的弱點和不足，而不是他們的優勢。因此，許多教育者往往依賴補救（且不尊重）的方式來對待他們，如同柏克萊大學於一九七〇年代對待修讀數學的黑人學生。NBA最佳投籃教練奇普．恩格蘭則反其道而行。他看到的不是球員投籃的瑕疵，而是基本功不錯，只需要稍做微調即可，就像他對科懷．雷納德所說的（參見〈前言〉）。

對於考慮到那些深陷糾結的學生的教育工作者來說，有哪些願望路徑可以作為未來增強學生能力的優勢？

現在請花一些時間反思：儘管我們已經為年輕人鋪設了一條非常清晰的道路，但你心目中的年輕人應該具有什麼樣的願望路徑，是他們想自然而然地前進，並堅定走下去的？

試著思考一些對他們來說非常重要的事情，想想那些自然吸引他們注意力和精力的事情，並將它記在下面。

要回答這個問題，您可以想像自己就像康奈爾，騎著馬在公園裡巡視，或是特萊斯曼潛入柏克萊的少數族裔學生宿舍臥底。如果是你，能如何發現有價值的願望途徑？

對於我心目中的年輕人來說，有價值的願望途徑是……

我可以透過「實地考察」來發現這條路對年輕人而言是什麼樣子，具體做法是……

我可以透過這種方式利用這項未被充分重視的資產（而不是只看見不足之處）：

洞察二：留意新的入口

父母們，請問問自己：如果有這麼一座教養的花園，我們能在那裡刷新自己的期望，那麼它的入口應該是什麼模樣？我們可能會發現，自己與孩子的關係持續了一輩子，因此很難想像如何與他們建立新的關係、找到新的入口。然而，考慮一下時間的變化，或是他們地位和角色的任何變化——例如暑假的開始、新學年的開始、從小學過渡到中學，或從中學過渡到大學等。在這些時刻，我們可以透過重新設定期望來標記這些過渡階段。

我們可以對孩子說：「現在你正處在○○階段（剛進入中學／進入暑假／完成大學學業），你是一個與眾不同、更成熟的人，這意味著我們的關係必須有新的發展。現在是個討論全新期望，以及我對你期許的絕佳時機。」就像特萊斯曼，你可以透過「特別活動」來做到這一點。你可以帶孩子去一家以前沒去過的新餐廳，或是規畫一趟旅行，或是簡單地讓他們在晚餐前吃個甜點。任何能打破日常生活常規的事情，都能明確傳達：「之前彼此帶進關係裡的包袱不再存在，可以擱置，甚至有可能完全丟棄；我們之間有了新的期望。」

反思一下。接下來的什麼時刻可以做為孩子進入一個新階段的入口，你可以在這個時候重新設定你們之間互動的方式？

對管理者來說，明顯需要關注的入口則是員工的入職培訓。常見的做法是把新進員工扔進深水區，告訴他們要不就沉下去，要不就學會怎麼游泳。最終能學會如何游泳的人，通常是那些挾著巨大優勢（例如有家人在該領域工作）而游刃有餘的人。因此，忽視入口，會使職場和我們的社會變得更不公平。管理者往往認爲，入職培訓主要是人力資源部門的工作，「我不是薪資和員工福利的專家，所以我會把新員工需要知道的一切交給人力資源部門。」但是，當年輕人來到一個全新且令人生畏的環境時，就如同面對青春期困境般，他們需要的不只是後勤支持，還需要能爲他們帶來存在感的需求。

因此，正如我們在第九章中看到的，尤其是在年輕人開始扮演一個全新的角色時，傳達關於歸屬感的訊息是很重要的。應用特萊斯曼的洞察和史塔森的例子（參見第十章），這些訊息能針對年輕人所帶來的包袱進行調整。我們該如何消除他們的冒牌者症候群？過去的糾結或失敗不需要成爲他們在這裡必然的命運？甚至是他們在舊環境中可能視爲理所當然的地位或尊重，如何在這個新的環境中重新獲得？

反思一下。你的組織在考慮年輕人的入口點方面，存在哪些不足之處？未來有哪些積極的機會可以更重視這一點？

教育者可以在新學期或主要單元開始時，運用特萊斯曼的洞察進行規畫。我們需要明確傳達，全新與不同的可能性即將來臨。曾在某個科目中掙扎過的學生會因此留下「傷痕」，他們需要與過去斷開連結。特萊斯曼這樣的文化儀式可以傳達這樣的訊息：「這是不同的，你可以從這一刻開始成爲一個全新的、不一樣的學生，你能實現的比你想像中更多。」特萊斯曼稱之爲「打破平衡」：嘗試打破學生安於現狀的平衡。舉例來說，他在課堂開始時，會播放由國際學生所分享、具有文化意義的音樂。特萊斯曼還告訴學生，總有一天，他們會回顧自己的恐懼和不安，並開懷大笑。此外，他也會在第一次上課時，給提出最佳錯誤答案的學生額外的分數——一個讓他思考的答案。

我們的「隱藏版特萊斯曼」計畫中，某位中學數學教師用一種古怪的方式，好讓學生擺脫對數學的恐懼。他在黑板旁掛了一張穿著荒謬鯊魚服裝的舞者海報。上課第一天，他播放那位鯊魚舞者在凱蒂．佩芮於超級盃中場的音樂表演中，看起來傻乎乎的表演影片。這位老師的意思是，有時候，當你嘗試一些跨出舒適圈的事情時，你看起來可能很傻氣，但嘗試總是一件好事。接著，他在黑板上寫下一道難題，點名其中一位學生，接著說：「現在換你來做鯊魚！」他一整年都這麼做。這種奇怪卻有效的方式成功傳達出他的課堂如何與衆不同，學生們不必再帶著他們過去對數學的錯誤恐懼。

我也有一個讓學生打破平衡的方法。我喜歡使用「快速交友協定」（參見第九章的「實踐與應用」）。這讓學生感覺新奇有趣。我會在課堂前兩天舉辦一個迎新活動，讓舊生談論他們如何將自己於課堂上學到的知識，運用在面試或目前任職的工作上。這些談話傳遞出一個訊息：新奇和有趣的事情正在發生，因爲大多數課程只是告訴學生要學習什麼，卻從不解釋原因。

我還會在第一天任命一個「派對策畫委員會」（靈感來自影集《我們的辦公室》）。我告訴對此感到難以置信的學生，他們將在課堂上結交很多朋友，學期末還會舉辦同樂會，而且我還會說一些冷笑話。比方說，我給那些勇於舉手發言的學生額外的虛擬積分，並說這些積分可以換獎品——一樣是虛擬的。

重點不在於鼓勵你照抄我們的怪癖，因爲這些特立獨行的方法都是符合我們的個性。它們之所以有效，是因爲它們眞實地反映了我們的本質。但你我都擁有相同的整體目標，希望讓學生們在學期開始時能擺脫舊有的期望，能暫時擱置對自己能力或歸屬感的任何懷疑，等到他們眞的在課堂上認眞學習後，再考慮這些問題。你希望學生們接受你的高標準要求，並善用你提供的支持，如果他們看到這門課和以往課程有所不同，學生們會願意跟你配合。

請反思一下，你的課程能如何在學期消除學生的不安，讓他們拋棄任何舊有的恐懼或顧慮，擁抱在你課堂上學習的機會？有什麼意想不到的新鮮事物能展現這堂課的與眾不同？

洞察三：計畫未來的成長

父母

父母能透過找出「將責任轉移給孩子」的方法，來規畫他們未來的成長。我經常聽到父母抱怨，他們不得不為孩子做所有事情。但是如果你觀察父母實際上所做的事情，就會發現他們往往像個保護者，一旦孩子偏離正軌，就立刻搶過方向盤。這樣的父母就像園藝師，栽種一到冬天就會凋謝的花卉，然後抱怨每年得花多少時間。他們採用的是短期策略，因此就算收益無法持久，也不用感到驚訝。

教養專家羅瑞娜．賽德爾是計畫未來成長的典範。舉例來說，孩子與自己的手足打架時，她不會出面干預。一般來說，當父母因為孩子互罵而感到尷尬時，往往會急著介入，好解決問題。他們會先詢問爭吵的原因，並告訴孩子們應該如何解決。儘管父母的干預可以阻止當下的爭吵，但衝突一旦再次爆發，父母勢必得再次介入。

羅瑞娜決定不再這樣做。因此，當她的孩子們再度發生爭吵時，她要求他們自己找出解決方案——孩子們得自己討論要如何解決問題，而不是靠媽媽。儘管這種方法要花費的時間比她自己出面更長，但她耐心等候，並阻止他們離開現場。很快的，孩子們學會如何自行解決爭吵。雖然剛開始得花不少時間，卻能讓她避免日後得一次次擔任裁判，來處理成千上百次爭吵。

請反思一下。你的教養方式在哪些方面並未替未來的成長做好規畫？有哪些正向的機會能讓你在未來做得更好？

管理者

管理者可以透過對員工的技能發展進行長期投資，來規畫未來成長。舉例來說，你可以讓員工利用上班時間參加課程，學習一些超出日常工作需求的技能；也可允許員工參與其他部門或不同團隊的專案，好讓他們能在低風險的環境中發展新技能。在一個重視短期利潤或季度股價的文化中，要致力於採取這種方法可能會很困難，因爲規畫未來成長所帶來的回報，可能要花好幾個月，甚至好幾年才能看到。然而，當個人或公司需要轉型時，這些已學會的技能將會證明其價値所在。如果員工本身就擁有多項技能，工作進度當然比重新聘請擁有特定技能的人員快得多。

更重要的是，如果年輕員工能感受到自己在成長，就更有可能留在公司，因爲他們不但讓寶貴的人力資本變得更豐厚，同時也覺得自己受到尊重。因此，就節省人力資源成本和轉型能力（例如技術革新）的角度來看，爲職場的未來成長進行規畫，比單純專注於短期績效的管理策略更有效率。

請反思一下，你的組織在哪些方面未能替未來成長做好規畫？有哪些正向的機會能讓管理者在未來做得更好？

教育者

教育者可以直接採用特萊斯曼的做法來規畫未來的成長。第一步是停止認爲自己的工作只是幫助學生在某學期或某年的考試裡拿到A。你的主要目標是引導學生即使修完這門課，仍能對你所教的學科有更深入且複雜的理解。舉例來說，塞吉歐的主要目標是讓學生掌握物理學的基本概念，讓他的學生有能力在畢業後投身科學或數學領域的學習或就業。他並不在乎學生在大學預科考試的成績，只希望學生學會像物理學家那樣思考。結果，在全區及格人數中，最多的就是他的學生。因此，塞吉歐雖然將目光放在未來的成長，但他的努力也有助於短期的進步。

塞吉歐和特萊斯曼有一個共同點，是幾乎所有教育工作者都可以仿效的，那就是「重考」的靈活運用。塞吉歐允許學生重考，並可以拿回錯失分數的一半。比方說，假設學生考了八十分，如果他們重考，最多還能再拿十分，分數提高到九十分。正如我在第十一章提到的，特萊斯曼允許學生用期末考成績取代期中考分數。這些考試政策有兩個主要效果：首先，考慮到每個學生有不同的學習速度，尤其是許多學生在學期剛開始時就落後同學很多。此外，這些政策還能激勵學生重新檢視自己的錯誤，並從中學習。當學生檢討自己的錯誤時，不但能建立更好的理解，並能將所學並帶進未來。

請反思一下，你的課堂政策或規則（如考試或作業評分）能如何以更好的方式與未來成長的計畫配合？你有哪些正向機會能在未來做得更好？

講述故事與預期社會化

除了教學，特萊斯曼也是一位民族誌學者。他閱讀了社會學家羅伯特．莫頓一九四〇年代所提出關於「預期社會化」的經典理論：導師能幫助年輕人為融入一個他們尚未產生歸屬感的環境預做準備。這表示年輕人需要了解自己過去克服困難的經驗，以證明他們也能在未來克服類似的困難。在觀察特萊斯曼的兩年裡，我看到他設計了一些日常規範和儀式，以傳授兩個社會化的關鍵特質，幫助年輕人融入社會，那就是「韌性」和「使命感」。他透過講述自己的故事來傳授這些課題，這與我們在第九章中學到的不謀而合。特萊斯曼正是我們針對夏令營學員的研究中、所強調這兩項特質的最佳寫照。

韌性

幾年前，我和一位正在攻讀數學博士學位的朋友聊天。她告訴我一則故事，說她曾經悄悄走進指導教授的辦公室，為自己度過了「糟糕的數學週」道歉。這意思是，她雖然付出了很多努力，但由於在最開始的邏輯推理中出錯，沒有求得某個證明。指導教授聽後會心一笑，說：「就這樣？等妳經歷過糟糕的數學學期，再來和我聊吧。」我的朋友繼續解釋，世界頂尖數學家日常生活中，百分之九十九是解錯數學問題。

許多人從小就被灌輸一個觀念，認爲頂尖數學家可以毫不費力解決所有問題。事實上，糾結和困惑不僅是世界頂尖數學家的常態，甚至可說是他們生活的全部。大多數職業數學家日常生活所做的，無非是在解決前人尚未解開的問題。如果過去幾千年裡無數有才華的數學家都沒能解決這些問題，他們當然會覺得困難。持續不懈地面對困難，是職業數學家必須掌握的關鍵技能。因此，特萊斯曼的學生也會學到這一點。

要如何培養韌性，讓學生在面對困難時仍能堅持下去？這與講述歸屬感故事的步驟相同（參見第九章）。特萊斯曼並不是一次就把一個歸屬感的故事講完，而是持續不斷地在他的教學過程中進行，他稱之爲「觀點給予」。

在「觀點給予」的過程中，特萊斯曼會介紹一道難題，然後退後一步，談論這對學生及其數學自我認同（math identity，對於數學學習的自我認知經驗）的意義，再回到數學本身。這種方式自然而流暢，而有能有效地讓學生覺得自己被接納爲數學領域的一員。在這個過程中，他觸及了強大的歸屬感故事的四大主題。以下是我在觀察他教學兩年所看到的一些觀點。

糾結很正常：特萊斯曼會在上課第一天告訴學生：「在這門課，每個人都會經歷糾結，這是刻意安排的。」爲了證明這一點，他會說：「你們要做的題目，在之前的班級裡只有百分之十的人能正確解答。」他有時還會告訴學生，其他人也同樣會在某個問題上出現這樣的糾結。他這麼做是爲了讓學生停止期待迅速解決問題，或認爲長時間的努力表示他們數學不好。相反的，他肯定地告訴學生們，他之所以要求他們完成具有挑戰性的工作，是因爲尊重他們的潛力。

改變是可能的：特萊斯曼不會讓學生覺得困難永無止境。相反的，他會告訴學生一個故事，告訴學生他們的糾結將會有所改善。值得注意的是，他從不承諾數學會變得簡單，而是強調過去看似不可能解答的問題，將有機會變得能夠解決，這使得學生能繼續學習下一個難題。他會說：「在這門課，你將學會糾結，甚至會喜歡這個過程。」他還會說：「你或許會捫心自問：『我會一直處在完全困惑的狀態嗎？』答案是不會，你會越來越有自信。」

採取行動：接下來，特萊斯曼不斷提到課程中的一些設計，這些設計旨在幫助學生學會在這些問題中糾結，並愛上這個過程。他提醒學生，能採取某些步驟以獲得成功，例如靠同學幫助自己學習課程內容——這源自他在柏克萊擔任民族誌學者時的洞察。他明確表示：「你們最大的資源就是彼此。」爲了證明這一點，他有時會叫學生說出鄰座同學的名字，如果他們不知道，就會扣分。這種策略鼓勵學生互相熟稔。

在講課的過程中，他每隔五到十分鐘就會停頓一下，尤其是在遇到困難的概念時，並說：「好，現在讓我們確保你隔壁的同學也能理解這一點。」這時，學生必須向鄰座的同學解釋目前上課的內容。他告訴學生：「高中的時候，很多人都是靠自己一個人念書獲得好成績。但我們發現，如果學生只花一半時間獨自用功，把另一半時間拿來進行小組學習，他們的成績會更好。」到頭來，他爲學生提供的準備不只能應用在課堂上，也能開啓未來在數學領域進行對話的能力。

滾雪球效應：特萊斯曼經常談到滾雪球效應。他強調，學生現在所採取的步驟——與他人共同克服困難並進行數學思考——能啓動一個正向循環，將他們帶往自己想要的人生目標。他經常以開玩笑的口吻告訴學生：「升上大三之後，你們都會笑看自己大一時的不安。」他強調，現在所付出的努力都會是值得的。

使命感：最後，特萊斯曼鼓勵學生對數學及相關領域的職業懷有使命感，這種方式超越了我在第八章所分享的內容，並爲之增添了深度。他培養學生爲該領域或社會做出貢獻的意識，同時也與學生的身分和背景建立關連。他的目的是讓學生覺得掙扎和痛苦是值得的，從而讓他們留在這個領域。儘管他建立使命感的活動在典型的微積分課程中似乎有些格格不入，卻仍能奏效。

特萊斯曼在課堂上經常以「當你們成爲各自領域的領導者……」做爲開場白。接著他會解釋，當學生們哪一天要爲美國國家科學院遞交報告，或是領導某大型企業的研究部門時，現在在課程中學到的內容就會派上用場。一開始，對這群根本不知道自己是否能拿到微積分學分（主持全國會議什麼的就更不用說了）的十八歲學生來說，這番話似乎有些言之過早，但我後來意識到，這些話確實能收到效果，因爲它傳達了尊重，不但意味著這些年輕學生是有價值的，將來也會擁有令人刮目相看的不凡成就。這種尊重讓人覺得受到鼓勵。

此外，特萊斯曼也會解釋他所教的內容是有意義的。每天的課堂學習並不是爲了取得A的成績，而是爲了邁向更高地位的專業生活。在我自己的教學中，我也開始會在介紹某個困難或複雜的概念時，用「當你們成爲各自領域的領導者……」做爲鼓勵，向學生展示這些困難的內容是我認眞看待他們的一種表現。値得注意的是，發揮效用的並不是什麼魔法般的短語，而是尊重他們在未來可能獲得的地位。

另一項不尋常的練習，是特萊斯曼要求學生瀏覽美國國家科學院的論文。「瀏覽完這些論文後，從中找出兩到三項驚人的觀點，寫一篇一到兩頁的文章。」他說。特萊斯曼告訴學生，他們是未來的科學家，科學家多半需要經常瀏覽與自己領域相關的研究，以了解最新的學術發展。當然，對大學新生來說，這些專業文章大多難以理解。特萊斯曼向學生保證，就算是他，對這些論文也只能理解個大概。因此，如果學生感到困惑，那是因爲他們變得更像是該領域的專業人士，因爲他自己也會有同樣的感覺。他希望學生能認同自己做爲專業科學家的身分，並逐步剖析這意味著什麼：儘管感到困惑，卻仍不斷探索這個領域的發展。

特萊斯曼最後一項支持使命感的活動也是最具有意義的。他用這個儀式將學生與他們的背景——讀過的高中、家鄉和遇過的老師——連結起來。學期即將結束時，他會要求學生寫信給他們的高中數學老師，感謝老師們的幫助，讓學生得到獲得目前的成就，同時也說明自己在大學的微積分課堂上學到了多少。

學生會在整個學期的課程進度告一段落後寫這封信，在此期間，特萊斯曼會拿「高中的做法」與「大學的做法」相比較。這種做法有很多值得深思的地方。特萊斯曼評價「高中做法」的目的，在於不致讓學生因爲誤解了所學而沮喪或自覺愚蠢，並認爲該負責的是高中教育，不是自己。與此同時，特萊斯曼深知大多數學生對高中老師都懷有深深的感激。他無法貶低學生的家鄉，就像奇普．恩格蘭（參見〈前言〉）不會對球員說：「你的投籃技巧太糟了，必須打掉重練。」正是他們過去的經歷，才使他們來到了現在的位置。正如我們所見，特萊斯曼會在評價之前，先去理解一個人的優勢和資產。因此，他的寫信儀式不但尊重學生的老師和他們自身的背景，同時也將他們與更美好的未來連結在一起。

第十二章　導師心態核實清單

倘若你的組織想要規畫年輕人未來的成長，該如何模仿冠軍夏令營的做法？這個問題對暑期實習計畫主管，以及戶外活動領袖、學校或課外活動的負責人來說，同樣適用。

經驗轉化核實清單

這裡是一份用來規畫經驗轉化的配方。請逐項閱讀，確認你的組織是否做到這些項目。符合的項目越多，代表你爲經驗轉化做好準備的程度越高。

表12.1　經驗轉化核實清單

項目	說明	檢核
選擇一致的主題	你希望人們從克服挑戰中學習哪些高層次的課題？（在冠軍夏令營，這些課題包括韌性和使命感，但你可以選擇任何自己想強調的詞彙）	
具挑戰性的活動	尋找讓年輕人贏得聲望的機會，例如接受真正令人印象深刻的挑戰。這對年輕人來說至關重要，因為這能讓他們獲得有意義的成就感，而不是空洞的自尊提升	
當下反思	領導者是否與年輕人一同面對挑戰，幫助他們從挑戰中汲取正確的教訓？在當下指出像韌性或使命感等個人特質很重要，因為這些特質往往是抽象的	
每日／每週結束反思	團體是否有機會在一天或一週結束時進行反思，捕捉自己當天／當週展現某種特質的時刻？這對將短暫的經歷轉化為敘事非常重要，讓年輕人能對自己提供訊息，講述自己是怎樣的人	
鼓勵信函	領導者是否會在團體活動後寫信給年輕人，點出他們所完成令人印象深刻的事蹟，以及他們展現的個人特質？在冠軍夏令營，輔導員會在營隊結束幾週後寫信給學員，描述他們的勇氣，並指出他們的表現如何展現出韌性和使命感。即使在離開營隊後，這些信件仍能提醒學員們重要的人生教訓	
環境銜接並促進經驗轉化的長期思考	年輕人是否有機會在數月、甚至數年後，反思自己如何將課程中所學到東西應用在日常生活或下一個挑戰？在冠軍夏令營，我們進行了一個簡短的寫作練習，讓過去的學員說明自己在回到學校後，如何展現韌性和使命感。這有助於年輕人從營隊課程中吸取養分，並為自己建立如何將這些經驗應用在學校逆境的敘事	

Eurasian Publishing Group 圓神出版事業機構 用心與你對話・視野無限寬廣
究竟出版社 Athena Press
www.booklife.com.tw reader@mail.eurasian.com.tw
New Brain 045

10到25：激勵年輕人的科學
【引領下一代的革新方法，同時讓自己更輕鬆】

作　　者／大衛・葉格（David Yeager）
譯　　者／盧相如
發 行 人／簡志忠
出 版 者／究竟出版社股份有限公司
地　　址／臺北市南京東路四段 50 號 6 樓之 1
電　　話／（02）2579-6600・2579-8800・2570-3939
傳　　真／（02）2579-0338・2577-3220・2570-3636
副 社 長／陳秋月
副總編輯／賴良珠
責任編輯／歐玟秀
校　　對／歐玟秀・林雅萩
美術編輯／金益健
行銷企畫／陳禹伶・鄭曉薇
印務統籌／劉鳳剛・高榮祥
監　　印／高榮祥
排　　版／杜易蓉
經 銷 商／叩應股份有限公司
郵撥帳號／ 18707239
法律顧問／圓神出版事業機構法律顧問　蕭雄淋律師
印　　刷／祥峰印刷廠
2025 年 1 月　初版

定價 560 元　ISBN 978-986-137-468-0　

建立世代傳承是有可能的，它始於一個鼓起勇氣這樣做的靈魂。
你就是那個人。
你是你的後代最狂野夢想的祖先，你是你家族的英雄。
——《世代的創傷到我爲止：卸下包袱，重塑正向能量》

國家圖書館出版品預行編目資料

10 到 25：激勵年輕人的科學【引領下一代的革新方法，同時讓自己更輕鬆】/ 大衛．葉格（David Yeager）著；盧相如 譯 . -- 初版 . -- 臺北市：究竟出版社股份有限公司，2025.1
560 面；14.8×20.8 公分 --New brain；45）
譯自：10 to 25 : a groundbreaking approach to leading the next generation—and making your own life easier.
ISBN 978-986-137-468-0（平裝）

1.CST：青少年 2.CST：青少年心理 3.CST：學習心理學

173.1 113017572